KB175876

지식 생산의
글쓰기

지식생산의 글쓰기

송창훈 지음

이담
Books

❑ **머리말**

인류역사는 문자의 발명과 함께 발전해 왔다. 글을 읽고 쓰는 행위는 문화의 계승일 뿐 아니라, 문화 창조의 행위이다. 문화의 계승과 발전을 담당하는 교육이란, 한마디로 읽고 쓰기이다. 즉, 읽기와 쓰기는 지식생산 활동이다. 21세기를 가리켜 지식사회라고 하는데, 이는 지식이 모든 분야의 핵심요소가 되고 있음을 의미한다. 이 책의 목적은 바로 글쓰기의 중요성과 필요성을 강조함으로써 젊은이들에게 글쓰기의 경쟁력을 키우라는 메시지를 주고자 함이다.

우리가 처한 시대적 환경은 읽기와 쓰기의 중요성이 어느 때보다 절실해 지고 있다. 지식생산의 최전선인 대학에서 읽기와 쓰기에 대한 새로운 접근을 시도해야 할 필요를 느낀다. 저자는 그동안 의과대학과 의학전문대학원에서 학생들의 글쓰기에 문제의식을 가져 왔다. 사람의 건강과 생명을 다루는 의료행위와 글쓰기는 상호 간 별로 무관하게 여겨진다. 하지만 의료행위의 주체인 의사들의 가치관 형성과 글쓰기는 밀접한 관계가 있다.

이 책은 이러한 현장의 필요성에서 출발하였다. 하지만 책을 저술하는 과정에서 저자는 글쓰기에 관한 많은 것들을 새롭게 배우게 되었다. 처음에는 단순히 글쓰기의 중요성을 피력해 보고자 시작하였지만, 책을 쓰는 과정에서 글쓰기에 대한 이해의 폭이 넓어졌다. 글쓰기가 현대 지식사회의 중요한 도구요, 경쟁력의 요건이라고 생각했는데, 읽기와 쓰기의 인지심리학적 배경을 이해하면서 그야말로 글쓰기의 재발견을 하게 된 것이다.

읽기란 단순히 작자의 사상과 논리를 수용하는 행위가 아니다. 읽기란 독자의 적극적이고 능동적인 창조활동이다. 독자는 작자의 사상을 있는 그대로 받아들이는 것이 아니라 독자 자신의 이야기를 만들어 가고, 자신의 이야기를 한다. 읽기란 독자의 두뇌 속에 만들어진 스키마를 통해서 작자의 사상을 받아들이는 행위다. 독자는 책을 읽으면서 자신의 맥락으로 작자의 사상을 이해하고자 하는데 이러한 읽기를 창조적 독서라고 한다. 동시에 읽기란 쓰기를 위한 생산적 활동이 되어야 한다. 지식소비자로서의 읽기에서 지식생산자로서의 읽기로 나아가야 한다.

이 책에서 강조하는 글쓰기란 지식생산을 위한 글쓰기다. 저자는 글쓰기의 전략에서 다양한 글쓰기의 측면들을 살펴보았다. 지식생산의 글쓰기는 논증적이어야 한다. 그런데 논증적 글쓰기와 함께 인지의 두 축을 이루는 것이 내러티브 글쓰기다. 지식생산의 글쓰기는 문제해결을 위한 글쓰기요, 전문가적 글쓰기이다. 그리고 독자중심의 글쓰기다. 글쓰기의 전략으로서 논증적 글쓰기, 내러티브 글쓰기, 문제해결의 글쓰기, 전문가적 글쓰기는 글쓰기 과정의 전략적 요소들에 기초한 글쓰기다. 즉, 글쓰기 과정을 어떤 방식으로 구성하는가에 따라서 글의 성패가 좌우되는 글쓰기방식이다. 과정중심의 글쓰기는 글 쓰는 이의 천부적인 재능이나 영감에 의존하는 글쓰기가 아니며, 전략적으로 설계된 과정을 따라서 글쓰기 하는 방식이다.

과정중심의 글쓰기는 동시에 협력적 글쓰기다. 글쓰기 과정이란 사회적 대화를 바탕으로 이루어지는 사회적 활동인 것이다.

글쓰기 전략으로 과학 글쓰기와 단락중심의 글쓰기, 영성 글쓰기 등에 대해서도 살펴보았다. 특히, 필자가 오랫동안 몸담고 사역해 온 대학생성경읽기선교회(UBF)의 소감 쓰기를 영성 글쓰기의 모델로 소개하였다. 필자는 영성 글쓰기인 소감을 통해 글쓰기를 알게 되었다. 학창시절부터 성경을 공부하고 소감을 쓰면서 영성 글쓰기를 해 온 경험이 필자에게는 무엇과도 비교할 수 없는 학습의 보고 (寶庫)였다.

글쓰기는 책쓰기로 꽃을 피워야 한다. 이 책의 마지막 단원에서는 위대한 저술가들의 글쓰기를 살펴보았다. 이들을 통해 느낀 필자의 소감은 우리 시대에도 다산 정약용이나 피터 드러커와 같은 저술가들이 많이 나왔으면 하는 바람이었다. 읽기와 쓰기의 궁극적인 목적은 더 나은 삶을 영위함에 있다. 여기에 더하여 읽기와 글쓰기 교육이 위대한 저술가의 배출로 이어졌으면 한다. 지식사회의 경쟁력은 지식에 있으며, 지식생산은 현대사회의 가장 강력한 힘이다. 우리 젊은이들이 지식생산의 글쓰기를 배우고 연마함으로써 세계무대에서 앞서가는 지도자들로 성장하기를 바라는 마음 간절하다. 미흡하나마 이 책이 한국의 젊은이들에게 글쓰기에 대한 작은 동기부여가 되었으면 한다.

평강 송창훈(平康 宋昌勳)

❑ Contents

Chapter 02　글쓰기의 이해

Chapter 03 지식생산을 위한 글쓰기 전략

Chapter 04 글쓰기

CHAPTER

01

책읽기

인간은 글을 통해 정보를 전달하고 문화를 계승 발전시킨다. 오늘날 지식사회에서 국가와 기업의 경쟁력은 어디로부터 오는가? 지식(知識, knowledge)으로부터 온다. 그리고 이러한 지식습득은 책읽기와 글쓰기로부터 온다. 읽기와 쓰기를 통해 학습이 이루어지며, 학습을 통한 지식습득은 국가와 기업의 경쟁력이 되고 있다. 책읽기는 지식생산의 수단이면서 동시에 정보 독해력을 길러준다. 지식사회를 살아가는 오늘날 정보 독해력이야 말로 가장 중요한 경쟁력의 원천이다. 책읽기는 창의성과 아이디어를 공급해 준다. 독서를 하는 사람과 그렇지 않은 사람의 차이란 실로 크다. 독서를 하지 않는 사람은 정보를 정보로만 인식하는 반면, 독서가는 정보를 다른 지식과 연결시켜 새로운 지식 창출에 활용한다.[1] 미래에도 책읽기는 문명과 문화의 핵심역량이 될 것이다. 지식산업사회로 전환된 시대에 책읽기는 지식생산을 위한 학습 과정이다. 미래는 책 읽는 자가 지배하게 될 것이다. 학습은 미래사회에도 핵심 역량이 되기 때문이며, 읽기와 쓰기는 지식생산의 핵심수단이 되기 때문이다. 책읽기는 문화창조의 통로이다. 미래사회는 지속적인 학습을 통해서 지식생산에 참여하는 사람들이 지배하게 될 것이다. 책을 읽는 사람들이 미래사회의 꿈을 실현할 것이다. 최신 정보를 신속히 접하고 그것을 남보다 한 발 앞서서 자기 것으로 만드는 독서력(讀書力)이야말로 미래사회의 가장 중요한 능력이 될 것이다.

구텐베르크의 인쇄술이 발명된 이래 인류역사에서 문자를 이용한 읽기와 쓰기는 인류문화의 중추 역할을 담당하였다. 읽기와 쓰기,

---

1) 신성석 지음, 『읽어야 이긴다』, 교보문고, p.44.

즉 리터러시(literacy)는 국력을 좌지우지 하였다. 읽고 쓰는 교육에 앞장선 국가는 당연히 선진 공업국으로 발전했다. 리터러시가 부강한 국가와 국민의 기본요소였기 때문이다. 이처럼 선진국은 국민의 기본적인 교육을 기반으로 발전했다.[2] 선진국들은 읽기와 쓰기의 국가적 경쟁력을 기르는데 힘을 쏟고 있다. 일본은 2005년 '활자문화진흥법'을 제정하여 국민들에게 독서문화 환경을 제공하고 있다. 그 배경에는 그동안 일본 경제가 발전할 수 있었던 원동력이 독서력에 있었다는 공감대 때문이다. 일본은 2차 세계대전에 패하면서 국토가 황폐해 졌는데, 적극적인 교육으로 발전을 이끌었다. 그 교육의 근본은 바로 독서력이었다. 일본 사람들은 한때 세계에서 독서를 가장 많이 하는 국민이었다. 하지만 이제 일본=활자문화국이라는 말은 옛말이 되고 말았다. 많은 독서 전문가들이 독서를 하지 않으면 나라의 발전은 어렵다고 전망했다. 결국, 독서를 장려하고자 하는 취지에서 만든 법이 '활자문화진흥법'이었다. 미국의 경우도 마찬가지다. 대학을 중심으로 '글쓰기 센터'를 설립하여 글쓰기 역량에 온 힘을 집중하고 있다. 과연 읽기와 쓰기란 무엇이기에 인류문화와 국가 경쟁력을 좌우한다는 말인가?

---

2) 세노오 켄이치로 지음, 김소운 옮김, 『사고력을 키우는 읽기기술』, 호이테북스, p.6.

제1장 읽기 이론

읽기는 인간의 인지능력을 바탕으로 이루어지는 지적활동이기 때문에 읽기가 무엇인가를 이해하려면 인지학습 과정에 기초한 독서의 특성에 대해서 알아둘 필요가 있다. 뇌과학과 인지과학의 발달은 교육학, 행동과학, 심리학, 철학 등 학문 전반에 걸쳐 영향을 끼쳤으며, 인간의 인지기능과 인지학습에 관한 많은 정보를 제공함으로써 인지과학이 차지하는 비중은 다양한 분야에서 실로 크다고 할 것이다.

글을 읽고 내용을 파악하는 과정은 어떻게 이루어지는가? 아이들은 처음 유치원이나 학교에 들어가서 글 읽는 법을 배우면서 드디어 배움의 단계로 들어간다. 인간은 살아가면서 끊임없이 읽는 행위를 계속한다. 읽는다는 것은 문자로 표현된 메시지를 해독하여 그 의미를 이해(理解, comprehension)하는 지적활동이다. 읽기란 인지심리학에서 이해의 영역에 해당한다.

이해한다는 것은 인지기능에서 가장 중심 되는 주제라고 할 수 있다. 지난 수년에 걸쳐 글 이해에 영향을 미치는 요인들이 여러 가지 발견되었다. 글을 구성하는 아이디어들의 조직과 단기기억 및 장기기억의 상호작용으로 글을 읽은 후의 기억이 결정된다는 사실이 밝혀졌다. 이러한 연구결과를 기초로 글 이해의 모형은 많은 발전을 이루었다.

린다 플라워(Linda Flower)에 의해서 개척된 인지주의적 수사학은 읽기 이론에 놀라운 변화와 발전을 가져왔다. 인지과학적 측면의 읽기 이론은 글쓰기 이론과 학습 이론으로 확장된다. 즉, 읽기와 쓰기는 인지구조 안에서 동일한 맥락의 활동이라는 것이다. 동시에 읽기와 쓰기, 그리고 학습은 인지구조상의 동일한 원리에 의해 지배를 받는다.

대표적인 예가 스키마 이론인데, 독자들은 자신들의 내면에 구축된 스키마를 통해서 책의 내용을 재구성한다. 읽기 과정에 작용하는 스키마 이론은 글쓰기에 그대로 적용된다. 린다 플라워의 글쓰기 전략은 읽기 과정에 나타난 인지주의적 특성을 쓰기 과정에 적용한 것이다. 『글쓰기의 문제해결전략』에서 린다 플라워는 읽기와 쓰기가 인간의 인지작용과 심리작용을 바탕으로 이루어지는 활동이라는 사실을 강조하고 있다. 카네기 멜론 대학의 교수이면서 버클리 대학과 카네기 멜론 대학이 공동으로 운영하는 국립작문센터(National Center for the Study of Writing and Literacy)의 공동대표인 린다 플라워는 인지주의적 수사학를 개척하였다. 독자를 위한 글쓰기란 읽기의 인지심리학적 배경을 고려한 글쓰기다. 읽기와 쓰기를 관통하는 공통된 질서는 인지주의 입장에서 해석한 독자의 특성이다. 또한 읽기와 쓰기에 적용된 스키마는 학습 과정에 그대로 적용된다. 읽기 과정에 나타나는 추론을 이끌어내는 작업은 전문가가 스키마를 가지고 문제를 해결하는 것과 동일하다. 이러한 예들은 수없이 많다. 마인드 맵이라고도 하고, 개요도라고도 하는 그림 그리기 혹은 개념도 작성은 책읽기와 글쓰기에 그대로 적용되고 있으며, 물론 학습 이론에도 당연히 적용되고 있다. 독자는 저자의 논리를 개념도로 작성함으로써 전체적인 윤곽을 파악하고자 한다. 이는 글쓰기에 적용되는 법칙이다. 글을 쓰기 전 전개하고자 하는 논리체계를 그림으로 도해하는 일은 매우 효과적이다. 동시에 학습 과정에서도 매우 효과적인 방법으로 사용된다. 이처럼 읽기, 쓰기, 학습의 인지심리학적 원리가 우리에게 전해주는 메시지는 대단하다. 읽기는 쓰기 이론을 낳고, 쓰기는 학습 이론을 낳는다. 또한 읽기와 쓰기는 학습의 근간이 되며, 학습을 이루는 두 축은 읽기와 쓰기가 된다. 지금까지 우리는 읽기와 쓰기와 학습을 별개의 것으로 생각했다. 그런데 인지과학적 측면에서 읽기, 쓰기, 학습은 하나다. 그래서 독자는 저자의 입장에, 저자는 독자의 입장에, 교수는 학습자의 입장에, 그리고 학습자는 교수의 입장에 서 보는 것이 필요하다. 책읽기와 책쓰기는 별개의 문제가 아니다. 가르치는 것과 배우는 것은 별개의 문제가 아니다. 이 장에서는 읽기의 인지심리학적 이론으로부터 역사상 인물들의 책읽기에 이르기까지 책읽기의 다양한 측면들을 살펴보고자 하였다.

1. 선행지식이 읽기의 이해(理解, comprehension)를 돕는다

브랜스포드(Bransford)와 존슨(Johnson)은 독자가 글을 읽고 이해할 때 맥락(context)으로 이해한다는 것을 실험을 통해 제시하였다. 적절한 맥락을 보여준 그룹은 맥락 없이 제시된 글만 읽은 그룹에 비해 이해도가 높았다. 전혀 사전지식이나 정보가 없는 상태에서 제시된 글을 읽고 상황을 파악하기 위해서는 집중력과 시간이 필요하다. 하지만 그 글이 어떤 상황에서 무엇에 관한 내용인지를 알고 읽으면 이해가 훨씬 빠르다. 선행지식이 글의 이해를 돕는다. 선행지식은 추상적인 아이디어를 덜 추상적으로 만들어 글의 이해를 도우며, 글에서 강조되고 있는 것이 무엇인가를 알게 하고 아이디어 재생에 필요한 틀을 제공한다. 선행지식은 글의 이해와 재생에 관여한다. 글의 맥락을 일고 있다는 것, 글에 대한 선행지식을 가지고 있다는 것이 글을 이해하는 데 얼마나 중요한 일인가는 일상생활에서도 많이 접하는 문제이다. 예를 들어, 동료들이 모여서 한창 대화의 꽃을 피우고 있는 자리에 내가 중간에 끼어들었다고 치자. 동료들은 무엇인가 재미있게 얘기하는데, 나는 도무지 그들이 얘기하는 것이 무엇인지 얼른 파악하지 못한다. 그러나 그들 중에 누군가가 나에게 지금 우리는 지난 가을에 설악산에 올랐던 얘기를 하고 있는 중이라고 귀띔해준다면 나는 그들의 얘기를 전체의 맥락에서 이해하게 될 것이다. 하지만 나는 설악산에 아직 간적이 없다. 선행지식이 없다 보니 동료들의 얘기를 실감 있게 이해 할 수 없다. 읽기와 이해의 관계가 바로 이런 것이다.

2. 글의 구조가 이해에 영향을 미친다

언어학자 소쉬르(F. de Saussure)는 체계(system)와 구조(structure)의 개념을 통해서 언어가 문화적 구조 속에서 정의됨을 설명하였다. 사물은 그 스스로에 의해서가 아니라 대조하는 과정에서 평가된다는 것이다. 언어학에서 '기역', '니은', '디귿' 등의 음가들은 독자적이기보다는 상대적인 발음 위치에 따라서 규정된다. 각각의 음가에 절대적인 가치가 있는 것이 아니라 상대적인 가치만 존재한다.

소쉬르는 언어의 과학적 탐구를 통해 인문사회학을 비롯한 학문 전반에 일대 패러다임의 변화를 이끈 학자이다. 그는 20세기 구조주의의 새로운 패러다임을 구축하였다. 구조주의란 구조적 인식, 즉 구조의 틀 내에서 사고하는 방법론이다. 랑그(langue)와 빠롤(parole), 기호와 기호학, 시니피앙(signifiant)과 시니피에, 관계(relation)와 체계, 공시태(synchronie)와 통시태(diachronie) 등의 개념은 모든 구조주의적 연구 분야에서 통용되는 핵심 단어들이다. 구체적인 상황에서 실제로 쓰이는 언어를 빠롤이라고 하고, 사회적 체계와 구조 속에서 해석되어지는 언어를 랑그라고 한다. 랑그와 빠롤이 말하는 바는 글의 이해가 구조와 맥락 속에서 이루어지는 인지 과정이라는 것이다. 또 글의 이해는 글 속에 있는 아이디어들의 구조에 의해서도 영향을 받는다. 손다이크(Thorndyke)에 의하면 이야기의 일반적인 구조는 장면(setting), 주제(theme), 구성(plot), 종결(resolution)로 조직되어 있다. 장면은 시간, 장소, 그리고 주요인물에 관한 내용이며, 주제는 이야기의 일반적인 초점으로 주인공이 달성하고자 하는 목표가 여기에 해당한다. 구성은 이 목적을 달성하기 위하여 주인공이 시도하는 활동이다. 종결은 주인공이 목적을 성공적으로 달성했는지를 말해준다. 다음은 마가복음 2장에 나오는 사건을 예로 글의 구조를 살펴보고자 한다.

1 수일 후에 예수께서 다시 가버나움에 들어가시니 집에 계시다는 소문이 들린지라 2 많은 사람이 모여서 문 앞까지도 들어설 자리가 없게 되었는데 예수께서 그들에게 도를 말씀하시더니 3 사람들이 한 중풍병자를 네 사람에게 메워 가지고 예수께로 올새 4 무리들 때문에 예수께 데려갈 수 없으므로 그 계신 곳의 지붕을 뜯어 구멍을 내고 중풍병자가 누운 상을 달아내리니 5 예수께서 그들의 믿음을 보시고 중풍병자에게 이르시되 작은 자야 네 죄 사함을 받았느니라 하시니 6 어떤 서기관들이 거기 앉아서 마음에 생각하기를 7 이 사람이 어찌 이렇게 말하는가 신성 모독이로다 오직 하나님 한 분 외에는 누가 능히 죄를 사하겠느냐 8 그들이 속으로 이렇게 생각하는 줄을 예수께서 곧 중심에 아시고 이르시되 어찌하여 이것을 마음에 생각하느냐 9 중풍병자에게 네 죄 사함을 받았느니라 하는 말과 일어나 네 상을 가지고 걸어가라 하는 말 중에서 어느 것이 쉽겠느냐 10 그러나 인자가 땅에서 죄를 사하는 권세가 있는 줄을 너희로 알게 하려 하노라 하시고 중풍병자에게 말씀하시되 11 내가 네게 이르노니 일어나 네 상을 가지고 집으로 가라 하시니 12 그가 일어나 곧 상을 가지고 모든 사람 앞에서 나가거늘 그들이 다 놀라 하나님께 영광을 돌리며 이르되 우리가 이런 일을 도무지 보지 못하였다 하더라(막2:1~12)

여기서 1~4절은 장면에 해당하고, 5절은 주제에 해당한다. 6~11절은 구성이며, 12절은 종결이다. 예수님을 주인공으로 했을 때 이러한 구조이지만, 중풍병자를 주인공으로 하면 구조가 달라진다. 1~2절은 장면, 3절이 주제, 4~11절은 구성, 12절이 종결이 된다.

주제가 구성 앞에 올 때 이해가 가장 잘 되고, 주제가 구성 다음에 오면 이해는 저조해진다. 만약 주제를 생략해 버리면 이해는 더욱 저조해지며, 상호 인과관계가 정보인출에 영향을 미친다. 독자가 이미 읽은 아이디어들과 읽고 있는 글 속의 아이디어들을 어떻게 연관 짓는가는 글을 이해하는 데 중요하다. 새로 읽은 아이디어들을 기존의 아이디어와 결합할 수 있으면 글 이해가 쉬워진다.

3. 읽기란 창조활동이다

인간은 창조성의 본성을 지닌 존재다. 그래서 인간은 끊임없이 창조적인 일을 도모한다. 창조적인 일을 할 때 희열과 만족을 느낀다. 인류역사는 인간의 창조성이 만들어 낸 작품들로 가득하다. 농사를 짓고 그 열매를 수확하는 일, 새로운 집을 짓는 일, 물건을 만드는 일, 새로운 사업을 시도하는 일, 미지의 세계를 탐험하는 일, 공장에서 물건을 생산하는 일, 물고기를 기르고 동물을 사육하는 일 등 거의 모든 일들이 창조성의 본성을 자극하고 있다. 인간이 창조적인 일에 몰두할 때 희열과 행복이 있다.

오늘날은 창조성(creativity)의 역할에 대한 관심이 어느 때보다 뜨겁다. 왜냐하면, 창조성이야 말로 오늘날 기업이나 학문, 문화발전의 원동력이라는 사실이 널리 알려졌기 때문이다. 요즘은 경제에도 창조경제라는 말을 쓴다. 창의력과 창조성을 어떻게 개발하고 키우느냐가 교육의 주된 관심이다. 어느 분야에서든 탁월한 실적을 보이는 경우를 보면 창의력과 창조성이 뛰어난 사람들이다. 결국, 창의력이 경쟁력이다. 세계는 무한 경쟁시대가 된지 오래다. 우리나라 청소년들이 세계무대에서 경쟁력 있는 지도자들로 성장하려면 창의력에서 앞서야 한다. 읽기란 바로 창조성을 바탕으로 하는 인지활동이다.

읽기는 독자의 내면세계에서 창조성을 일깨운다. 읽기에서의 창조적 인지활동이란 글을 읽고 저자의 의도와는 다른 독자 고유의 아이디어를 발전시키는 것을 말한다.

야콥슨(Jacobson)의 의사소통 모델에 의하면 말이나 글로써 의사소통을 하고자 할 때 발신자의 메시지가 수신자에게 전달되는 과정에서 메시지는 다양한 형태로 변형된다. 왜냐하면, 발신자의 메시지는 언어로 표현되는 과정과 그 메시지가 처한 상황에 의해서 달라지기 때문이다. 발신자의 메시지는 수신자에게 발신자의 의도 속에 형성된 메시지 자체가 있는 그대로 이식(移植)되는 것이 아니라, 수신자의 해석학적 과정을 거쳐서 통역된다고 보아야 한다. 이때 메시지를 둘러싼 상황은 의미전달에서 중요한 역할을 한다.

린다 플라워의 연구에 의하면 읽기란 단순히 저자의 메시지를 받아들이는 행위가 아니다. 읽기는 독자의 능동적인 인지활동으로서 창조적 활동이다. 독자는 글읽기를 하는 과정에서 다음 단계를 추론하고 예측하며 자신의 기존 아이디어와 통합을 이루면서 새로운 단계의 아이디어를 구성한다. 독서란 저자의 아이디어 그 자체를 이식하듯 독자가 수용하는 행위가 아니라, 글을 읽으면서 독자의 내면에서 끊임없이 해석과 정의, 추론이 일어난다. 독자는 글을 읽으면서 자신이 가지고 있던 기존 아이디어를 강화시키고 확장하며 더 나은 아이디어로 발전시킨다. 이렇게 글읽기는 글을 매체로 독자의 내면에서 새로운 창조적 활동이 일어나는 과정이다. 이러한 창조적 활동을 추론이라고 할 수 있다. 추론이란 이전의 아이디어로부터 새롭게 창안해 낸 아이디어를 말한다. 다시 말해 정보를 창의적으로 해석한 결과이다.

읽기를 창조적 활동이라고 하는 것은 독자는 글을 읽는 과정에서 끊임없이 추론을 이끌어내 정보를 창의적으로 해석하고 있기 때문이다. 따라서 독자는 저자의 아이디어를 있는 그대로 받아들이는 것이 아니라 자신의 고유한 아이디어를 만들어 간다. 독자는 책읽기를 통해서 저자의 사상을 흡수하는 것이 아니라 자신의 아이디어를 창조한다. 즉, 읽기란 저자의 소리를 듣는 것이 아니라 자신의 내면에서 울려나오는 소리를 듣는 행위이다.

읽기의 창조성은 읽기와 쓰기가 분리될 수 없는 인지활동임을 말해준다. 읽기가 창조적 활동이라 함은 창조적 쓰기로 이어지기 때문이다. 읽기는 읽기를 위한 읽기가 아니라 쓰기를 위한 읽기가 되어야 한다. 읽기는 저자의 사상을 피동적으로 수용하는 작업으로 머물러서는 안 되고, 독자의 창조적 해석과 글쓰기로 이어져야 한다. 그래서 창조적 읽기는 창조적 쓰기라 할 수 있다.

4. 읽기란 이야기를 만드는 과정이다

이정모는 그의 저서 『인지과학』에서 인간 마음의 기본적인 원리를 이야기 만들기(story making, narrative making)라고 하였다. 인지과학의 중심주제가 문학적 마음의 문제라는 인식이 공감대를 얻어가고 있으며, 이야기가 인간본성의 기본원리라는 것이다. 인지과학에서 내러티브적 접근을 시도한 학자들로는 터너(M. Turner), 바틀렛(F. C. Bartlett), 브루너(J. Bruner) 등인데 과거에는 문학과 인지과학이 합일점을 찾지 못했으나, 이제는 문학과 인지과학이 내러티브적인 접근을 통해 연결점을 찾아가고 있다. 그리고 그 중심논리가 이야기 곧, 내러티브적 인지이다. 로이드(D. Lloyd)는 『Simple Mind』에서 인간 이성의 일차적 패턴은 이야기 패턴이며, 이차적 패턴이 논리라고 하였다. 사고의 원래 형태는 이야기 패턴(narrative pattern)이며 이야기는 인지의 기본 구조라는 것이다. 이는 인간이 모든 정보처리에 있어서 이야기 구조에 맞게 구성하고 처리하는 기본 경향성을 가지고 있음을 의미한다. 한마디로 인간은 이야기를 만들고 이야기를 찾아가는 존재이다.

미래학자들은 앞으로의 사회를 산업사회에서 지식기반사회로, 지식기반사회에서 감성사회로 변화되어 간다고 말하는데, 감성사회란 이야기를 중심으로 만들어가는 사회이다. 이야기는 앞으로 인간 삶의 중심이 될 것이다. 따라서 미래사회는 이야기를 만들어 내는 창조적 지성을 절실히 요구하고 있다. 우리는 살아가면서 끊임없이 이야기를 만들고, 나의 이야기를 찾아가는 존재이다. 나의 미래모습에서부터 자녀의 진로와 미래, 직장에서의 일들, 나라의 여러 정치적인 문제들, 남북관계, 통일, 안보 등등에 이르기까지 아침부터 밤까지 쉬지 않고 이야기를 만들어 간다. 그리고 그 이야기를 통해 나 자신과 다른 사람, 세상의 여러 사건들과 현상들을 이해하고 바라보게 된다. 우리를 둘러싼 세상과 우주는 우리의 가슴 속에 있는 나의 이야기를 통해서 해석되고 이해하게 되며 나는 비로소 그 이야기 속에서 우주와 통합을 이룬다. 이처럼 인간은 이야기를 만들어가는 존재이다. 이것이 인지과학에서 밝혀진 인간 마음의 자동원리이다. 따라서 글읽기는 독자 자신의 이야기를 만들고, 찾아가는 과정이다.

브루너는 독자에게 가장 좋은 선물은 작가가 되게끔 도와주는 것이라고 하였다. 독자에게 줄 수 있는 가장 훌륭한 선물은 독자를 더 좋은 작가로 만드는 것이다. 독자를 훌륭한 이야기꾼으로 만들어 주는 것이다.

5. 글보다 그림이 창조적이다

『글자로만 생각하는 사람 이미지로 창조하는 사람』은 토머스 웨스트(Thomas G. West)의 『In the Mind's Eye』를 번역한 책이다. 신경학자이면서 의학소설가인 올리버 색스가 추천사를 썼다. 저자는 이 책에서 난독증으로 장애를 겪은 유명한 인사들을 분석함으로써 시각적 사고와 창의성과의 관계를 설득력 있게 표현하였다. 그는 시각적 사고가 창조성의 핵심이라고 강조한다. 시각적 상상력을 가진 사람들은 놀라운 창조적 업적을 이룩한 사례들이 많은데, 역사적으로 물리학이나 수학부터 정치나 시문학에 이르기까지 가장 독창적이었던 사상가들은 모두 시각적 사고방식으로 일했던 사람들이다. 특히, 이들 중에는 난독증으로 고생한 사람들이 의외로 많았다. 즉, 글읽기와 글쓰기에 젬병인 경우가 오히려 창조적인 일에 뛰어난 업적을 냈다고 하는 것은 이 책이 말하는 바와 상반되는 메시지가 아닌가!

시각적 사고에 대한 인지심리학적 관심은 뇌과학의 발달에 따른 좌뇌와 우뇌의 기능에 대한 연구결과가 알려지면서 시작되었다. 1950년대와 1960년대 이루어진 이 연구에 의하면 우뇌와 좌뇌는 기능면에서 상대적으로 전문화되어 있어서 서로 다르면서도 상호보완적인 두 가지 방법으로 작동한다. 일반적으로 논리, 언어, 정돈성, 순차적 시간인식, 산수 등의 능력은 보통 좌뇌에 특화되어 있고, 시간적 이미지, 공간적 관계, 얼굴이나 패턴인식, 몸짓, 비율 등을 처리하는 과정은 우뇌에 특화되어 있다. 그러므로 좌뇌는 단어와 숫자로 생각하고 우뇌는 3차원 공간 속의 그림이나 이미지를 통해 시각적으로 생각한다.

중요한 사실은 우뇌도 생각을 한다는 것이다. 언어가 없어도 우뇌의 시각적 사고가 작동한다. 우뇌에 의한 시각적 사고란 머릿속으로 이미지를 만들고, 만들어 낸 이미지를 임의로 조작할 수 있는 유연한 가변성의 사고방식을 말한다. 예를 들어, 머릿속에서 만든 이미지는 색깔을 덧칠할 수도 있으며, 형태를 변형시키기도 하고, 크기와 넓이, 높이를 자유자재로 변화시키기도 한다. 또, 다른 형태와 합쳐서 새로운 이미지로 만들어 내며 이미지를 지우거나 언제든지 새롭게 탄생시킬 수도 있다. 이러한 시각적 사고에 새로운 관심을 기울이는 이유는 시각적 사고가 거의 모든 창조적인 일에 깊이 관여한다는 사실 때문이다. 역사상 예술이나 과학 분야에서 탁월한 업적을 이룩한 사람들은 한결같이 시각적 사고방식을 택한 사람들이었다.

수학이나 물리학과 같은 전통적인 학문에서조차 이미지가 핵심이 되어 가고 있다. 카오스 이론은 현대과학의 대혁명이라고 할 수 있는데 이는 카오스 이론이 시각적 사고방식으로 초점을 옮겨가고 있기 때문이다. 즉, 전통적인 수학적 분석에서 이제는 시각적 이미지를 통한 분석으로 수학의 물줄기가 이동하고 있다는 것이다. 수학적 활동이 지금까지는 어려운 수식과 문자, 기호로 이루어졌으나 시각적 이미지로 변환이 이루어지고 있다는 것이다. 현대 과학문명의 중추와도 같은 수학이 사실상 많은 사람들에게는 어렵고 딱딱한 학문으로만 인식되어 왔다. 수학의 어려운 공식과 단계적인 개념 습득은 수학을 어렵게 만드는 요인이 되었다. 하지만 최근 카오스 이론이 등장하면서 수학의 흐름은 시각적 연구로 대변화를 보이고 있다. 기존의 어려운 공식과 수식 중심의 수학이 시각적·공간적 수학으로 전환되고 있다. 이는 향후 수학교육의 변화에도 영향을 미치게 될 것이지만 이러한 변화는 수학의 연구방법론의 일대 전환을 의미한다. 수학이 수식에서 시각으로라는 방법론의 변화가 의미하는 바는 시각적 사고가 인류문명 발달에 놀라운 창조성을 가지고 있음을 말한다. 시각적 사고는 인류문명에 창조적인 위력을 발휘한다. 동시에 인간의 인지작용에 시각적 사고는 창조성을 극대화시킨다. 수학이 시각적 사고에 의해서 수행될 때 창조성의 위력은 커진다.

시각적 사고와 대응되는 사고로서 논리적 사고가 있다면, 시각적 사고는 직관적이고 창조적인 사고인 반면에, 논리적 사고는 언어·수리적 사고이고 분석적인 사고라 할 수 있다. 따라서 시각적 사고와 논리적 사고를 다른 말로 표현하면 직관적 사고(直觀的 思考)와 분석적 사고(分析的 思考)가 된다. 직관이란 그럴듯하기는 하지만 아직은 확정되지 않은 원리나 지식을 발견하는 방법이다. 직관적 사고가 타당한지를 검증하는 것은 분석적 사고다. 직관적 사고는 분석적 과정을 거치지 않고 원리나 지식을 생각해낸 사고 과정이다. 직관적 사고는 과감한 추측과 동일한 개념으로서 생산적 사고의 가장 중요한 일면이다. 과감한 추측에 의한 가설수립, 그리고 여기게 근거한 도약은 어떤 분야에서든지 강력한 무기로 작용한다. 이러한 직관적 사고의 가치와 필요성이 점차 알려지면서 직관적 사고를 어떻게 훈련하며 함양시킬 수 있을 것인가는 학교 교육의 과제로 떠올랐다.

지금까지의 학교 교육에서는 형식으로 언어화하는 능력, 언어적 혹은 수학적 공식을 재생하는 능력이 강조되었다. 그러나 자기 분야에서 뛰어난 업적을 자랑하는 많은 학자들 중에는 직관적 사고를 강조하는 학자들이 많다. 직관적 사고는 이처럼 귀중한 재산이다. 교육에서 직관적 사고의 능력을 길러주는 것이 무엇보다 중요하다.

직관적 사고는 지식을 덩어리로 조직화하여 추론하는 사고방식으로 우리가 지금까지 다뤄 온 스키마 이론과도 일맥상통한 개념이다. 예를 들면, 경험이 많은 내과전문의는 환자의 증상을 듣고, 한두 마디 대화만으로도 진단을 내릴 수 있다. 즉, 전문가의 사고방식, 스키마를 가지고 있다. 반면에 전공의 1년 차는 복잡하고 많은 검사를 하고도 정확한 진단을 내리지 못한다. 내과 전문의는 직관적 사고로 접근하였고, 전공의는 분석적 사고로 접근한 것이다. 따라서 직관적 사고란 그 분야의 전문지식이 축적될수록 활발하게 이루어지는 접근방법이다. 직관적 사고란 '전문가처럼 생각하기' 혹은 '전문가 방식'이다. 읽기에서도 직관적 이해가 중요하다. 직관적으로 이해한다는 것은 형식을 갖춘 언어로 표현하여 이해한다는 말이 아니다. 즉, 글자와 논리로 이해한다는 말이 아니라는 것이다. 시각적 사고와 직관적 사고는 같은 개념이라고 할 수 있다.

그렇다면, 수학의 영역에서와 같이 읽기의 영역에서 시각적이며 직관적인 사고가 가능한가? 읽기란 글자를 이해하고 언어와 논리를 통해서 접근하는 사고방식인데, 시각적, 직관적 사고와 병존할 수 있는가? 독자는 읽은 내용을 형상화하여 이미지로 변환시킬 수 있다. 마인드맵이나 개념도와 같은 것들이 이미지로 변환된 아이디어라고 할 수 있을 것이다. 읽기에서 시각적 사고는 읽은 내용을 보다 잘 기억하고 동시에 창조적인 사고를 할 수 있는 기회를 제공한다.

나의 경우 복잡하고 어려운 개념일수록 그것을 시각적 이미지로 변환시켜서 장기기억으로 활용하는 예들이 많다. 또 외래에서 진료를 할 때에도 환자의 상태를 시각적인 그림으로 표현해 놓으면 글로 기술한 것을 읽고 기억을 인출하는 경우보다 쉽고 빠르다.

6. 읽기란 패턴(pattern)찾기이다

읽기란 일종의 패턴을 찾는 작업이라고 할 수 있는데, 패턴찾기, 패턴인식(pattern recognition)이라는 점에서 읽기도 하나의 수학적 행위이다. 왜냐하면, 수학이란 패턴을 찾아가는 학문이기 때문이다.

수학이란 자연현상과 인간의 삶에서 패턴을 찾고, 패턴과 패턴 간의 상호관계를 연구하는 학문이다. 자연과 역사, 사물의 현상과 사건 속에는 일정한 패턴이 작동하고 있으며, 이 패턴을 발견할 때 자연과 역사, 사건들을 이해하는 이해의 폭이 넓어진다. 패턴이란 형태적인 것일 수도 있고, 형태가 없는 아이디어의 구조일 수도 있다. 또 사물의 속성을 두고 하는 말일 수도 있다. 소설과 같은 문학작품에서는 작품의 구성, 즉 플롯과 스토리에서 패턴을 찾을 수 있을 것이고, 자연현상에서는 계절의 주기나 기후변화에서 패턴을 찾을 수 있다. 수학이 패턴을 다루는 학문이라는 점에서 읽기 속에는 수학이 내포되어 있다. 읽기 속에 존재하는 수학이란 읽기를 통해 일정한 패턴을 찾아내는 것을 의미한다. 이야기 속에서 일정한 패턴을 찾아내는 것이 수학이다. 읽기란 문장을 읽고 이해하는 것으로 끝나는 것이 아니라, 이야기 속에서 일정한 패턴을 찾아가는 활동이다. 그것이 유형의 패턴이든 무형의 패턴이든 독자는 끊임없이 패턴을 찾고자 한다. 읽기, 그 자체가 수학적 활동인 것이다.

모든 자연과학적 발견과 업적들은 모두 수학적 성과와 관련되지 않은 것이 없다. 수학은 현대문명의 모든 괄목할 만한 성과들과 직접적인 관련을 맺고 있으며, 수학의 발전 없이는 현대과학의 발전은 기대할 수 없었다. 그런데 읽기란 수학적 활동 즉, 패턴인식이며 이러한 패턴찾기를 통해서 인류문명은 발전하고 있다. 읽기를 하면서 패턴찾기를 멈추지 말아야 한다.

7. 스키마(schema)로 읽어라

앞서 언급하기를 읽기란 추론을 통한 창조행위라고 하였다. 그런데 추론을 이끌어내기 위해서는 정보를 덩어리로 만드는 과정이 필요하다. 지식이 큰 덩어리로 통합된다는 것이 스키마 이론의 기본전제이다. 정보를 덩어리로 만든다는 말은 복잡하고 다양한 정보들을 분석하고 분류하여 개념을 재구성함으로써 혼잡한 개념을 자신의 논리체계 속에서 단순하고 기억하기 좋은 개념으로 정립하는 것을 의미한다. 이렇게 재정립된 지식의 통합된 덩어리를 스키마라고 한다. 이것이 인지과학에서 말하는 스키마 이론이다.

사람은 인지발달 과정에서 형성된 스키마를 통해서 세계와 우주를 해석하고 수용한다. 새로운 학습이 일어나는 과정도 기존의 스키마를 바탕으로 이루어진다. 그러므로 텍스트는 저자가 원래 의도하였던 바와는 다른 관점에서 이해되고 의미가 부여되며 재구성된다. 어떤 면에서 책읽기란 저자의 관점에서 말하는 것을 받아들이는 것이 아니라 독자의 관점에서 새롭게 부여된 의미와 재구성된 개념을 확립하는 작업이라고 할 수 있다.

스키마 이론은 인지과학에서 1970년대 주목을 받기 시작하였으며 바틀렛과 피아제(Piaget) 등이 처음으로 발표하였다. 사실적 정보들의 집합만으로는 정보를 덩어리로 만들 수 없다. 정보를 덩어리로 만들려면 개개의 사실적 정보를 창의적으로 해석하고 정보들을 분류하고 조직하여 다시 분류된 정보들을 창의적으로 해석함으로써 하나의 융합된 덩어리 개념으로 탄생하게 된다. 이렇게 정보를 창의적으로 해석하는 추론의 과정을 통해서 정보의 단순한 집합체는 유기적이고 응집력이 있는 덩어리 개념으로 탄생하게 된다. 스키마가 만들어진다. 그리고 이 스키마는 다른 새로운 정보들을 해석함으로써 확장되고 변형 발전한다.

독자가 자신만의 스키마로 글읽기를 하는 이유를 린다 플라워는 집중력의 한계 때문이라고 하였다. 인간은 강의를 듣거나 글을 읽을 때 집중력의 한계를 드러낸다는 것이다. 사실 강의를 들을 때 한 시간 동안 집중해서 지속적인 관심과 주의를 기울이기란 어렵다. 책을 읽을 때도 마찬가지다. 그래서 이러한 집중력의 한계를 보상하기 위한 방편으로 개념을 덩어리로 받아들이게 된다. 스키마를 구성한다. 예를 들면, 강사가 환경문제에 대한 자세한 내용을 한 시간 동안 강의한다고 치자. 강의를 듣는 입장에서는 강사가 말하는 구체적이고 세부적인 환경문제를 하나하나 기억하는 것이 아니라, 환경문제의 심각성을 강의한다고 받아들인다. 즉, 전체의 개념을 덩어리로 이해한다. 이 전체 개념의 덩어리는 각자의 인지체계 속에 이미 형성되어 있거나 기존에 가지고 있던 스키마라는 것인데, 자신의 스키마를 근거로 강의를 이해하고 글의 내용을 이해하는 것이다. 만약, 강의 내용이나 글의 내용이 자신이 가지고 있던 스키마와 연결되지 않거나, 상호 접촉하는 부분이 없다면 강의 내용이나 글을 이해하지 못한다.

8. 사고의 연결망(neural networking model)을 구축하라

사회생활을 하면서 우리는 많은 사람과 만나고 대화하며, 함께 일하게 되는데 어떤 특정한 사람과는 더 많은 관계가 형성되어 있는 반면, 어떤 사람과는 관계 형성이 덜한 경우가 있다. 예를 들면, A와는 고등학교 동창으로서 같은 고향사람으로서 친분이 있으면서 동시에 직장에서는 인접부서의 동료로서 늘 업무상의 교류를 하고 있다. 그러다 보니, A와는 지난여름에 가족동반 휴가를 다녀오기도 하였으며, 심지어 A의 자녀들과 나의 자녀들은 같은 학교 같은 반에서 공부하는 사이다. 즉, A와는 학연, 지연, 직장, 자녀 등을 매체로 연결점이 형성되어 있다. 반면에 B는 단지 직장에서 업무상으로 가끔씩 협력하는 관계를 지니고 있다. 이럴 경우 우리 뇌의 기억구조에서 A는 상대적으로 많은 시냅스의 기억회로가 작동하고 있다. 마찬가지로 서로 연결된 고리가 많은 아이디어일수록 기억의 저장능력은 높아진다.

학습내용에 대한 기억을 강화시키고 장기기억으로 저장하려면 사고의 네트워킹이 있어야 한다. 단순한 아이디어일수록 시간이 흐르면서 기억에서 사라지게 되는데, 수많은 네트워킹으로 연결된 아이디어는 장기기억으로 남아서 활용이 쉬워진다. 이는 뇌의 작동방식에 근거한 인지활동으로서 여러 개의 변수들이 복잡하게 작용하는 유전자 상호작용이라든가 세포 내 신호전달체계를 설명하는 데 효과적이다.

　시스템 바이올로지(system biology)라고도 하고 바이오 인포매틱스(bioinformatics)라고도 하는 통계학적 방법이 사용하는 방식이 신경망 회로이다. 신경망 접근법은 최근 생명공학 분야에서 각광받는 첨단연구로서 지금까지 수천 건의 연구논문이 보고되었으며, 막대한 연구비 지원이 이루어지고 있는 분야이다. 특히, 생명과학 분야에서 신경망 회로를 적용한 통계학적 방식이 각광을 받는 이유는 매일 쏟아져 나오는 수천 편의 유전자 관련 연구결과들을 통합하고 분석하는 작업이 절실해졌기 때문이다. 이러한 작업은 사람의 손으로 할 수 있는 한계를 넘어섰기 때문에 컴퓨터 프로그램을 통한 통계분석으로 이루어진다. 예를 들면, 특정 암 발생에 관여하는 유전자와 그 유전자의 변이 혹은 발현에 관여하는 유전자들을 통합하여 각 유전자 상호 간의 거미줄처럼 복잡한 관계를 그리는 작업이다. 혹은 문학작품에서 스토리의 전개에 따른 등장인물들의 성격과 활동, 상호관계, 이야기의 진행, 결말 등을 신경망 모델로 구성할 수 있다. 마인드맵(mind map)이나 개념도는 아이디어의 신경망 모델을 가시적으로 표현한 방식이다. 아이디어의 신경망 모델은 학습 원리로 활용될 수 있는 동시에 읽기와 쓰기 이론에 적용된다. 즉, 읽기에서 독자는 저자가 말하는 아이디어의 개념도에 따라 읽음으로써 저자의 메시지를 쉽게 이해한다. 글쓰기에서도 아이디어의 개념도는 많은 도움이 된다. 또한, 이야기의 전개에서도 신경망으로 모델화된 아이디어는 독자의 학습과 기억을 돕는다.

9. 범주화(categorization)하라

지식을 조직하는 한 가지 방법은 범주화이다. 범주화란 비슷한 특성을 가진 것들을 묶어서 그룹화(grouping)하는 것을 말한다. 예를들어, 시장에 가서 물건을 사려고 하는데 온갖 상품들이 진열되어 있다고 치자. 고등어, 갈치, 수건, 비누, 오징어, 그릇, 양복, 컴퓨터, 자동차, 돼지고기, 닭고기, 달걀, 두부, 배추, 쌀, 통조림, 과일 등을 여기저기에서 팔고 있다면 구매자는 매우 혼란스러울 것이다. 그러나 이것들을 범주화하여 수산물, 농산물, 가공식품, 야채류, 가전제품, 전자제품, 자동차 등으로 구분하여 판매한다면 구매자가 혼란스러워하지 않을 것이다. 인간의 인지능력은 한계적이어서 세부적인 내용을 일일이 인지하고 기억하기가 어렵다. 그래서 유사한 것들을 그룹화하고 범주화하여 생각한다. 만약 범주화하지 않고 각각의 정보를 일일이 기억하고 분별해야 한다면 매일 매일의 삶에서 기억의 용량과 인지능력을 초과하여 정신의 과부화 현상을 겪게 될 것이다.

읽기에서도 마찬가지로 범주화가 필요하다. 먼저 읽고 있는 책의 분야가 인문학서적인가 과학서적인가를 분류하고, 책의 구성이 대략 몇 개의 단원으로 구성되었는지를 파악한다. 그리고 책의 핵심 주제에 따라서 대략 몇 가지 소주제를 중심으로 다루고 있는지를 범주화한다. 예를 들면, 현재 읽고 있는 책이 인지심리학에 관한 서적이며, 단원별 구성이 형태인식, 주의, 기억, 언어 등으로 이루어졌다면 각 단원들은 하나의 범주가 된다. 만약 나의 관심이 기억에 관한 단원이라고 한다면 기억이라는 범주화의 범위에서 읽기를 하게 된다.

책의 구성에서의 범주화와 마찬가지로 내용에 있어서도 범주화가 적용된다. 범주화는 읽기를 통해서 습득한 지식을 재분류하는 과정이다. 이때 재분류와 조직은 스키마를 구성할 때 사용되는 방식과 동일하다. 스키마 이론에서는 범주화를 통해서 세부적인 내용을 큰 덩어리로 만들고, 큰 덩어리를 중간 크기의 덩어리들로 다시 나누고 중간 크기의 덩어리를 작은 덩어리로 나누어 조직한다.

10. 읽기는 선택과 집중이다

주의(attention)는 중요한 인간의 인지활동 특징이다. 만약 주의가 주변의 모든 사건과 대상에게 동일한 강도로 작용한다면 어떤 현상이 초래될 것인가? 사회심리학자 스탠리 밀그램(Stanley Milgram)의 연구에 의하면 뉴욕 맨해튼의 중심부에서 일하는 사람들은 자기 사무실을 중심으로 반경 10분 이내의 거리에서 22만 명이나 되는 사람들을 만날 수 있다고 한다. 이 정도의 과잉부하는 생활의 여러 측면에서 영향을 미칠 수 있다는 것이 밀그램의 주장이다. 정보의 과잉부하에 대처하는 방식으로는 각각의 입력정보를 가볍게 처리해 버리는 방식도 있고, 우선순위가 낮은 정보는 무시해 버리는 방식도 있으며, 어떤 감각정보는 아예 입력을 차단해 버리는 경우도 있다. 즉, 정보의 선별(selectivity)과 집중(concentration)이 작용한다. 인지과학에서는 주의와 관련하여 정보의 과잉을 설명하는 이론으로서 병목 이론, 용량 이론, 자동적 처리를 제시한다. 책읽기도 일종의 정보처리의 과정이다. 독자는 저자가 말하는 모든 것을 흡수하고 받아들일 수 없다. 즉, 정보의 과잉에 대해서 적절한 대응을 해야 한다. 이때 주의의 특징인 선별과 집중이 일어난다.

책을 읽을 때 독자는 선별적으로 읽게 된다. 파레토의 법칙에서는 20%를 읽고 80%를 이해한다고 한다. 전체를 다 읽고자 하면 정보 과잉으로 주의가 분산되어 이해의 정도가 떨어진다. 속독법은 한마디로 선별적으로 읽기다. 책 전체를 꼼꼼하게 다 읽는 것이 아니라 선별적으로 관심이 가는 부분만을 집중적으로 읽는다. 대개 한 권의 책을 통해서 저자가 말하고자 하는 바는 전체 중 일부에 불과하고 나머지는 핵심 되는 아이디어를 설명하고, 부연하고, 지지하는 내용으로 이루어졌다. 선별과 집중이란 바로 저자의 핵심 아이디어를 파악할 수 있는 부분을 의미한다.

제2장 읽기의 전략과 방법

　책읽기 방법론의 변화는 인지과학의 발달에 따른 학습개념의 변화에서 시작되었다. 앞에서 서술한 읽기 이론은 읽기의 인지심리학적 배경을 간략히 살펴본 것이다. 읽기가 인간의 중요한 인지활동이며, 인지심리학적 원리로 이루어졌다면 책읽기에는 분명히 일정한 방법이 존재한다. 무턱대고 많은 책을 읽는다고 해서 다 좋은 것은 아니다. 독서의 목적과 필요성에 따라서 책의 종류와 분야에 따라서, 즉, 독자의 상황과 요구에 따라 책읽기의 원리와 방법은 달라야 한다.

　월터 카우프만(Walter Kaufman)은 오늘날 대학에서는 인문사회학 분야의 학생들조차도 글 읽는 방법을 배우지 못하고 있다고 지적하였다.3) 심지어 대학원생들도 독서법에 대하여 생각할 기회를 갖지 못하는 경우가 많다. 하지만 읽는 법을 배우지 않고는 대학교육의

---

3) 월터 카우프만 지음, 이남재·이홍수 옮김, 『인문학의 미래』, 미리내, p.97, p.139.

성과를 거둘 수 없다. 인문학의 발전은 읽기 기술에서 출발한다. 또한 대학교육의 성과 역시 읽기 기술을 배움으로써 기대할 수 있다. 문제는 교수들마저도 학생들의 글읽기 기술에 대해 무관심하며, 교수 자신들도 읽기 기술을 습득하지 못한 사례들이 많다는 것이다. 읽기의 원리와 방법은 스스로 배우고 습득해야 한다.

더 나아가 사회발전에 따른 지식환경의 변화도 새로운 독서법을 요구하고 있다. 지식사회가 요구하는 책읽기의 과정은 기업의 생산성 향상과 같은 분명한 목적성과 실용성을 전제로 하는 경우가 많다. 즉, 사회와 기업이 요구하는 지식생산을 위한 지적활동이 된다. 정보습득의 속도와 습득해야 할 정보량에서 과거와는 다른 국면을 맞게 되었다. 치열한 경쟁의 장에서 이루어지는 학습 과정이다. 이러한 사회적 환경변화와 인지과학적 배경 때문에 기존의 독서법은 재고가 필요한 시점에 이르렀다. 따라서 전통적인 책읽기 방식에 머물지 말고 책읽기의 다양한 전략과 방법들을 배우고 활용할 수 있어야 한다.

1. 비판적 독서

비판적으로 읽는다는 것은 비판적 사고를 하는 것을 말한다. 비판적 사고란 논리적 사고를 의미한다. 비판적 사고란 그것이 참으로 그러한가 하고 스스로 질문한다. 비판적 사고는 사물과 현상의 본질에 대한 진리추구의 자세를 말한다. 비판적 사고를 하는 사람은 무턱대고 부화뇌동(附和雷同)하거나 다른 사람의 주장을 받아들이지 않는다. 그것이 참인가 거짓인가를 논리적이고 분석적으로 따져 묻는다.

비판적 사고의 책읽기를 비판적 독서법이라고 하는데, 비판적 독서란 다음과 같은 특징을 지닌다. 우선 비판적으로 책을 읽기 위해서는 읽는 책과 저자에 대해서 경계심을 가지고 대한다. 저자가 말하는 바를 무작정 옳은 말이겠지 하고 읽는 것이 아니라, 의문을 제기하고 저자 말의 진위성을 따지며, 과연 그러한가 논리적 배경을 살핀다는 말이다.

다음으로는 저자의 숨은 의도가 무엇인가를 찾는다. 저자는 무엇인가 목적을 가지고 자신의 주장을 전개하는 것이다. 그런데 저자는 목적을 분명하게 드러내기도 하지만, 목적을 감추는 경우도 있다. 책을 읽을 때 저자의 숨은 의도, 저자가 주장하는 이론의 궁극적인 목적이 무엇인가를 파악하는 것이 중요하다.

비판적 독서의 핵심은 저자의 논리를 추적하는 것이다. 저자가 자신의 주장을 전개하는 논리적 방법론, 논리적 배경이 무엇인가를 살펴야 한다. 저자는 자신의 주장과 반대되는 이론에 대해서 어떤 논리를 취하는가? 반대주장에 대해서 무시하는가, 일방적으로 배척하는가, 아니면 억지 주장을 하는가? 저자는 자신의 주장을 전개하기 위해서 반드시 논리라는 수단을 이용하게 되는데, 그 논리가 타당한가, 비약이 있는가, 혹은 모순이 있는가를 살피는 것이다.

비판적 독서의 네 번째 포인트는 저자가 알게 모르게 배경에 깔고 있는 전제가 무엇인가를 파악하여 그것을 의심해 보는 일이다. 저자가 주장하는 이론을 가만히 살펴보면 객관적 사실을 바탕으로 말하고 있는 것 같지만, 그 속에 자신의 생각이 함께 섞여 있는 경우도 있다. 논리적으로 주장하고 있는 것 같은데, 은연중에 그냥 건너뛰는 부분도 있다. 즉, 논리적으로 입증하지 못하거나 객관적으로 증거를 제시하지 못하는 부분이 있다. 비판적인 독자는 바로 이런 부분에 대해서 의문을 제기하면서 읽는 독자이다.

2. 지식생산을 위한 독서

책읽기에는 크게 두 가지 방법이 있다. 귀납적 읽기와 연역적 읽기다. 귀납적 읽기란 전통적인 기존의 독서법으로 상향식 독서모델이다. 저자의 주장과 논지를 중심으로 저자가 말하고자 하는 결론에 이르는 읽기이다. 귀납적 읽기는 저자의 권위와 주장에 귀를 기울이고 텍스트가 말하는 메시지에 충실한 읽기 방식이다. 반면에 연역적 읽기란 하향식 독서모델로서 적극적으로 활용되어야 할 읽기 방법이다. 독자는 자신이 가지고 있는 스키마를 바탕으로 텍스트를 해석하고 재구성하게 된다. 연역적 읽기는 독자 주도적인 읽기이며 질문을 중심으로 적극적인 읽기라 할 수 있다. 연역적 읽기에서 독자는 자신의 스키마를 지지하는 질문을 중심으로 텍스트를 읽는다.

귀납적 읽기와 연역적 읽기를 다른 말로 각주와 이크의 책읽기라고도 한다. 이권우는 그의 저서 『각주와 이크의 책읽기』에서 책읽기를 두 가지 방법으로 분류하였다. 각주의 책읽기란 나무만 보고도 숲을 보는 독서법이다. 독자의 세계관과 감성을 옹호하는 책읽기로서 연역적 책읽기이자 적극적·창조적 책읽기다. 독자는 책을 읽으면서 책의 행간에 자신의 견해로 각주를 적어 넣는다. 이크의 책읽기란 대화의 원칙에 충실한 책읽기이다. 책을 읽으면서 새롭게 깨닫고 발견한 사실에 대해 '이크!'하면서 놀라고 충격을 받는 책읽기이며, 자신의 성채를 허무는 고통스런 책읽기이다.

조동일 교수는 『독서·학문·문화』에서 두 가지의 책읽기를 따지면서 읽는 책읽기와 빠지면서 읽는 책읽기로 분류하였다. 따지면서 읽는 책읽기란 연역적 책읽기, 각주의 책읽기로서 독자가 저자와 키높이를 경쟁하면서 저자의 의견에 대해서 독자의 주관적인 견해를 가지고 반박하고 논쟁하는 식의 책읽기다. 반면에 빠지면서 읽는 책읽기란 이크의 책읽기, 귀납적 책읽기와 같은 전통적인 책읽기로서 독자는 저자의 생각에 감동하고 저자의 의견을 받아들이며 배우는 책읽기다.[4]

이러한 두 가지 방식의 책읽기는 독서의 목적에 따라서, 책의 종류에 따라서, 독자의 수준에 따라서 선택할 수 있다. 빠지면서 읽어야 하는 책이 있는가 하면, 따지면서 읽는 책이 있다. 문학작품의 경우 저자의 작품세계에 흠뻑 빠져들어야 작품의 재미를 느낄 수 있다. 반면에 인문서적이나 비평서, 사회사상 등은 따지면서 읽어야 한다. 청소년기에 독서를 통해 자칫 좋지 않은 영향을 받는 경우는 충분한 비판적 사고가 형성되지 않은 시기에 저자의 세계관을 그대로 수용함으로써 일어난 일들이다.

그런데 지금까지의 독서교육에서는 빠지면서 읽는 독서를 권장하여왔다. 학교에서 독서지도를 할 때 저자의 생각을 충실하게 배우고 받아들이도록 가르쳤다. 학문을 하기 위한 독서에서도 저자의 생각을 있는 그대로 정확하게 받아들이는데 목표를 두었다. 그러나 이제는 방향을 바꾸어야 한다. 이러한 독서방식은 지식소비자로서의 충실한 독서법이라고 할 수 있지만, 지식생산자로서의 독서법이라고

---

4) 이원희 지음, 『어떻게 읽고 쓸 것인가?』, 한국문화, p.238.

할 수 없기 때문이다. 지식생산을 위한 독서란 창조적 독서이자 적극적 독서를 말한다. 즉, 소극적으로 책을 통해 정보와 지식, 사상을 배우고 받아들이는 지식소비자가 아니라 저자의 생각을 뛰어넘어 새로운 이론과 사상, 지식을 생산하는 지식생산자요 지식창조자로서의 역할에 목표를 두어야 한다.

지금까지의 교육은 중등교육뿐 아니라 고등교육마저도 지식의 생산자가 아니라 소비자를 양성하는 교육이었다. 남들이 구축해 놓은 앞선 지식들을 충실하게 익히고 잘 소비하는 사람을 길러내는 것이 교육의 목표라고 생각하였다. 그러나 지식사회를 선도할 인재란 지식소비자가 아닌 지식생산자인 것이다. 이를 위해서는 비판적인 책읽기, 적극적 책읽기, 창조적인 책읽기, 지식생산의 책읽기를 독서의 시대적 전략과 방법으로 정립해야 한다.

3. 창조적 독서

지식생산을 위한 책읽기는 특성상 읽기의 창조성을 두고 하는 말이다. 읽기란 인지심리학에서 지적 창조활동에 해당한다. 읽기의 창조성 때문에 독자는 책을 읽으면서 무엇인가를 새롭게 만들어 내고 창조해 낸다. 그래서 읽기를 창조적 책읽기라고 말한다. 창조적 책읽기란 독자가 책을 읽으면서 그저 읽는 행위만을 하는 것이 아니라 무언가 창조적 활동을 한다는 뜻이다. 그 창조적 활동이란 무엇인가? 독자는 창의적인 해석으로 의미를 재구성함으로써 지적인 창조활동을 한다. 독자는 저자의 생각과 논리를 있는 그대로 받아들이는 것이 아니라 저자의 글을 자신의 논리체계 속에서 재해석하여 자신의 말로 받아들인다. 독자는 자신이 가지고 있는 논리체계로 저자의 글을 이해한다. 독자는 자신만이 가지고 있는 논리체계인 스키마를 가지고 읽기를 한다. 만약, 저자의 글이 독자가 가지고 있는 스키마와 연결되지 않거나 겹치는 부분이 없으면 글을 읽어도 이해하지 못한다. 그러므로 독서란 지적인 창조활동이다.

독자는 글에 제시된 정보를 이용하여 힘들게 의미를 구성한다기보다는 자기 나름대로 아이디어를 구조화한다. 만약 읽고 있는 글이 독자의 아이디어를 구조화하는 데 도움이 되지 못한다면, 독자는 나름대로 아이디어를 구조화한다. 다시 말해, 독자는 저자가 말한 것을 기억하는 것이 아니라 자기 나름대로 말하는 것이다. 독자는 메시지를 이해하기 위해서 실제로 자기 나름대로 의미를 창조한다. 데이터를 읽는 사람은 자신의 세계관을 중심으로 데이터에 의미를 부여한다. 창조적으로 책을 읽는다. 여기에서 지식의 확장과 발전이 이루어진다. 지식생산이란 기본적으로 이런 창조적 책읽기에서 출발한다. 읽기의 창조성에 관한 인지심리학적 발견이 없었다면 아마 지식생산을 위한 책읽기란 노동생산성을 독려하는 구호와 다를 바 없을 것이다. 그러나 읽기는 창조성이라는 인지기능을 동반하고, 이 창조성은 생산성으로 표현된다.

4. 문제해결을 위한 독서

문제해결을 위한 책읽기란 지식생산의 책읽기, 창조적 책읽기와 맥락을 같이하는 개념이다. 모든 지식은 결국 문제해결을 위한 지식이기 때문이다. 동시에 모든 창조적 생각은 문제해결 과정에서 필연적으로 요구되고 있다. 문제해결이란 창조성을 바탕으로 한다. 그런데 문제해결의 주체는 문제해결능력을 지닌 경험자, 곧 전문가이다. 오늘날 대학교육이 지향하는 교육목표는 문제해결능력을 지닌 인재양성이다. 현대사회는 분화되고, 복잡한 문제들을 해결하고자 문제해결능력을 지닌 전문가를 필요로 한다. 문제해결을 위한 책읽기란 현대지식사회가 필요로 하는 창조적인 지식생산의 책읽기이며, 전문가방식의 책읽기다. 글로벌 시대의 경쟁력 있는 교육을 위해서는 문제해결능력을 지닌 전문가방식의 책읽기를 가르쳐야 한다. 문제해결을 위한 전문가방식의 책읽기는 첫째, 해결해야 할 문제를 분명히 정의해야 한다. 둘째, 신토피컬 독서, 통합적 책읽기를 하되 속독으로 관련된 책들을 섭렵한다. 책을 읽는 과정에서 문제해결에 필요한 스키마를 구축하고, 확장시키며, 변형시키는 작업을 통해 문제를 해결하는 단계에 진입한다.

(1) 해결해야 할 문제의 정의(定意)

책을 읽을 때 가장 중요한 것은 책을 읽는 목적이 무엇이며, 책읽기를 통해서 얻고자 하는 구체적인 목표가 무엇인가를 분명히 정의하는 것이다. 독서의 목적과 목표가 분명하지 않으면 적극적 독서를 하지 못하고 소극적·피동적 책읽기에 머물게 된다. 책을 읽을 때, 우선 읽기의 목적과 목표를 명확히 말할 수 있어야 한다. 독서의 목적과 목표가 분명해지면 다음 단계로 독자가 저자에게 질문이 시작된다. 책읽기는 독자가 끊임없이 저자에게 질문을 던지는 과정이며, 그 질문에 대한 답을 얻어가는 과정이다. 독자가 저자에게 질문하고 읽기를 통해서 답을 얻어가는 독서가 이루어질 때 이것을 적극적 독서, 창조적 독서라고 한다. 책을 읽는 목적과 목표는 구체적이고, 세부적일수록 좋다. 예를 들면, 문자의 사용이 인류문명에 미치는 영향을 알고자 책을 읽는다고 하면, 구체적인 질문을 던질수록 적극적인 독서가 된다. 문자의 기원은 어디인가? 히브리 문자가 만들어지고 발전한 시기는 언제인가? 이렇게 구체적이고 세부적인 질문일수록 독서의 속도가 빨라지고, 효과적인 독서가 된다.

린다 플라워는 문제해결적 글쓰기를 제시하였다. 글쓰기와 마찬가지로 독서란 문제해결을 위한 읽기가 되어야 한다. 질문을 던지고, 질문에 대한 답을 얻어가는 과정이다. 책을 읽는 목적은 문제를 해결하기 위한 과정이다. 책을 읽을 때 독자는 자신이 원하는 내용을 스펀지처럼 빨아들인다. 이는 책읽기가 문제해결을 위한 지적활동임을 말해준다. 인생은 문제의 연속이며, 문제로 점철된 것이 삶이다. 여기에는 개인적인 문제도 있겠고, 가정과 사회, 국가와 세계문제도 포함된다. 대학입시의 문제, 취업문제, 결혼문제, 건강문제, 사회문제, 가정문제 등등 인간의 삶에서 문제는 끝이 없다. 이러한 문제들을 해결하기 위해서는 우선 문제의식이 분명해야 한다.

(2) 통합적(신토피칼) 독서

문제의식이 분명하고, 해결해야 할 문제가 분명하게 명시되면, 이제는 책읽기에 들어가야 한다. 문제해결을 위한 책읽기는 통합적 독서이다. 즉, 한두 권의 책만 읽는 것이 아니라 문제와 관련된 분야의 책들을 섭렵하듯이 읽는 방식이다. 20권 혹은 30권의 책을 동시에

읽어내는 통합적(신토피칼) 독서가 바람직하다.[5]

　모티머 J. 애들러(Mortimer J. Adler)는 독서를 네 가지 수준으로
분류하였다. 제1단계인 초급독서 단계는 그야말로 읽고, 쓰는 것을
습득하는 단계의 독서를 말한다. 독서수준의 제2단계는 점검독서이
다. 점검독서란 책의 내용을 최대한 빨리 파악하는 것이 목적이다.
이 책을 읽을 가치가 있는지, 아니면 내가 목적으로 하는 주제에 합
당한 책인지를 파악하려면 훑어보는 식으로 읽어야 한다. 책표지를
살펴보고, 목차를 살펴보고, 서문을 읽어보는 식으로, 대략적인 책의
내용을 파악하게 된다. 더 나아가 일단 책이 이해가 되든 안 되든 읽
어나가는 방식을 취하게 되면 책의 내용을 피상적으로라도 파악하
게 된다. 이것을 점검독서라고 한다. 독서수준의 제3단계는 분석독
서이다. 분석독서란 독자가 저자의 수준에서, 아니 저자의 수준을
넘어서 책의 내용을 정의하고 골격을 밝히며 문제점을 짚어내는 수
준의 독서이다. 저자는 일정한 논리체계를 가지고 책을 쓴다. 독자
는 저자가 갖고 있는 논리의 골격을 파악할 수 있어야 한다. 나아가
독자는 저자가 놓치고 있는 논리적 한계까지도 발견할 수 있어야 한
다. 즉, 저자가 책을 쓴 의도와 논리, 골격과 메시지를 파악하고 문제
점을 비판할 수 있는 단계의 독서를 분석독서라고 한다. 독서수준의
제4단계는 신토피칼 독서이다. 신토피칼 독서란 주제에 관련하여 여
러 권의 책을 동시에 읽으면서 주제에 접근하는 통합적 독서이다.[6]

　이는 나루케 마코토의 『책 열권을 동시에 읽어라』와 같이 여러 권
의 책을 동시에 통합적으로 읽는 독서법이다.[7] 동시에 여러 권을 통

---

5) 모티머 J. 애들러 외, 민병덕 역, 『독서의 기술』, 범우사.

6) 모티머J. 애들러 · 찰스 반 도렌 공저, 독고 앤 옮김, 『생각을 넓혀주는 독서법』, 멘토, p.336.

합적으로 읽기 위해서는 속독과 훑어 읽기와 같은 책읽기 방식이 선행되어야 한다. 우선, 수많은 책 가운데서 통합적으로 읽어야 할 책을 골라내는 작업이 필요하다. 그다음으로, 통합적 책읽기를 위해 선택된 책들을 문단 단위에서 일종의 편집 과정이 필요하다. 실제 편집하는 것이 아니라 관련 문단을 찾아 읽는다는 말이다. 통합적 독서의 주제와 관련된 문단들을 여러 권의 책으로부터 골라 읽는 과정이다. 여기서 통합적 독서가 일종의 편집이라고 하였는데, 관련 문단을 골라 모았을지라도 사용된 용어, 전개방식, 논지의 방향 등이 다 제각각인 문단의 모음이 될 것이다. 여기서 독자의 능동적인 통합 과정이 필요하다. 용어들에 대한 저자와의 합의 과정에서부터 독자가 찾고자 하는 질문의 틀을 만들고, 질문에 대한 서로 다른 답들로부터 쟁점을 파악하여 논의되고 있는 내용을 분석해야 한다.

(3) 속독(速讀)과 숙독(熟讀)

문제해결식 독서에서 가장 많이 활용되는 또 다른 방식은 속독이다. 포토리딩(photoreading)이라고도 하는 속독법을 활용하여 여러 권의 책들을 동시에 빠른 시간에 훑어보는 방식으로 책을 읽는다. 과거 우리나라 조상들의 책읽기는 천천히 음미하면서 읽는 것이 미덕(美德)이었다. 머리로만 아는 지식은 진정한 지식이 아니며 앎과 삶이 일치하는 지식을 추구하였기 때문이다. 그런데 오늘날에는 빠르게 읽고 정확히 이해하는 것이 경쟁력인 시대가 되었다. 많은 양

---

7) 나루케 마코토 지음, 홍성민 옮김, 『책, 열권을 동시에 읽어라』, 뜨인돌.

의 정보를 빠르게 읽고 해석하여 지식으로 생산해야 하기 때문이다. 그뿐만 아니라 정보량의 증가와 함께 정보의 선별작업도 중요한 과업이 되었다. 결국 속독은 오늘날 읽기 이론의 흐름으로 자리 잡고 있다. 실용서적은 물론이며 전공 분야의 독서에서도 빠르게 읽는 속독의 필요성이 강조된다.

속독법, 포토리딩과 같은 속독 훈련을 통한 읽기 방식도 보편화되고 있다. 많은 독서가의 책읽기가 한 번에 여러 권의 책을 짧은 시간에 속독하는 방식이라는 점에는 이견(異見)이 없다. 기존의 독서방식은 처음부터 끝까지 한 장 한 장 책장을 넘기면서 읽는 독서였다. 반면에 속독에서는 책의 겉표지 설명, 목차, 서론 부분만을 읽어서 책의 내용을 파악하는 방식을 취한다. 또 목차를 훑어본 후 관심을 끄는 제목을 찾아서 그 부분만 읽는다. 때로는 책장을 빠르게 쭉 넘기면서 각 페이지에서 눈에 들어오는 단어들만 훑어보는 방식을 취하기도 한다.

속독의 이론적 배경에는, 일반적으로 책의 내용 중 약 20% 정도만 핵심적인 내용이고 나머지 80%는 핵심내용을 꾸며주는 부분으로 실제 20%만 읽어도 전체 내용을 거의 파악할 수 있다는 파레토 법칙이 적용되고 있다. 필자의 경우도 평소에 가장 많이 사용하는 읽기 방식이 속독이다. 대개 10~20권의 책을 약 두세 시간에 걸쳐서 읽는 식이다. 만화책 보듯이 훑어보는 책읽기라 할 수 있다. 지식생산을 위한 독서로서 큰 흐름의 중심에 있는 책읽기가 속독이다. 속독은 현대 지식생산사회의 책읽기라 할 수 있다. 따라서 속독에 대해서는 다음 장에서 좀 더 자세히 다루고자 한다.

그러나 문제해결을 위한 책읽기가 천편일률적인 속독은 아니다.

때로는 속독과는 대조적인 숙독이 있다. 천천히 읽기(反속독법)다. 천천히 읽기는 책의 내용을 깊이 생각하고 되새김질하는 책읽기로서 '세계관 탐색적 독서법'이다. 세계관 탐색적 독서에서는 작가의 입장을 찾아내기 위해서 어떤 책이든 주의 깊게 읽어야 한다. 철학적으로 어떤 입장을 견지하고 있는가? 또 삶에 대해 어떻게 생각하고 있는가? 책이든 소설이든 신문이든 꼼꼼히 살피고 면밀히 뜯어봐야 하며, 거기에 나타나 있는 세계관을 찾아내야 한다.[8]

천천히 읽기의 하나로서 깊이 읽기가 있다. 깊이 읽기는 충분한 시간을 두고 한 작가의 작품 전체를 읽어 나가는 책읽기이다. 예를 들면, 일본의 소설가 나쓰메 소세키의 작품을 빠짐없이 읽는다든지, 피터 드러커의 저술을 빠짐없이 섭렵하여 읽는 식의 독서법이다.[9] 한 작가의 작품 전체를 읽을 경우 그 작가의 작품에 대한 폭넓고 깊이 있는 이해에 도달할 수 있다. 때로는 한 주제를 대상으로 관련 서적 전체를 읽는 방식도 있다.

급변하는 지식산업사회에 정보와 지식의 효용가치가 경쟁력의 근간을 이루면서 읽기와 쓰기는 지식생산의 중요한 수단이 되었다. 보다 빠르게 많은 정보를 습득하고 재구성함으로써 지식으로 변환시키는 작업을 요구하고 있다. 책읽기가 속도와 양(量)으로 평가되는 시대가 된 것이다. 과거 우리의 선인들이 한 권의 책을 깊이 음미하고 묵상하면서 수백 번 정독(精讀)하던 전통은 낡은 유물이 되고 말았다. 사유(思惟)하고 삶에 적용하는 실천적 독서가 희귀하다.

일반적으로 속독은 책읽기의 중요한 흐름으로 받아들여지고 있지

---

8) 제임스 사이어 지음, 이나경 옮김, 『어떻게 천천히 읽을 것인가』, 이레서원, p.39.

9) 이권우 지음, 『책읽기의 달인 호모부커스』, 그린비, p.146.

만, 속독 연구자들이 지적하는 속독의 한계, 즉 속독의 단점도 있다. 속독은 사전지식이 부족한 학생들이나 초보자들에게는 유용하지 않다는 것이다. 속독의 전문가 로날드 카버(Ronald Carver)라든가 심리학자인 패트리샤 카펜터(Patricia Carpenter) 등이 주장하는 이론이다. 속독은 전문가들과 기존지식이 있는 독자들에게는 새로운 정보를 빨리 습득하도록 하는 과속장치와 같다. 그래서 속독은 기존 지식을 보다 적극적으로 활용할 수 있도록 해 준다. 하지만 초보자나 학생들은 필요한 정보를 훨씬 적게 흡수할 가능성이 높다.

문제해결을 위한 책읽기와 같이 목적을 가진 독서가 있는가 하면 때로는 아무런 의무도 제약도 없이 자유로운 책읽기를 하는 것도 필요하다. 우리나라 사람들은 어려서부터 자유를 억압당한 채 공부해야 하는 환경에서 살았기 때문인지 책을 읽고, 공부하는 것을 재미있고 즐거운 일로 생각하지 않는다. 그러나 실은 책읽기나 공부는 가장 즐거운 일이다. 자유를 구속당하는 일이 아니라 취미활동처럼 재미를 만끽하는 놀이의 일종이다. 자유로운 책읽기를 통해서 책읽기가 일이 아니라 놀이라는 사실을 알게 된다. 자유로운 책읽기란 아무 책이나 손에 잡히는 책, 마음이 끌리는 책을 골라 펼쳐서 보다가 덮고 싶을 때 덮어 버리는 것이다. 책읽기의 의무나 부담이 없다. 처음부터 읽어야 한다거나 최소한 몇 페이지를 읽어야 한다는 규칙이 없다. 책장을 빠르게 넘기면서 페이지마다 몇 개의 단어만 헤아리다가 눈을 사로잡는 부분이 있으면 그 부분만 읽는다. 때로는 목차나 서문, 후기만을 읽고 지나가는 경우도 있다.[10]

---

10) 최시한 지, 『수필로 배우는 글읽기』, 문학과 지성사, p.261.

(4) 문제해결을 위한 스키마(schema)

최근 30여 년 동안의 인지과학 연구결과에 의하면 모든 문제해결에 일반적으로 적용할 수 있는 문제해결 과정은 없다고 알려져 있다. 즉, 해결해야 할 문제마다 특유한 문제해결 전략(specific strategies)이 필요하며 문제와 관련이 있는 조직화된 지식(relevant, organized knowledge)을 활용하여야만 효과적인 문제해결이 가능한 것으로 밝혀졌다.

조직화되지 않은 많은 양의 사실적 지식(선언적 지식, 명제적 지식, 내용 지식)은 학습 후 쉽게 잊어버리며 어떤 사실적 지식을 어떤 맥락 또는 상황에서 어떻게 활용할 것인지를 포함한 기능적 지식(functional knowledge), 즉 맥락에 따라 조직화된 지식만이 장기기억에 저장되고 해당 문제해결 상황에서는 이를 효과적으로 인출하여 활용할 수 있다고 알려져 있다. 따라서 문제해결을 위해 활용하는 전문적 지식(professional knowledge)은 구체적이고 실용적인 기능적 지식이어야 한다. 그러나 강의 또는 교재를 통해 학습하는 지식은 추상적이고 개념적인 명제적·선언적 지식(declarative knowledge)이다. 그러므로 각각의 명제적 지식을 어떤 맥락에서 언제, 왜, 어떤 순서로 활용할 것인지를 절차적 지식 및 조건적 지식을 포함한 기능적 지식으로 학습하여야 한다.

이를 위해서 개별적인 명제적 지식을 어떤 상황에서 어떻게 활용할 것인지를 학습하고 이 지식을 해결할 맥락 또는 상황을 중심으로 조직화하여 활용할 줄 알아야 한다. 전문가 방식(expert skill)의 문제해결이란 조직화된 지식인 스키마를 활용하는 방식이다. 문제해결 능력을 기르기 위해서는 관련 지식을 조직화하여야 한다. 이를 스키마라고 하는데, 전문가는 나름대로 문제의 원인을 분류하고 그룹화함으로써 문제에 접근하는 효과적인 논리체계(reasoning)를 가지고 있다.

5. 책쓰기를 위한 책읽기

읽기와 쓰기는 서로 별개의 작업이 아니다. 읽기는 누군가가 써놓은 글을 대상으로 하는 지적활동이고, 글을 쓰는 행위는 자신이 쓴 글을 끊임없이 읽으면서 글을 쓴다. 이처럼 읽기와 쓰기는 본질적으로 분리할 수 없는 것으로 읽기는 쓰기를 낳고, 쓰기는 읽기에 근원을 두고 있다. 책읽기는 글쓰기를 촉진하고, 글쓰기는 책읽기를 갈망하게 한다. 읽기는 텍스트에 대한 독자의 해석이다. 독자는 능동적이고 주관적인 견해를 가지고 텍스트를 읽고 해석하며 나름대로 정보를 재구성하게 된다. 이것이 책읽기이다. 읽기란 최종적으로 글을 쓰는 데 목적이 있다.

(1) 읽기와 쓰기의 차이

조동일은 책읽기와 글쓰기에 관한 보다 흥미로운 해석을 통해서 우리의 읽기교육을 성찰하고 있다. 라틴어를 어원으로 하는 구미(歐美) 유럽 국민들은 언어를 배울 때 말하기로 배우는 반면, 한국, 중국, 일본은 글로서 언어를 습득한다고 하였다. 그 배경은 유럽의 언어는 라틴어에 기반을 두는 언어이지만, 한·중·일의 언어적 근원은 한자어라는데 있다. 즉, 한자어는 말로서 배우는 언어가 아니라 글로서 배우는 언어이다. 또, 일본인과 한국인의 언어습득에도 차이가 있다. 일본인들은 읽기 중심이고, 한국인은 쓰기 중심이다. 그래서 일본인들은 자료를 제시하고 그것을 독해하고, 분석하고, 강론하는데 익숙하지만, 한국인들은 읽기에는 소홀하고 이것을 자신들의 말로 쓰는 것에 익숙하다. 조동일 교수는 이러한 차이를 일본인들의 모방성과 창의성의 부족으로 연결시키는 반면 한국인들의 글쓰기를 창의적인 재해석의 한 단계 높은 차원의 접근방식으로 정의한다.[11] 조동일 교수의 이러한 해석의 타당성과 근거에 대한 논의는 차치하더라도, 읽기와 쓰기에 관한 해석에는 일리가 있어 보인다.

창조적 독서가 읽기 자체의 능동적 역할을 설명하고 있지만, 그럼에도 불구하고 읽기는 글쓴이의 생각을 배우고 받아들이는 성격이 강한 작업이고, 쓰기란 자신의 생각과 논리를 전개하는 작업이다. 읽기는 다소 피동적이고 모방적이라고 한다면 쓰기는 보다 능동적이고 창의적인 활동이다. 따라서 일본인들이 읽기 위주의 학습에 치중하고, 한국인들이 쓰기 중심이라고 하는 것은 일본인들에 비해서 한국인들이 보다 창의적인 성향을 지닌 민족임을 암시한다. 우리나라의 읽기교육은 바로 이러한 점에서 출발해야 한다. 읽기만을 위한 읽기교육은 무의미하다. 읽기란 곧 쓰기를 위한 읽기이다. 여기에서 읽기교육의 방향이 설정된다. 쓰기를 위한 읽기라면 어떻게 읽어야 하겠는가? 읽기의 방식에는 빠지면서 읽는 방식과 따지면서 읽는 방식이 있다. 그런데 한 걸음 더 나아가 쓰기를 위한 읽기를 해야 한다.

---

11) 조동일 지음, 『이 땅에서 학문하기』, 지식산업사, p.21.

(2) 읽기와 쓰기의 균형

책을 많이 읽는 것은 분명히 좋은 일이다. 하지만 책만 읽는 바보가 되어서는 안 된다. 책을 읽는다는 것은 책을 통해 필요한 정보와 지식, 영감을 얻어서 독서의 결실을 얻는 데 목적이 있다. 입력(input)된 것이 있으면 출력(output)이 있어야 한다. 출력은 없고 입력만 있다면 바람직한 현상이 아니다. 최소한 입력과 출력이 균형을 이루도록 해야 한다. 읽기는 많이 읽는데 읽은 후에 이것이 출력으로 이어지지 않는다면 이를 두고 읽기만 하는 바보라 한다. 조선시대 어느 선비가 1년 365일 앉아서 글만 읽고 아무것도 하지 않았다고 하는데 이를 두고 책만 읽는 바보라 할 수 있을 것이다.

책읽기란 본질적으로 독자 자신의 내면(內面) 읽기이다. 우리는 책이 있기 때문에 읽는다고 생각하는데, 읽고자 하는 의지와 갈급함이 있기 때문에 책을 찾는 것이다. 독서란 독자의 내면에서 간절히 원하는 바를 마치 스펀지가 물을 흡수하듯 책으로부터 흡수하는 과정이다. 그러므로 독서란 책으로부터 전혀 새로운 지식과 정보가 독자에게로 흘러들어오는 과정이 아니라, 독자의 내면에 형성된 논리와 사상이 책을 통해 더욱 강화되고 지지되며 보완되는 과정이다. 책을 읽고 감명을 받았다는 말은 내 속에 있는 논리와 사상을 그 책도 지지해 주고 있구나 하는 반가움의 표시인 것이다. 따라서 책을 읽는다는 것은 읽는 이의 인격에 점화(點火) 작용을 일으켜 삶과 행동의 변화를 이끌어내는 일이다. 책을 읽음으로써 새로운 의식의 변화가 오고, 감정의 작용·반작용이 일어나며, 무엇을 어떻게 할 것인가에 대한 실천의지가 싹터야 한다. 이처럼, 독서는 삶의 동력(動

力)이자 실천의지의 산실(産室)인 것이다. 그런데 읽기만 하고 아무 것도 하지 않는다면 분명 문제가 있다. 책을 수십 권 읽고도 삶과 인격에 변화가 없고, 실천의지가 보이지 않고, 무엇인가 내면의 점화 작용이 일어나지 않는다는 것은 책에 문제가 있는 것이 아니라 읽는 이에게 문제가 있다는 말이다.

책만 읽는 바보가 되지 않으려면 책을 읽는 분명한 목적을 설정해야 한다. 그저 닥치는 대로 손에 잡히는 대로 독서를 위한 독서를 하는 것은 시간 낭비다. 먼저, 독서의 주제를 선정하는 것이 좋다. 유대인의 역사라든가 달력의 유래라든가 혹은 글자의 기원에 대한 주제를 선정하고 선정된 주제와 관련한 서적들을 읽는다. 주제별로 책을 읽되 막연히 읽기보다는 주제에 대한 질문을 만들어서 책과 끊임없이 묻고 답하는 식으로 읽는 것이 효과적이다. 또 주제를 선정할 때도 주제선정의 목적이 있어야 한다. 주제와 관련된 책을 저술하는 것이 목적이 될 수 있고, 강의나 강연을 목적으로 하는 경우도 있다. 에세이나 논문을 쓰는 것이 목적이 될 수도 있다.

(3) 책쓰기를 위한 책읽기(著述犢書)

다치바나는 독서의 목적이 책을 쓰기 위한 것이라고 주장한다. 다치바나식 독서란 저술독서다. 그는 지식생산을 목적으로 하는 독서를 가리켜 지적 생산형 혹은 출력 선행형, 목적 선행형 독서법이라고 명명하였다. 독서의 목적이 지식생산, 곧 책쓰기를 위한 책읽기인 경우이다. 책을 쓰기 위해 정보수집과 독서를 하는 경우 순수한 즐거움을 위한 독서에 비해서 다섯 배에서 열 배의 차이가 난다. 이

때 주로 사용하는 독서법이 속독법이다. 한마디로 필요한 부분만 골라 읽는 방식으로, 자신의 무의식의 능력을 신뢰하면서 일일이 글자를 읽지 않고 책장을 넘겨가는 독서를 한다. 즉, 눈이 책을 스윽 훑어보게 하는 방식이다. 이런 방식으로 책읽기를 할 경우 약 300페이지의 책을 10분에서 30분이면 다 훑어 볼 수 있다. 그는 독서 자체를 목적으로 하는 책읽기는 무의미하다고 생각한다. 물론, 문학작품을 읽음으로써 읽기의 즐거움을 누리는 독서가 필요한 경우도 있다. 그러나 다치바나는 목적으로서의 책읽기를 지양하고 쓰기를 위한 읽기를 추구한다. 그래서 그는 소설이나 시와 같은 문학작품 대신에 논픽션을 선호한다.[12]

---

12) 다치바나 다카시 지음, 박성관 옮김, 『지식의 단련법』, 청어람미디어, p.20.

제3장 속독법(速讀法)

21세기는 지식기반사회로 방대한 양의 정보와 지식이 홍수를 이루고 있다. 이러한 정보와 지식이 범람하는 시대에 누가 최대한 많은 양의 지식정보를 효율적으로 운용하는가에 따라 경쟁력이 좌우된다.13) 1980년대 이후 속독법과 속독술(速讀術)이 관심을 모으기 시작한 것도 바로 이러한 정보 처리능력의 중요성 때문이다. 이론적으로 분당 2,000자를 독해하는 사람은 분당 1,000자를 독해하는 사람에 비해 정보처리, 즉 학습능력이 2배가 빠르다. 그래서 6년 동안 학습해야 할 내용을 3년 만에 마칠 수 있다.

많은 사람들이 속독법이라는 말에 거부감을 느끼는 것이 사실이고, 저자 역시 속독법을 폄훼하기도 했지만, 실은 속독법은 정보처리 속도라는 점에서 우리가 외면할 수 없는 중요한 능력이다. 속독

---

13) 이권우, 『각주와 이크의 책읽기』, 한국출판 마케팅연구소, p.105.

법에 대한 명확한 이해를 위해서는 속독법이 그동안 어떤 과정을 거치면서 발전해 왔는가를 살펴보는 것이 좋다.

속독법의 역사는 오래전으로 거슬러 올라가는데, 속독법이 본격적으로 연구되고 체계화되기 시작한 것은 1960년대 후반부터였다. 속독법은 처음에 가능한 많은 양의 활자를 읽는 것에 치중하였다. 그러다 차츰 속독보다는 속해(速解)의 개념을 도입하기 시작하였다. 1990년대 뇌과학이 발달하면서 인간의 잠재의식과 뇌의 기능에 대한 연구와 함께 포토리딩 기법이 등장하기 시작하였다. 21세기에 들어와서 속독법은 지금까지 구축된 속독법의 이론적 배경과 경험을 바탕으로 인지과학적인 학습 이론을 응용한 제4세대 속독술로 발전하였다.

음독(音讀)과 독서 속도

음독이란 책을 읽으면서 속으로 소리를 내어 따라 읽는 것을 말한다. 이를 하위발성(下位發聲, subvocalization)이라고도 하는데, 하위발성은 읽은 것을 기억하는 데는 도움이 된다. 하지만 하위발성, 즉 음독을 하면 읽는 속도가 느려진다. 따라서 인쇄된 단어를 소릿말로 번역하지 않으면 읽는 속도가 빨라질 수 있다. 독서속도를 향상시키려면 선행요건으로 하위발성을 하지 않아야 한다. 단어를 속으로 발음하지 않고 인쇄된 단어에서 의미로 바로 가는 독서법이다.

1. 두뇌 독서(brain reading)

제1세대 속독술은 두뇌형 속독술이었다. 1분 안에 몇 글자를 읽을 것인가가 중요했다. 제1세대 속독술의 핵심은 '눈굴리기'였다. 속독의 시작은 20세기 초 정보량이 폭주하면서부터였으나 최초의 속독은 영국 공군에서 시작되었다. 제1차 세계대전 중 공군 조종사들은 적기를 먼저 식별하기 위한 훈련프로그램을 개발하였다. 이 프로그램은 커다란 화면에 아주 짧은 순간 영상을 비추어 주는 훈련이었는데, 놀랍게도 이 훈련은 매우 성공적이었다. 이것을 독서에 적용해 보니 읽기 속도가 빨라졌다. 그래서 처음에는 안구운동을 집중적으로 훈련하여 책 읽는 속도 자체에 관심을 갖게 된 많은 속독법 기관들이 등장하였다. 이들 속독법 훈련의 기본 원칙은 안구운동과 묵독, 그리고 사선 긋기로 요약된다. 안구운동은 안구를 좌우로 움직이면서 책의 활자를 읽어가며 근육의 힘을 기르는 훈련이다. 책을 읽을 때 안구운동이 원활한 사람은 안구운동이 느린 사람에 비해서 책 읽는 속도가 월등히 빠르다.

빠른 시간에 많은 양의 정보를 읽어내는 능력은 현대사회에서 매우 중요한 능력이다. 따라서 기본적인 안구운동법을 통해서 활자를 읽어내는 안구의 운동능력을 키우는 것은 속독의 필수단계이다. 여기에 사선 긋기를 배워야 한다. 사선 긋기란 단번에 읽어서 의미를 파악하는 분량을 말한다. 어떤 사람은 한 글자 한 글자를 읽어가고, 어떤 사람은 한 문장 단위로 읽는다. 이렇게 단번에 뜻을 파악할 수 있는 단위에 사선 긋기를 함으로써 책을 글자 단위로 읽지 않고 여러 문장 혹은 문단을 단위로 읽는 습관을 길러야 한다.

그런데 안구운동을 훈련함으로써 활자를 읽어내는 속도 자체에 속독법의 본질이 있는 것이 아니다. 속독법의 보다 근원적인 부분은 두뇌활동에 있다. 즉, 시각적으로 입력된 정보에 대해서 두뇌가 이를 해석하고 종합한다는 것이다. 그래서 속독술은 안구운동과 두뇌 활동의 공동 작업이 된다. 21세기에 이르러 뇌과학이 발달하면서 두 뇌의 잠재력과 기능들에 대한 관심이 높아지기 시작하였다. 그러면 서 속독법이 안구훈련의 결과만이 아니라 두뇌활동이라는 점에서 두뇌 독서라고 하는 개념이 확립되었다.[14]

2. 합리적 속독법

구미를 중심으로 널리 알려진 속독법은 합리적 속독법이다. 사이 토 에이지와 같은 학자는 이를 제2세대 속독술이라고 명명하였는데, 기본적으로 안구운동에 의한 속독의 기술에다 빠르게 읽고 정확히 이해하기 위한 독서의 일반원칙을 적용한 속독법이다. 책을 읽을 때 빠르게 읽고 정확히 이해할 수 있는 방법은 무엇인가? 우선 중요한 것과 덜 중요한 것을 구분하고 이 둘의 상관관계를 파악하는 일이다.

예를 들면, 두 시간의 강의가 있다고 할 때 강사는 두 시간 내내 모두 중요한 내용만 말하지 않는다. 강사가 결국 전달하고자 하는 핵심적인 내용은 3~4가지에 불과하고 나머지는 이것을 보충설명하 거나 보조적으로 언급하는 내용일 것이다. 한 권의 책도 마찬가지다. 저자가 말하고자 하는 핵심적인 골격이 있다. 이 핵심골격을 설명하 느라 많은 얘기를 하는 것이다. 전체를 아우르는 원리가 있고 그 원 리에서 가지를 뻗은 수 십 가지의 얘기들이 있는데, 바로 전체를 아 우르는 핵심원리를 파악하는 것이다.[15] 그렇다면, 그 핵심원리는 어

---

14) 토니부잔 지음, 『빠르게 읽고 정확히 이해하기』, 사계절, p.42.

15) 원동연 저, 『5차원독서법과 학문의 9단계』, 김영사, p.22.

뜧게 파악할 것인가? 첫째, 글이 몇 문단인가를 파악한다. 둘째, 문단의 중심내용이 무엇인가를 살펴본다. 셋째, 글의 형식을 본다. 넷째, 글의 주제가 무엇인가를 본다. 다섯째, 글의 제목을 살펴본다. 이때 활용하는 속독술의 중요한 원칙이 스키밍(skimming)이다. 스키밍은 구미형 속독술을 대표하는 기술이다. 스키밍의 핵심은 필요한 부분만 골라 읽는 방법으로 20%를 읽어서 80%를 획득할 수 있다.

한번은 실습을 나온 의대생에게 독서법에 대한 질문을 한 적이 있다. 그런데 그가 하는 말이 자기는 책을 첫 장부터 읽기 시작하여 마지막 장까지 빠짐없이 읽는다고 하였다. 그것도 중요한 단어들은 연습장에다 써가면서 읽는다고 하였다. 성실한 자세라고 생각할지 모르지만, 이런 방식은 빨리 벗어나야 한다. 미국 대학에서는 스키밍을 정규 과정에서 다룬다고 한다. 20%만 읽는다는 것은 80%를 버린다는 말이다. 80%를 버린다는 것에 대해서 대부분의 사람이 불안해한다. 그러나 독서에 대한 이런 고정관념은 버려야 한다.

3. 회화(繪畵)적 책읽기

다치바나 다카시는 엄청난 양의 독서를 한 저술가로서 그의 독서는 읽기 위한 독서가 아니라 저술을 위한 독서다. 또한, 그는 속독법을 배워서 활용한 것이 아니다. 그가 저술을 위해 읽어야 할 엄청난 양의 자료와 정보를 처리하기 위해서는 불가피하게 속독술이 필요했다. 그리고 많은 양의 자료를 읽고 처리하다 보니 자신만의 방법이 형성되었다. 현대사회에서 속독능력은 앞으로 누구나 익혀야 할 능력이다. 즉, 정보의 입력과 출력능력을 확장시킴으로써 정보의 신진대사량을 높이는 것이 중요하다. 다치바나는 이러한 정보사회의 서바이벌 기술을 한마디로 일컬어 회화적 책읽기라고 하였다.[16]

회화적 책읽기란 일명 다치바나식 속독술로서 다독, 다작을 위한 속독술이다. 회화적 책읽기와 음악적 책읽기가 있는데, 음악은 시간예술이고 회화는 공간예술이다. 음악은 시간예술이기 때문에 신호를 시간을 따라 연속적으로 들음으로써 의미를 파악할 수 있는 반면, 그림은 공간예술이기 때문에 시간의 연속성을 요구하지 않는다. 회화적 책읽기는 군데군데 필요한 부분만을 보거나, 그림에서 멀리 떨어져서 전체적인 형상을 감상하는 방법이다. 다치바나는 음악적 책읽기에서 회화적 책읽기로의 전환을 강조한다. 회화적 책읽기의 핵심요령은 우선 분명한 목적을 가지고 처음부터 끝까지 내용을 다 이해하지 못할지라도 대충 훑어보는 책읽기를 반복한다. 다치바나 역시 포토리딩을 사용하고 있는데, 이렇게 스키밍으로 반복해서 읽다 보면 전체적인 윤곽이 파악되고, 키워드를 발견하게 되며 자세히 읽어야 할 부분이 보인다.

많은 양의 자료와 책을 읽어야 하므로 모든 책을 처음부터 끝까지 다 읽을 수 없다. 읽는 책에 따라서, 그리고 책읽기의 목적에 따라서 다양하게 책읽기 방법을 적용하는 것도 중요하다. 예를 들면, 천천히 음미하면서 읽어야 할 책이 있는가 하면, 훑어보면서 책장을 넘기다가 눈이 머무는 곳을 집중해서 읽는 책이 있고, 나에게 필요한 점만을 찾아서 읽는 책이 있는가 하면, 키워드 중심으로 읽을 책이 있다. 이처럼 어떤 책이냐에 따라 적절하게 책읽기 방법을 적용하지

---

16) 다치바나 다카시 지음, 이언숙 옮김, 『나는 이런 책을 읽어왔다』, 청어람미디어, p.219.

만, 결론은 처음부터 한 장 한 장 다 읽는 것이 아니라 선별적으로 읽는다는 것과 훑어보기로 빠르게 읽는다는 사실이다.

속독법의 원리는 두뇌활동이다. 책의 내용은 키워드를 기호로 연결한 도표로 만들어 시각화 할 수 있다. 전체 구조를 도표화 할 수 있다는 말이다. 어떤 책이라도 한 권의 책을 한 장의 도표로 만들 수가 있다. 실제로 도표로 만들지 않더라도 머릿속에 도표를 그려가면서 책을 읽으면 책의 전체 개요가 한눈에 들어오며 비로소 속독이 가능해진다. 문장을 한 문장 한 문장 다 읽지 말고 책 전체의 구조가 어떻게 이루어졌는지 흐름을 먼저 파악해야 한다. 우선 장 단위로 전체 흐름을 파악하고, 이어서 절 단위로 좀 더 세세한 흐름을 파악한다. 이 때 문장 하나하나를 읽지 말고 각 단락의 첫 문장만 읽는 것이다. 이렇게 하면 책 한 권을 훑어보는 데 대략 5~15분이 걸린다. 이렇게 함으로써 전체 내용의 흐름을 파악하게 되며 키워드를 찾을 수 있다.

4. 포토리딩(photoreading)

제3세대 독서법은 포토리딩(여러 번 반복해서 읽는 독서법)이다. 이는 뇌과학의 원리를 응용한 속독법으로서 기존의 속독법 이론이나 일반적인 상식으로는 이해하기 어려운 파격적인 이론이다. 포토리딩은 인간의 뇌가 가지고 있는 무한한 잠재력을 깨우는 방식이며, 좌뇌와 우뇌의 기능을 통합한 방식이기도 하다. 포토리딩은 폴 R. 쉴리(Paul R. Scheele)에 의해서 개발된 포토리딩 홀 마인드 시스템(photo- reading whole mind system)을 말한다.

포토리딩은 다섯 단계로 구성된다. 첫 번째 단계는 준비단계이다. 준비단계에서는 독서의 목적을 분명히 해야 한다. 책을 읽는 목적을 명시하고 포토리딩을 하기 위한 마음의 준비를 한다. 두 번째 단계는 사전검토단계이다. 사전검토 단계는 책이나 논문의 뼈대를 만드는 과정이다. 여기서는 세부적인 내용을 파악하고자 하는 것이 아니고 전체의 개요, 윤곽, 핵심단어를 찾기 위한 과정이다. 세 번째 단계는 포토리딩 단계이다. 이때 우리 눈의 포커스를 한 글자 한 글자에다 두지 말고 전체 페이지를 한눈에 볼 수 있도록 한다. 그리고 초당 한 페이지의 속도로 책장을 넘기면서 포토리딩한다. 대개 한 권의 책을 5분 정도에 포토리딩할 수 있다. 이러한 방법은 전통적인 독서법이나 일반적인 속독법과는 전혀 다르다. 포토리딩한 후 책의 내용이 어떤 것인지 거의 기억하지 못할 수도 있다. 즉, 의식적으로 알고 있는 것이 전혀 없을 수도 있다. 네 번째 단계는 활성화 단계이다. 활성화 단계에서는 자신의 독서목적을 분명히 한 상태에서 가장 관심이 끌리는 부분을 조사하거나 스스로에게 질문을 던짐으로써 뇌를 다시 자극하는 단계이다. 이때는 특별히 읽고 싶은 부분을 찾아서 읽거나 부분적으로 숲 읽기(개괄적으로 읽기)하거나 나무 읽기(자세히 읽기)를 병행한다. 다섯 번째 단계는 카약 단계이다. 카약 단계에서는 천천히 읽기와 속독을 병행하면서 자유롭게 속도를 조절하면서 읽는다. 결국, 포토리딩이란 다섯 단계, 곧 다섯 번에 걸친 반복적인 독서를 통해서 뇌의 잠재력을 활용하여 책에서 얻고자 하는 정보를 얻는 독서법이다.[17][18]

---

17) 사이토 에이지 지음, 김욱 옮김, 『성공 독서전략』, 북포스, p.74.
18) 폴 R. 쉴리 지음, 박연선 옮김, 『포토리딩』, 럭스미디어.

5. 지식생산의 속독술

제4세대 속독술은 읽는 데 목적이 있는 것이 아니라 읽어서 얻은 지식을 아웃풋 하는 것을 목적으로 하는 것으로서 지식창조용 시스템 속독술이다. 제4세대 속독술은 기존 속독술의 원리들을 전반적으로 활용한다.

사이토 에이지는 30분 동안 한 권 읽기를 권장한다. 이것은 포토리딩을 간소화시킨 방식인데 우선 5분 동안에 프리뷰를 한다. 프리뷰에서는 책의 종류, 구성, 핵심내용과 전체적인 골격을 파악한다. 포토리딩의 준비단계에 해당하는 데 중요한 것은 책을 읽는 목적을 분명히 하는 것이다. 책 겉표지나 목차, 소제목과 도표 등을 통해서도 중요한 정보를 얻을 수 있다. 두 번째 단계는 5분 동안 포토리딩 하는 단계이다. 1초에 한 페이지를 보는 속도로 책 전체를 5분 동안 본다. 세 번째 단계는 20분 동안에 스키밍기법을 활용하여 읽는다. 그러나 전문서적의 경우는 이보다 많은 시간을 요한다. 이때는 프리뷰 5분, 스키밍 15분, 기억학습법 40분의 과정을 거친다. 관건은 필요한 정보를 최대한 압축하는 것이다. 프리뷰에서 전체 내용을 절반으로 압축하고, 스키밍에서 다시 절반으로 압축하여 정독할 분량을 25% 이하로 줄이는 것이다.

그런데 이러한 속독술에서 가장 중요한 것은 키워드를 찾아내는 일이다. 키워드의 중요성에 대해서 저자의 개인적인 경험을 말하고자 한다. 저자는 대학 시절부터 성경을 공부하기 시작했다. 성경은 구약 39권과 신약 27권으로 총 66권으로 구성되었는데, 무궁무진한 진리가 들어있는 책이다. 나는 대학 시절부터 성경을 공부했지만 대학을 졸업하고 교수가 되어서도 성경이 어려웠다. 그런데 어느 날 신구약 성경 전체를 관통하는 키워드가 보인 것이다. 키워드를 발견하는 순간 내가 성경을 전부 터득한 것 같은 기분이었다. 성경 전체가 한눈에 들어오면서 그동안 조각조각 나뉘어 있던 성경 내용이 키워드를 중심으로 전체가 하나로 연결되었다. 이것은 나에게 놀라운 경험이었다. 성경 전체를 관통하는 키워드의 중요성을 깨닫게 된 것이다. 키워드를 찾아내는 것과 함께 다음으로 중요한 것은 우뇌를 활용한 이미지를 만드는 일이다. 속독이란 눈으로 읽은 것을 머릿속에 그리는 것이다. 이때 키워드는 스케치하고자 하는 이미지의 주제이다. 그러므로 눈으로 빨리 읽는 것이 속독술의 전부는 아니다. 머릿속에서 얼마나 빨리 키워드를 형상화할 수 있는가가 속독술의 핵심이다. 결국 속독술이란 전체를 빨리 읽는 것이 아니라 키워드를 중심으로 필요한 부분만 간추려 있는 기술이라고 해야 할 것이다. 속독술이 아니라 요약기술이다.

한 가지 예를 들어, 50권의 책을 읽고 그것을 요약한 리포트를 제출하라는 과제가 주어졌다고 하자. 50권의 책을 읽으려면 하루에 한 권씩 읽더라도 50일이 걸린다. 그러나 그럴 필요가 없다. 우선 포토리딩으로 50권의 책을 훑어본 후 그중에서 대표적인 책이라고 생각되는 책을 10권만 고른다. 나머지 40권은 훑어만 보고 한쪽으로 치워둔다. 이제 10권을 읽어야 하는데, 10권을 순서대로 한 권씩 읽는다면 10일이 걸린다. 그러나 10권 모두가 똑같은 비중으로 중요한 것은 아니다. 그중에서 정말 대표적인 책이라고 생각되는 잘 된 책은 한두 권이다. 이 한두 권을 다른 책들에 비해서 많은 시간을 들여 읽는다. 일단 2권의 책을 읽어서 내용을 파악하게 되면 나머지 8권의 책은 이미 읽은 2권의 책들과 비교하면서 차이점이나 새로운 내용만을 확인한다. 이런 작업은 8권의 책을 이해하는 데 그렇게 많은 시간을 요하지 않는다. 이렇게 10권의 책을 섭렵한 후에는 전체 책 내용의 개요도를 작성한다. 소위 마인드맵이라고도 하고, 개념도라고도 하는 지식의 지도를 그린다. 그리고 한쪽으로 치워 두었던 40권을 그야말로 포토리딩하면서 특이한 부분, 지금까지 읽었던 책에서 언급하지 않은 내용 등을 첨가 보충한다. 이처럼 속독술이란 단지 빨리 읽는 것을 목적으로 하지 않고 많이 읽고 많은 양의 정보와 지식을 얻는 것이다.

제4장 분야별 책읽기

1. 실용서적(實用書籍) 읽기

실용서적이라 함은 이론서적과 대조되는 개념으로서 실제적인 업무나 비즈니스를 위한 책을 말한다. 예를 들면, 독서법이라든가, 꿀벌을 기르는 법, 주식투자에 관한 책, 혹은 경영서적 등은 실용서적에 해당한다. 그러나 성경의 토지법에 관한 책, 유대인의 역사, 식물의 분류법에 관한 책들은 이론서적이다. 통계학에 관한 책들은 이론서적처럼 보이지만 실용서적이라 할 수 있다. 따라서 비즈니스를 위한 책들이나 자기계발을 위한 책들은 대부분 실용서적에 해당한다. 실용서적을 읽을 때는 네 가지 질문을 해야 한다.

첫째, 저자는 독자가 무엇을 하기를 원하는지 파악해야 한다. 즉, 무엇에 관한 책인가를 아는 것이다. 책에는 저자의 목적과 목표가 있다. 독자가 이 책을 읽음으로써 어떤 행동을 하기를 원한다고 하는 분명한 저술 의도가 있다. 실용서적을 선택할 때 우선적으로 질문해야 할 점이다. 만약, 저자가 추구하는 목적과 독자가 추구하는 목적이 일치하지 않는다면 실용서적으로서 의미를 상실하게 된다. 예를 들면, 등산에 관한 지식과 정보를 알기를 원하는 독자에게 낚시에 관한 책은 흥미를 끌지도 못하며, 실용서적으로서 가치가 떨어진다.

둘째, 저자가 의도하는 것을 이루기 위해 저자가 제시하는 방법을 찾아내 이해하는 것이다. 즉, 저자가 독자로 하여금 저자가 원하는 것을 하도록 어떻게 제안하고 있는지 파악하라는 것이다. 일단 독자의 목표와 저자의 목표가 일치하였다 할지라도 저자가 제안하는 방법이 무엇인지를 명확히 이해하는 것이 필요하다.

셋째, 저자가 제시하는 목적과 방법이 옳은 것인지를 점검하는 것이다. 만약 저자가 제시하는 목적과 방법이 옳지 않다거나, 동의할 수 없다고 한다면 실용서적으로서 의미가 사라진다.

넷째, 저자의 견해에 공감한다는 것은 분명히 행동에 영향을 끼친다는 것을 의미한다. 실용서적을 읽는 궁극적인 목적은 실제적인 행동으로 옮겨져서 문제를 해결하는 데 있다. 책만 읽는 것으로 끝난다면 실용서적으로서의 의미가 없어진다. 독서법에 관한 책을 아무리 많이 읽는다 할지라도 실제로 독서에 적용하고 독서력을 발전시키지 못한다면 책을 읽는 의미가 없다. 실용시직은 행동으로 옮겨져서 최종적인 변화가 나타나야 한다. 저자의 목적과 목표에 공감하고, 저자가 제시하는 방법을 이해하며 또 그 방법의 정당성을 인정한다면 독자는 저자에게 설득당하게 된다. 저자가 원하는 대로 행동의 변화가 나타나게 된다.

따라서 실용서적을 실제적인 비즈니스에 활용함으로써 그 효과를 극대화하기 위해서는 다음과 같은 실용서적 독서법을 실천해 볼 필요가 있다. 우선 위에서 언급한 네 가지 질문에 따라 실용서적을 선택하게 되면 실용서적 독서법을 적용하여야 한다. 실용서적을 읽을 때 가장 중요한 부분은 다독(多讀)과 적용(適用)이다. 우선, 다독을 해야 하는 이유는 무엇인가? 실용서적 즉, 비즈니스 서적을 다독하는 이유는 독서가 단순히 책을 읽는 행위가 아니라 경제적 행위, 곧 투자활동이기 때문이다. 책을 통해서 얻은 내용을 비즈니스에 활용함으로써 독서 자체가 경제적 활동이 된다. 또 다른 이유는 다른 사람이 피땀 흘려 노력한 수십 년간의 시행착오의 궤적이 담겨 있기 때문이다. 그래서 비즈니스 서적을 다독하는 사람은 시행착오를 그만큼 줄일 수 있으며, 경제적 효과 또한 크다. 나아가 한두 권의 책만 읽은 사람에 비해서 다독을 함으로써 폭넓은 견해를 가질 수 있다. 한두 권의 책만 읽다 보면 저자의 영향을 받아서 잘못된 판단에 이를 수도 있다. 그런데 문제는 다독의 기술이다. 어떻게 많은 책을 읽을 수 있는가? 이미 속독법에서 다룬 내용들이지만, 다독의 원칙은 필요한 부분만 골라서 읽는 독서법이다. 책을 읽는 목적을 분명히 하게 되면 원하는 부분만 골라서 읽을지라도 필요한 답을 얻을 수 있다.

『레버리지 리딩』의 저자 혼다 나오유키는 하루에 한두 권의 책을 읽어서 일 년이면 약 400권의 책을 읽는다고 하였다.[19] 그는 책을

---

19) 혼다 나오유키 지음, 김선민 옮김, 『레버리지 리딩』, 미들하우스.

읽는 원칙으로서 먼저 훑어보기를 통해서 책의 전체 개요를 파악한다. 그리고 80:20 법칙을 적용하여 꼭 필요한 20%만을 읽어서 80%를 이해하는 독서법을 활용한다. 키워드를 찾아서 읽는 것이다. 한 단어를 통해서 책 전체의 메시지를 유추하는 독서이다. 다음으로 중요한 것은 적용하는 일이다. 적용을 위해서는 책을 읽고 난 후에 배우거나 감동을 받은 부분을 반드시 메모한다. 메모가 쌓이면 그것을 주제별로 분류하여 한데 묶어서 노트로 만든다. 그리고 그것을 반복하여 읽음으로써 개인자산으로 만든다. 실용독서에서 가장 중요한 부분이다. 책에서 얻은 비즈니스의 원칙들을 메모하여 읽고, 다시 읽으면서 그것을 자신의 것으로 습관화시키는 것이다.

2. 문학서적(文學書籍) 읽기

소설이나 희곡, 시와 같은 문학작품을 읽을 때는 철학, 역사, 경제서적이나 과학서적을 읽을 때와는 읽기에서 차이가 있다. 문학작품을 과학서적을 읽듯이 분석적으로, 논리성을 찾아 읽는다면 제대로 된 독서라고 할 수 없을 것이다. 소설을 읽는데 인문학 이론서를 읽듯이 해서는 저자의 의도에 이를 수 없다. 문학작품이란 저자가 상상력을 통해서 만들어 낸 경험의 세계이다. 따라서 문학작품을 읽는다는 것은 저자가 작품 속에서 소개하고 있는 인물을 만나는 것이고, 그 사건의 현장으로 들어가는 것이며, 이야기의 줄거리를 따라 간접적인 체험을 해 보는 것이다. 그리고 작품 속의 인물을 알아가면서, 사건을 체험하면서, 작품 속의 현장에서 숨 쉬는 가운데 그 세계를 감상하는 일이다. 물리학 이론서적을 읽을 때 공식을 정확히 이해하고 저자의 논리에 모순은 없는가를 살피며 물리적 현상의 실체에 접근하는 것처럼, 문학작품을 읽을 때는 작품 속의 인물, 사건, 배경, 현장에 들어가서 그것을 체험해야 한다. 물리 이론을 읽으면서 정확한 이해를 하지 못한 채 저자의 논리를 비판할 수 없듯이 문학작품에서는 작품 속에 완전히 동화되어 그 세계를 감상하지 않고는 어떤 비평도 할 수 없다. 문학작품을 읽을 때 가장 중요한 것은 먼저 작품 속에 빠져 들어가는 일이다.

문학작품은 단편적인 지식이나 사건의 배열이 아니라 연결된 스토리의 전개이다. 등장인물과 사건과 사건의 전개, 배경 등이 하나로 어우러져 삶의 현장이 작품 속에서 그려진다. 그래서 문학작품을 읽는다는 것은 간접적인 삶의 체험이다. 작품 속의 사건현장에 들어가 등장인물과 함께 호흡하고 동행하며 스토리의 전개를 따라 함께 움직이면서 작품을 감상하는 것이 문학작품 읽기다. 따라서 문학작품을 읽을 때는 어느 정도 작가가 인도하는 대로 수동적으로 따라가는 자세가 중요하다. 작가가 가고자 하는 곳으로 함께 가기를 거부하거나, 작가의 의도를 문제 삼는다면 작품을 감상할 수 없게 된다. 일반적으로 책읽기는 능동적·비판적으로 읽는 것이 원칙이지만 문학작품은 작가의 작품 속으로 빠져드는 것을 전제로 하고 있다.

문학작품을 읽을 때는 작품의 종류와 구성을 전체적으로 파악하는 것이 필요하다. 왜냐하면, 문학작품은 부분을 따로 떼어내 다룰 수 없기 때문이다. 문학작품은 전체가 하나의 줄거리로 연결되어 있다. 독자는 그 줄거리를 따라 작품 속에 들어가 등장인물과 함께 숨쉬고, 먹고, 마시고, 생활하면서 작품세계를 체험해야 한다. 문학작품은 진리와 비진리의 문제를 다루는 책이 아니라 삶의 문제, 미(美)

의 문제를 다루기 때문에 독자가 작품세계를 간접체험한 후 느끼는 감상(感想)이 책읽기의 최종 산물이다. 문학작품의 비평은 그곳에서 부터 시작되는 것이다. 즉, 일단 작품을 성실하게 읽으면서 작가가 그리는 상상의 세계를 여행한 후 그 여행의 끝에서 작품을 비평할 수 있다.

문학작품은 즐길 수 있는 책부터 읽는 것이 좋다. 처음부터 어렵고 난해한 작품을 선택하여 흥미를 잃게 되는 것보다 읽기 쉽고, 즐길 수 있는 책을 선택한다면 문학작품 읽기의 진미(眞味)를 만끽할 수 있을 것이다. 문학작품은 우리 문학작품부터 읽는 것이 외국작품을 읽는 것보다 우리 정서에 맞는다고 본다. 그리고 많이 읽는 것보다 반복해서 읽어야 한다. 옛 선비들은 책을 반복해서 읽어야만 문리(文理)가 트인다고 여겼다. 또한 연계된 독서를 통해서 전체적인 이해를 갖는 것이 필요하다. 작품을 읽을 때 너무 한 작가나 작품에 편향된 자세를 갖는 것은 바람직하지 않다.

3. 소설(小說) 읽기

소설을 읽을 때 우리는 왜 소설을 읽는가에 대한 근원적인 질문을 던져 보아야 한다. 사람들은 왜 소설을 읽는가? 소설을 이루는 두 축은 스토리와 플롯(구성)이다. 이를 두고 소설은 플롯을 가진 스토리 즉, 구성적 이야기라고 말한다. 여기서 플롯과 스토리의 차이를 언급하고 갈 필요가 있는데, 스토리가 사건의 시간적 배열이라고 한다면 플롯은 사건과 사건 간의 역학관계를 보여주는 것이다.

예를 들어, '만득이는 6.25 때 월남하여 성공한 사업가가 되었다.'

고 하면 스토리다. 그러나 '만득이는 6.25 전란 속에서 피난민으로 많은 고생을 하면서 열심히 일한 결과 자수성가하였고, 고난과 역경이 주는 시련이 그를 성공한 사업가가 되게 하였다.'고 하면 플롯이 된다. 스토리를 '그래서?'라고 한다면 플롯은 '왜?'가 된다. 소설은 독자에게 '그래서?'와 '왜?'를 질문하게 한다. 그리고 플롯을 지닌 스토리는 삶의 의미와 메시지를 부여한다. 플롯은 단순한 이야기가 아닌 무엇인가 이야기의 배후에 인생과 우주에 관한 메시지를 담은 이야기로 만들어 준다. 그런데 이러한 구성적 이야기는 사람들에게 없어서는 안 되는 요소이다. 인간이란 메시지가 있는 이야기 즉, 플롯이 있는 스토리를 만들어가며 찾는 존재이기 때문이다.

사람들은 자신의 삶에서 플롯이 있는 스토리를 엮어내고자 한다. 플롯이 있는 스토리에는 권선징악이 있으며, 불의에 대한 정의의 승리가 있고, 행복과 불행이 있기 때문이다. 인간은 끊임없이 플롯이 있는 스토리를 만들어 가는 존재이다. 이러한 인간의 본성과 무의식적인 욕망이 소설을 읽게 한다. 그리고 소설의 플롯과 스토리 속에서 자신의 이야기를 찾아간다. 소설의 주인공과 자신을 동일시하기도 하고 자신의 세계관을 확인하기도 한다. 좋은 소설이란 이렇게 사람들의 의식과 무의식 속에 자리 잡고 있는 이야기를 끄집어내어 읽는 이의 욕망을 충족시켜준다. 폴 앙드레 르소르(Paul-Andre Lesort)는 사람들이 소설을 읽는 목적을 이렇게 표현했다. "우리의 마음에 맞는 한 인간을 만나자는 것이며, 우리들 스스로 야기시킬 용기가 없는 비극과 기쁨들을 체험하자는 것이며, 삶을 보다 정열적으로 사랑할 수 있도록 해 주는 꿈을 꾸어보자는 것이며, 어쩌면 삶의 철학까지도 발견하게 되어 우리를 에워싸고 있는 문제들과 시련들에 대결할 수 있는 능력을 갖자는 것이다."

소설을 읽을 때 가장 중요한 것은 가능한 한 빨리 완전히 몰두한 채 한 권을 앉은 자리에서 끝까지 다 읽으라는 것이다. 소설을 잘 읽었다고 말할 수 있으려면 이야기를 끝까지 다 읽어야 한다. 일반적으로 장편 소설을 읽으려면 많은 시간이 요구되기도 한다. 그래서 소설을 읽는데도 속독법을 얘기하는 경우가 있다. 그런데 소설 읽기에는 속독법이 적합하지 않다고 하는 견해가 많다. 하지만 소설 읽기에도 속독법이 효과적이라고 주장하는 이들도 있다. 사이토 에이지는 소설 읽기를 루브르 박물관을 구경하는 것에 비유하였다. 루브르 박물관을 다 구경하려면 여러 날이 걸릴 것이다. 그러나 필요에 따라서는 하루 혹은 반나절만 돌아보고서도 루브르 박물관을 구경했다고 말할 수 있는 것이다. 소설을 읽을 때도 빠짐없이 읽으려면 여러 시간이 걸리지만, 필요한 부분만 골라서 읽어도 된다는 주장이다. 과거에 이미 읽었던 소설의 경우 대략적인 줄거리를 알고 있기 때문에 이런 방식의 소설 읽기가 도움이 된다. 학창시절 읽었던 「소나기」, 「사랑손님과 어머니」, 「홍길동전」 같은 소설은 루브르식 소설읽기로 충분한 효과를 얻을 수 있다.

또 처음 읽는 소설이라도 소설의 전 부분이 다 중요한 것은 아니다. 소설의 중심이 되는 스토리를 설명해 주고 배경역할을 하는 내용이 많은 부분을 차지하고 있다. 대략 이렇게 주변부 이야기를 건너뛰고 소설의 핵심 줄거리 중심으로 읽는 것도 상관없다. 특히 훌륭한 소설은 한 번으로 읽고 끝나는 것이 아니라 두고두고 생각날 때마다 반복해서 읽고 그 재미를 음미하는 것이 소설의 묘미이다. 따라서 소설을 빠짐없이 다 읽어야 한다는 고정관념을 고수할 필요는 없다.

루브르식 소설 읽기를 할 때 소설의 전체 줄거리와 요지를 파악한 후 부분적인 소설 읽기를 하면 작품의 재미를 더욱 만끽할 수 있다. 이런 경우는 소설에 대한 짧은 해설이나 비평을 먼저 읽고 난 후 소설작품을 읽는 방식이다. 요즘은 인터넷에 작품에 대한 해설이나 독후감, 비평 등이 많이 올라와 있기 때문에 이를 참고하면 소설 읽기에 앞서 전체 줄거리를 이해하는 데 도움이 된다.

소설 읽기의 단계가 보다 깊어지면서 소설을 분석하고 흉내 내며 소설을 써 보는 작업을 하게 된다. 그리고 소설에 관한 글을 쓰게 된다. 이렇게 소설의 깊은 맛을 알아가려면 단순한 스토리의 전개를 넘어서 플롯에 주목해야 한다. 소설의 주제, 구성, 문체, 등장인물의 성격, 배경과 이들 상호 간의 유기적인 관계, 그리고 작품의 역사적 배경과 작가의 작품세계까지도 관심을 가지고 살펴야 한다. 더 나아가 소설의 최근 흐름이 어떠한지를 거시적으로 살펴보는 것도 작품을 풍성하게 이해하는 방법이다. 예를 들어 최근 소설에서 자주 도입하는 표현기법이라든가 구성방식 등을 이해하면 소설 읽기가 더욱 흥미로워질 것이다.[20]

4. 현대시(現代詩) 읽기

대부분 학창시절 입시공부하면서 시(詩)를 읽은 것 외에는 살아오면서 시를 즐거이 읽고 감상하는 기회가 거의 없었으리라. 시는 그

---

20) 다카하시 겐이치로 지음, 양윤옥 옮김, 『연필로 고래잡는 글쓰기』 웅진지식하우스.

만큼 실용적이지도 못하고, 흥미를 유발하지도 못할 뿐 아니라 왠지 어렵고 가까이하기에는 너무 먼 당신처럼 여겨졌다. 시를 즐겁게 감상하기 위해서는 시에 대한 부정적인 생각부터 버릴 필요가 있다.

첫째, 시가 어렵다는 생각을 버려야 한다. 시가 어렵게 여겨지는 이유는 시를 머리로 이해하고 분석하려고 하기 때문이다. 그러다 보니 시를 읽기 시작하다가 첫 줄에서 막히고 만다. 그리고 읽기를 포기한다. 시는 그 자체로 살아있는 유기체이다. 시는 논리적으로 의미를 분석해야 할 대상이 아니라 하나의 생명체를 대하듯 그 속에서 살아 숨 쉬는 느낌을 경험하는 것이다. 가장 좋은 방법은 일단 시를 소리 내어서 끝까지 읽어보는 것이다. 운율을 생각하면서 음미하듯 소리 내어 끝까지 읽으면 시가 주는 통일성과 일관된 흐름을 느낄 수 있다. 그런데 시어가 어렵거나 난해하다고 중간에서 멈춰버리면 이러한 흐름을 읽을 수가 없다. 시는 전체를 다 읽었을 때 시의 저변에 흐르는 일관된 통일성을 발견할 수 있는 것이다.

둘째, 시를 읽을 때 필요 이상으로 주변적인 도움에 의존하지 말라는 것이다. 저자나 저자가 살던 시대 배경에 대해서 많이 알아야 한다고 생각하거나 해설서나 비평, 전기를 지나치게 의존하는 것은 바람직하지 않다. 시는 그 자체로서 독자에게 전달해주는 고유한 느낌과 메시지가 있다. 해설서나 비평에 의존하는 것은 시를 읽을 줄 아는 자신의 능력을 의심하기 때문이다. 물론 시에 대한 배경이나 작가의 작품세계, 다른 사람들의 비평 등을 읽으면 도움이 되기는 하지만 그렇다고 해서 시를 더 잘 이해할 수 있는 것은 아니다. 시를 이해하기 위해서는 읽고 또 읽는 것이 중요하다. 스스로가 시를 읽으면서 느끼는 정서와 분위기, 감상을 통해서 시가 주는 생명력을 발견해야 한다.

현대시를 보다 풍성하게 이해하기 위해서는 다음과 같은 부분을 주의 깊게 살펴야 한다. 첫째, 시가 함축하고 있는 갈등을 포착하는 것이다. 훌륭한 서정시에는 대부분 갈등이 있다. 사람이든, 이미지든, 사상이든 갈등이 묘사된다. 사랑과 시간, 삶과 죽음, 영원과 허무 등 시인의 내면세계가 추구하는 영혼의 갈등이 시어로 표현되어 있다.

둘째, 시는 표면적인 의미도 중요하지만, 의미를 둘러싼 리듬, 이미지, 어조 등이 만들어 내는 말의 여운이 더 중요하다. 시를 감상할 때는 직접적인 의미를 찾는 일보다 의미를 배제하고도 남는 어떤 것을 발견할 수 있어야 한다. 문학작품은 장르에 따라서 의미와 메시지를 명확하게 서술하는 방식이 있는가 하면, 사건의 전개로 표현하는 방식, 의미를 우회해서 단어가 주는 여운을 남기는 방식이 있다. 시는 의미의 직접적인 전달방식보다는 시어(詩語)를 통한 정취와 여운, 느낌을 전달한다.

셋째, 시는 여백의 미학이다. 시인은 자신의 의도를 자로 잰 듯이 드러내지 않는다. 의미와 의미 사이에 채워지지 않는 빈 공간이 남아 있다. 이 부분을 채우는 것은 독자의 몫이다. 상상력이 풍부한 독자는 한없이 풍요롭게 채워 넣을 수 있다. 이것이 시의 묘미이다.

마지막으로, 현장에서의 시 읽기이다. 신경림은 시인들의 삶의 족적이 남아 있는 현장을 여행하면서 시인의 삶을 조명하는 식으로 시에 다가섰다. 그의 저서 『신경림의 시인을 찾아서』는 그의 문학기행을 기록한 책이다. 시인 한 사람 한 사람의 삶의 현장을 답사하고 전체를 조명하면서 그의 시를 알고자 하는 것이다. 직접 시인이 살던 현장을 찾아보고 시인이 살던 시대 상황과 사회적 배경, 삶의 갈등을 이해하면서 시인의 시 세계를 전체적으로 읽는 방식이다. 이런 방식은 이미 비평가들이 흔히 사용하는 구태의연한 일이라고 할 수 있겠으나 시에 대한 관심과 흥미가 소원해진 오늘날 시를 가까이하고 우리의 삶의 현장 가운데서 시를 접할 수 있는 길이라고 생각된다.[21]

5. 역사서적(歷史書籍) 읽기

모든 독서에서 우선적으로 책의 전체 구조를 파악하는 것은 매우 중요하다. 이는 역사서적을 읽을 때도 반드시 던져야 할 질문이 있다. 첫째는 그 책이 다루고 있는 특정 주제에 대해서 질문해야 한다. 역사서적을 잘 읽기 위해서는 그 책에서 다루고 있는 것과 그렇지 않은 것을 명확히 구분할 수 있어야 한다. 둘째는 저자의 논리전개 방식을 이해하는 것이다. 역사서적은 이야기하는 방식이 정해져 있다고 볼 수 있는데, 이를테면 연대순으로 전개하고 있거나, 아니면 분야별, 즉 정치·교육·문화·예술 등의 영역으로 기술하였는가, 혹은 책의 장별로 주제를 나누어서 전개하고 있는지를 파악하는 것이다. 마지막으로는 저자가 어떤 점을 가장 중요한 토대로 전개하고 있는지를 파악하는 것이다. 이러한 방식들은 일반적인 독서에서 적용하고 있는 책의 전체구조에 대한 파악과 동일하다.

다음 단계로는 저자의 역사관을 파악하는 일이 중요하다. 역사서적은 역사적 사건을 중심으로 저자의 역사관을 기술한 책이다. 따라서 역사서적을 읽을 때는 저자의 역사관에 주목해야 한다. 동일한

---

21) 신경림 저, 『신경림의 시인을 찾아서』, 우리교육.

사건이나 역사적 사실에 대해서도 어떤 사관(史觀)을 가지고 접근했느냐에 따라서 역사적 사건에 대한 해석이 달라질 수 있다. 책을 읽기 전에 저자가 어떤 역사관적 입장에서 사건을 해석하고 있는지를 알게 되면 책의 전체적인 흐름과 논지를 짐작할 수 있다. 저자의 역사관을 알려면 저자가 누구이며, 저자의 주된 활동과 저술, 경력 등을 살펴보는 것이 도움이 된다. 또 책의 서문이나 목차 등을 살펴보는 것도 저자의 역사관을 알 수 있는 방법이다.

세 번째로는 책에서 다루고 있는 사건이나 주제의 역사적 배경을 이해하는 일이다. 예를 들면, 맥아더의 한국전쟁에 관한 이야기는 제2차 세계대전과 그 이후 미소군정, 동서 이데올로기의 대립과 갈등에 대해 이해할 필요가 있다. 세계사의 전체적인 흐름 속에서 역사적 사건에 접근하는 자세는 역사 이해를 심화시켜 준다. 그래서 역사서적을 읽을 때는 세계사를 개괄적인 그림으로 그려보고 읽고자 하는 이야기의 배경을 파악하도록 한다. 역사란 어떤 의미에서 유기적으로 연결된 하나의 커다란 생명체이다. 역사서적 읽기란 세계사의 전체 윤곽을 이해하고 각 부분들을 좀 더 자세히 들여다보는 작업이라 할 수 있다.

마지막으로 역사서적을 읽는 가장 중요한 목적은 역사적 사실을 아는 데 있는 것이 아니라 역사를 통해서 현재의 삶에서 교훈을 얻고자 함에 있다는 사실이다. 과거를 통해서 현재를 이해하고 미래를 내다보기 위해서 역사서적을 읽는다. 과거의 모든 역사적 사건들 속에는 현재 우리의 삶에 적용할 수 있는 교훈들이 있다. 그것을 발견하는 것이 역사서적을 읽는 중요한 목적이다. 즉, 역사의 해석과 적용의 문제이다. 역사서적을 읽은 후 독자가 내린 최종적인 결론을 현재의 삶에 적용하는 일은 각자의 몫이다.

　역사서적을 읽을 때 방법론적인 측면도 간과할 수 없다. 첫째, 개론적인 책을 먼저 읽음으로써 나무를 보기 전에 숲을 보는 방식이다. 숲을 보기 전에 나무를 먼저 보게 되면 전체적인 윤곽을 파악하지 못하고 개별적인 사건들에 매몰될 수 있다. 이를 위해서는 쉽고 간략한 개론서나 입문서, 혹은 인터넷을 이용한 사전지식을 얻는 방법도 도움이 된다. 둘째, 두세 권의 책을 동시에 읽음으로써 역사관이 다른 저자들의 견해를 서로 비교해 보는 일이다. 어느 한쪽의 일방적인 견해만을 접하게 되면 자칫 객관성을 상실한 채 편향된 해석으로 치우칠 우려가 있다. 열렬한 독서가로 알려진 김대중 대통령은 특히 역사서적을 애독하였다. 그가 역사서적을 읽는 방법은 항상 같은 주제에 대해서 두 권 이상의 책을 함께 읽는 방식이었다. 역사적 관점을 달리하는 저자들의 책을 비교하여 읽음으로써 역사를 비판적으로 이해하는 안목을 기른 것이다. 같은 주제의 두세 권의 책을 동시에 읽는 일은 역사서적을 읽는 가장 중요한 원리다. 셋째, 특정한 주제와 관련하여 보다 심층적으로 역사서적을 읽는 것이 필요하다. 그냥 흥미 위주로 역사서적을 읽는 것도 필요하겠지만, 역사적인 사건이나 주제와 관련하여 독서를 할 경우 초보적인 단계의 책읽기를 넘어서 심화단계로 들어가야 한다. 즉, 특정주제에 대한 집중적인 책읽기를 통해 역사서적 읽기에서 새로운 해석의 생산단계인 저술단계로 나아가야 한다. 이 과정에서 원전(原典) 읽기가 필요하다. 원전이라 함은 해석과 가공의 단계를 거치지 않은 본래의 역사관련 자료를 말한다. 원전을 읽고 그 의미를 해석하고 주관적인 결론을 내릴 수 있어야 한다. 역사적 사건에 대해서 2차 자료에만 의존하는 것은 분명히 한계를 지닌다. 심화의 단계에서는 원전 읽기가 반드시 필요하다.

6. 철학서적(哲學書籍) 읽기

철학서적을 읽는 이유는 무엇인가? 철학을 배우기 위해서다. 철학을 배우는 목적은 무엇인가? 철학하기 위해서다. 철학을 한다는 것은 산다는 것이고, 산다는 것은 철학하는 것이다. 우리가 잘살기 위해서는 철학서적을 읽고, 철학을 배워야 한다. 그리고 철학하는 삶을 살아야 한다.

철학의 양대 산맥이 있다. 하나는 이론적 혹은 사색적인 철학이고, 다른 하나는 실천적인 철학 혹은 규범적인 철학이다. 이론적·사색적 철학이란 존재와 생성의 질문에 대한 철학이며, 실천철학이란 선과 악, 옳고 그름에 대한 철학이다. 철학의 양대 산맥은 다시 하위 분야로 나뉜다. 이론과 사색의 철학은 존재와 실존을 다루는 형이상학, 생성과 본질을 다루는 본질의 철학, 인간지식에 관한 철학인 인식론으로 분류되고, 실천철학은 윤리학, 정치철학 등으로 분류된다.

철학적 질문이 추구하는 대상에 따라서 1순위 질문과 2순위 질문이 있다. 1순위 질문은 존재하는 것, 일어나는 것, 인간이 해야만 하는 것, 추구해야 하는 것에 관한 질문이다. 2순위 질문은 1순위 질문에 답을 할 때 생각하는 내용, 표현 방식 등에 관한 질문으로, 언어와 관련된 질문이다. 1순위 질문과 2순위 질문으로 나누는 이유는 최근 철학에서 어떤 일이 일어나고 있는지 설명하는 데 도움이 되기 때문이다.

오늘날 철학은 더 이상 1순위 질문을 하지 않는다. 철학이 1순위 질문에 답을 할 수 있다고 믿지 않기 때문이다. 대신 2순위 질문을 한다. 그 결과 철학은 일반인들과는 거리가 먼 철학자들만의 공유물이 되었다. 일반인들은 철학서적을 읽기 어렵게 되었으며, 일반인들을 위해서 책을 쓰지도 않는다. 결국 현대 철학서적은 일반인들이 읽기 어려운 책이 되고 말았다. 플라톤(Platon) 이후 걸작 철학서적은 일반인들의 관심과 질문에 답을 하기 위해 쓰였다. 1930년대까지만 해도 철학서적이 일반 독자들을 위해 씌였다. 플라톤은 『대화』라는 책에서 구어체의 대화형식을 철학의 스타일로 사용하였다. 철학에서 플라톤이 차지하는 위치는 특별하다. 화이트헤드(Whitehead)가 말하기를 모든 서양철학은 "플라톤이 쓴 책의 주석서"일 뿐이라고 하였다. 후세 그리스인들도 "내 생각이 가는 곳마다 이미 그곳에서 돌아오고 있는 플라톤을 만난다."고 말하였다. 이미 플라톤은 철학의 중요한 질문들을 제시한 것이다. 임마누엘 칸트(Immanuel Kant) 역시 플라톤의 영향을 많이 받았다.

철학의 독특한 스타일로서 데카르트(Descartes)와 스피노자(Spinoza)를 예로 들 수 있다. 데카르트와 스피노자는 철학에 수학의 옷을 입히고자 하였다. 철학을 수학적인 방식으로 체계화한 것이다. 훌륭한 수학자요 철학자였던 데카르트는 수학의 형식과 틀로서 철학을 체계화하고자 했다. 스피노자는 그 개념을 더 발전시켜서 수학적인 방식인 명제, 증거, 추론, 부명제, 주석과 같은 것들을 가지고 『윤리학』을 저술하였다. 니체(Nietzsche)의 『짜라투스트라는 이렇게 말했다』는 격언체 스타일, 비유스타일로 철학을 기술한 사례이다. 성경의 복음서를 기록한 형식과도 비슷하다.

철학서적을 잘 읽기 위해서는 두 가지를 명심해야 한다. 첫째, 그 책에서 답하려고 하는 물음을 찾아내는 것이다. 그런데 저자가 답하고자 하는 내용은 저자의 기본적인 입장의 영향을 크게 받는다. 그래서 저자의 기본적인 입장을 간파하는 일이 매우 중요하다. 하지만 저자에 따라서는 기본적인 입장을 언급하지 않는 경우가 많다. 저자가 언급하지 않은 기본적인 입장을 찾아낸다는 것은 쉬운 일이 아니다. 저자의 기본적인 입장을 파악하기 위해서는 저자의 다른 책을 함께 읽어 볼 필요가 있다. 저자에 따라서는 자신의 숨은 의도와 생각을 분명하게 밝힌 책이 있는가 하면 자신의 기본 입장을 밝히지 않고 쓴 책이 있다. 저자의 기본 입장을 파악하기 위해 때론 몇 년이 걸리기도 한다. 저자의 책을 반복해서 읽고 또 읽는 가운데 비로소 찾아내기도 한다.

둘째, 철학의 방법론을 아는 것이 중요하다. 특히, 현상학과 해석학은 현대철학의 방법론이다. 모든 학문이 복잡하게 얽혀 있는 현대철학에서는 현상학과 해석학을 모르고서는 철학하기가 어렵다. 그런데 현상학과 해석학은 물론, 현대철학의 큰 흐름을 이해하기 위해서는 언어철학을 알아야 한다. 모든 분야가 동일하지만 철학이라는 복잡하고 어려운 학문의 숲을 성공적으로 헤쳐나가려면 주요 등반로를 아는 것이 필수이다. 주요 등반로를 이용하여 산 정상에 오르고 몇 번 산에 오르는 체험을 하고 나면, 이제는 주요 등반로를 우회하여 난 작은 등반로가 눈에 들어오기 시작한다. 숲이 전체적으로 보이면서 골짜기와 능선의 위치가 파악된다. 이처럼 철학서적을 잘 읽기 위해서는 철학의 핵심주제들에 대한 사전지식과 이해가 필요하다. 현대철학의 주요 등반로에 해당하는 것이 현상학과 해석학, 언어철학이라고 한다면 이들을 우선적으로 공부하고 이해하는 노력이 필요하다.

7. 문화(文化) 읽기

문화란 무엇인가? 문화는 학자에 따라 실로 다양하게 정의되어 1950년대에 이미 100여 가지가 넘는 문화개념이 열거될 정도였다. 따라서 어떤 한 가지로 문화를 정의하기란 불가능하다. 일차적으로 문화란 자연에 대립되는 개념으로서 인간의 힘이 가미된 모든 것을 의미한다. 문화(culture)의 어원상 경작(耕作, culture)이라는 의미를 가지고 있듯이 인간의 노력을 기울여 이루고자 하는 일들이 문화이다. 인간의 의도적인 활동이 문화인 것이다. 그런데 일반적으로 물건을 팔고, 고기를 잡는 행위를 문화라고 하지 않는다. 인간의 의도적인 활동이지만 물건을 만들어 파는 행위에는 문화라는 말을 사용하지 않는 반면에 그림을 그리거나 음악을 하거나 문학을 하는 행위는 문화라고 칭한다. 따라서 문화는 인간생활의 물질적인 부분보다는 정신적인 부분 즉, 집단이 공유하는 생활양식과 사고방식의 총체라 할 수 있다.

문화 읽기란 문화비평이라 할 수 있는데, 문화비평은 영화평, 음악평, 미술평을 비롯해서 신문, 텔레비전, 라디오 등과 같은 매스컴에 대한 비평을 포괄하며 넓게는 현대의 문화와 생활 전반에 대한 비평적 글을 모두 일컫는다. 문화 읽기가 점차 사회적 추세로 자리잡아 가는 이유는 사람들의 문화에 대한 관심과 욕구 때문이다. 우리나라의 경우 1990년대 이후 경제성장으로 문화의 소비가 늘어나기 시작하였다. 대중문화가 양적으로 팽창하였으며, 문화를 좀 더 깊이 있게 읽어내려는 욕구가 증가하였다. 이러한 문화비평의 활성화는 비평의 대상에만 국한된 것이 아니라 비평의 주체에도 변화가 일기 시작하였다. 문화 텍스트를 읽고 그것을 해석하는 것이 몇몇 전문가들의 영역에서 일반대중에게도 확산된 것이다. 이제는 일반인들도 일상생활의 문화적 경험들을 분석하고 심층적으로 이해하는 일을 한다. 이러한 현상은 매우 바람직할 뿐 아니라 반드시 필요한 일이라고 생각된다.

문화적 흐름이 과거와 많이 달라졌고, 사람들의 감성과 욕구를 충족시키는 문화현상도 과거와 비교할 수 없는 양상을 보이고 있다. 과거에는 문학작품을 읽는 방식이었다면 오늘날은 영화와 TV 등으로 영상매체가 사람들의 눈과 귀를 사로잡는다. 사람들은 매일 TV 앞에서 드라마와 오락 프로그램을 보면서 시간을 보낸다. 인터넷과 SNS가 사람들의 언어적 욕구를 충족시키고 있다. 이러한 문화양상의 변화에 따라 문화 읽기의 중요성이 커졌다. 문화 읽기는 문화의 수요자로서 만족하지 말고, 문화의 창조적 주체가 되는 길이다. 창조적 주체로서 문화 읽기를 할 때 문화의 빛과 어둠을 분별하게 되며, 문화를 보다 깊이 있게 향유하며 발전시킬 수 있다.

문화가 사람들의 생각과 언행에 미치는 힘은 지대하다. 특히 영상매체의 영향력은 이루 말할 수 없을 것이다. 드라마나 영화가 그 시대의 가치관을 반영하는 동시에 시대의 풍조에도 영향을 끼친다. 인터넷 게임의 폭력성은 청소년들에게 보이지 않는 폐해를 준다. TV 드라마에서 방영되는 불륜 관계라든가 동성애 등은 시대상을 반영하면서 시대의 성도덕에 영향을 끼친다. 음악이 사람들의 무의식과 정신세계에 미치는 힘도 막강하다. 헤비메탈, 뉴에이지 음악은 정신과 영혼을 지배하는 힘이 있다. 나는 산부인과 의사로 여러 산모들을 진료하는 과정에서 과거에 보았던 한 편의 영화가 얼마나 무의식의 세계에서 강한 영향력을 미치고 있는지를 실제로 경험한 바 있다. 이처럼 문화는 사람들의 삶 자체에 직간접적으로 영향을 미치는 실제적인 힘으로 작용한다. 따라서 이제는 문화 읽기가 현대인들의 가장 필수적이고 기본적인 비평능력이 되고 있다. 학교에서 문화 읽기를 배우고 문화비평 능력을 길러주어야 할 시대가 된 것이다. 무비판적인 문화의 수용은 자칫 문화적 폐해를 키우는 우(愚)를 범하는 꼴이 되기 때문이다.

8. 과학서적(科學書籍) 읽기

오늘날 전문 과학서적들은 대부분 전문가들을 위한 책이다. 즉, 전문가들이 전문가들을 대상으로 책을 쓰는 추세이다. 그러나 19세기 까지만 해도 글쓰기의 방식은 주로 일반인을 대상으로 하는 저술이었다. 과학논문이 오늘날과 같이 전문분야의 엄격한 틀을 갖추고 전문가들의 상호검증을 위한 무대가 된 것은 비교적 역사가 짧다. 그만큼 과학서적은 전문화되어 있고 독자층도 그 분야 전문가들을 대상으로 하고 있어서 비전문가가 전문적인 과학 분야의 서적을 읽기란 쉬운 일이 아니다. 과학서적 읽기란 현대 과학논문이나 전문적인 과학서적을 포함하여 과학사(科學史)와 관련된 과학고전 읽기를 말한다.

전문가들의 영역이 된 과학서적을 읽어야 하는 이유는 무엇이며 과학사의 고전들을 읽어야 할 필요성은 무엇인가? 최근의 과학논문과 과학서적을 읽어야 할 근거는 많이 있다. 우선 현대사회에서 과학기술은 거의 모든 분야에서 중추적인 위치를 차지하고 있다. 과학기술의 중요성은 현대사회에서 이루 헤아릴 수 없이 크다. 과학논문과 과학서적은 경쟁력 그 자체라고 할 수 있다. 그러나 과학사의 고전들을 읽어야 할 필요성은 무엇인가? 과학은 현대에 이르러 눈부시게 발전에 발전을 거듭하고 있어서 어제의 과학적 이론이 낡은 유물로 남게 되거나, 하루가 다르게 새로운 과학적 사실들이 발견되고 있다. 그럼에도 불구하고 과학서적 즉, 과학사의 고전적 명저들을 읽어야 할 이유는 인간정신의 고양을 위한 순수한 목적 때문이다. 역사상 과학적 발견의 변천 과정을 조명함으로써 과학자들의 문제의식을 함께 공유해 보고, 문제를 해결해 나가는 과정을 통해서 정신능력을 함양하고자 함이다. 즉, 교육의 목적은 인간 정신능력의 함양에 있는 것이다.

과학논문이나 전문적인 과학서적 읽기와 과학사 고전 읽기는 그 목적에서 다소 차이가 있지만, 읽는 방식에서는 같은 원리가 적용된다. 과학서적을 읽는 핵심적인 원리는 사물에 대한 호기심과 질문이다. 즉, 과학논문이 되었든 과학서적이 되었든 논리전개의 방식은 문제제기와 문제를 해결해 나아가는 과정이다. 질문을 던지고 그 질문에 대한 답을 찾아가는 과정이다. 예를 들면, 줄기세포를 주제로 한 과학서적이 있다고 치자. 책의 핵심적인 주제는 줄기세포란 과연 무엇인가, 줄기세포를 질병 치료에 활용할 수 있는가 등의 질문을 중심으로 시작된다. 과학서적이나 논문의 출발은 질문에 있다. 그러므로 과학논문이나 서적을 읽고자 할 때 우선적으로 파악해야 할 것은 저자가 던지고 있는 질문이다. 핵심 되는 질문이 무엇인지 아는 것이 과학서적 읽기의 첫걸음이다. 이것은 과학사의 고전 읽기에도 그대로 적용된다. 과학사의 고전은 역사상 위대한 발견이나 과학적 업적에 대한 이야기인데 대부분의 고전들이 핵심 되는 질문을 던지고, 그 질문의 답을 찾아가는 과정을 소개하고 있다. 핵심 되는 질문은 세분화된 질문들로 구성되는데 이것들은 보다 더 세분화되고 지엽적인 질문들로 이루어진다. 질문에 대한 작은 질문들의 조합은 책의 단원들과 장(章)을 구성하는 단위가 된다.

논문이나 책의 핵심 되는 질문을 파악하였다면 다음 단계에서는 그 질문에 대한 답을 찾아가는 과학적 문제해결의 논리를 이해하여야 한다. 흔히 핵심 질문이 무엇인가를 파악한 후 질문에 대한 결론을 얻고자 하는데, 실은 결론에 이르는 과학적 문제해결의 논리를 꼼꼼히 따져야 한다. 저자가 문제해결을 위해 적용한 과학적 실험방법에는 고유한 논리가 내재되어 있다. 이를 과학적 문제해결의 논리라고 할 수 있는데 독자가 가장 집중해서 살펴야 할 부분이 바로 여기에 있다. 때로는 핵심질문도 매우 탁월할 뿐만 아니라 실험결과도 획기적이어서 대단한 과학적 성과라고 생각되는 연구인데 문제해결의 논리에서 모순이 있거나 오류가 있다면 그 연구는 잘못된 연구다. 과학적 문제해결의 논리를 이해하고 과연 논리적 모순과 오류가 없는가를 살피는 것이 과학서적 읽기의 백미이다. 고전과학서적을 읽을 때는 특히 이러한 점을 주의 깊게 관찰할 필요가 있다. 고전과학서적의 경우 저자가 제시하는 가설과 가설의 입증에 상당 부분 과장이나 편견이 내포되고, 논리적 비약이나 오류들이 있기 때문이다.

마지막으로, 저자가 내린 결론을 통해서 독자는 자신만의 가설이나 논리전개로 나아가야 한다. 즉, 논문이나 과학서적을 읽은 후 독자는 한 단계 발전된 과학적 가설수립의 단계로 나아가야 한다. 설령 새로운 가설을 수립하는 단계까지는 미치지 못할지라도 자신의 과학적 사고에 무엇인가 변화와 발전이 이루어져야 한다는 것이다. 논문이나 과학서적을 읽고 저자가 내린 결론에 도달하는 것으로 읽기가 끝난다면 과학서적 읽기의 진정한 목적을 달성했다고 할 수 없다. 인문사회서적을 읽고 독자의 가슴속에 새로운 영감이 형성되고 의지에 불이 지펴지듯 과학논문과 과학서적 읽기는 자신의 과학적 사고에 변화를 가져와야 하며, 더 나아가 과학적 가설수립을 위한 불씨 역할이 되어야 한다. 보다 발전된 과학적 사고의 확장사례는 융합의 개념이다. 즉, 과학적 발견들을 서로 다른 분야의 과학적 사실들과 융합하는 작업이다. 예를 들면, 종양면역학 분야에서 새로운 종양유전자의 발견은 천연물 기능연구 분야의 종양억제 물질과 융합하여 암 전이억제기전으로 발전할 수 있다. 현대과학의 특징은 융합한 발전이다. 따라서 한 분야의 과학적 발견은 다른 분야에 응용된다. 과학서적이 전문가들을 위한 전문서적임에도 불구하고 그 분야에 관하여는 초보자나 비전문가들도 읽어야 할 이유가 여기에 있다. 현대과학에 종사하는 학자들은 이제는 자신의 전공분야가 아닌 다른 분야를 넘나들면서 다른 분야의 과학적 발견들과 지식들을 자신의 분야와 융합할 수 있어야 한다. 의학자가 공학서적을 읽어야 한다든가, 생명공학자가 통계학자의 글을 읽어야 한다는 의미는 융합을 말한다.

9. 수학서적(數學書籍) 읽기

수학서적을 읽기 전에 우리는 철학적이고 근원적인 질문을 먼저 던져야 한다. 수학이란 도대체 무엇인가? 수학의 세계는 실존하는 세계인가, 머릿속에서 그리는 이론만의 세계인가? 수학의 일부는 자연세계와 정확히 일치하게 운용되고 있는 듯하다. 즉, 숫자개념은 정확한 실용적인 응용이 가능하다. 공장에 쌓여있는 물건을 계산할 때 수학적 계산으로 산출한다. 그렇다고 할 때 수학은 자연 속의 물체와 정확하게 맞아 떨어지는 실존세계가 아니란 말인가? 그런데 또 한편으로 생각하면 반드시 그렇지만도 않다. 즉, 무리수의 개념이라든가, 0의 개념, 그 외에 많은 수학적 개념이 자연세계와는 무관하게 보인다. 어쩌면 자연세계와는 별개로 수학적 논리체계의 세계가 절대적인 원칙 아래 존재한다고도 볼 수 있다. 그렇다면, 자연세계와는 별개로 존재하는 논리체계라고 할 때 수학의 세계는 자연계와 어떤 관계가 있기에 수학의 발달이 자연과학과 문명의 발달을 가져왔는가?

수학은 B.C. 500년경까지는 실제로 수(數)의 연구였다. 이 시기의 수학은 바빌로니아와 이집트 수학이다. B.C. 500년에서 B.C. 300년경의 수학은 그리스 수학으로서 기하학이 주요 관심이었다. 그리스인들에게 수학은 모양의 연구였다. 유클리드(Euclid)의 『기하학원론』은 역사를 통틀어 성경 다음으로 많이 읽힌 책이다. 수학의 개념이 획기적으로 변화된 것은 17세기 영국에서 뉴턴(Newton)이, 그리고 독일에서는 라이프니츠(Leibniz)가 각각 독자적으로 미적분학을 발견함으로써 변화를 주도하였다. 미적분학은 본질적으로 운동과 변화의 연구이다. 지금까지의 수학은 주로 셈, 측정, 모양 기술(記述) 등의 정적인 일에 국한되었다. 그런데 운동과 변화를 다루는 기법이 도입되고 수학자들은 행성들의 운동, 지구 위의 낙하하는 물체의 운동, 기계의 작동, 유체의 흐름, 기체의 팽창, 자기력이나 전기력 같은 물리적 힘, 비행체, 동식물의 성장, 전염병의 확산, 이윤의 축적 등을 연구할 수 있었다. 뉴턴과 라이프니츠 이래 수학은 수와 모양, 그리고 운동과 변화와 공간의 연구가 되었다. 현대수학은 20세기에 이르러 가히 폭발적인 발전을 하였다. 약 100년의 세월을 두고 지식의 양적 변화가 1,000배 이상 증가하였으며, 세부적인 분야에 있어서도 약 12개 정도에서 60~70개 정도로 다양해졌다. 그러나 수학이란 무엇인가에 대한 정의(定義)가 등장한 것은 불과 최근 40년 사이이다.

수학은 인간이 창조한 산물이다. 수학은 궁극적으로 인간성 자체의 연구이다. 왜냐하면, 수학의 기반을 이루는 것들 중 어떤 것도 물리적 세계에 존재하지 않기 때문이다. 수, 점, 직선, 평면, 표면, 기하학적 도형, 함수 등은 오직 인류의 집단적 정신 속에서만 존재하는 순수 추상물이다. 수학이 인간정신의 발현이며, 인간 사고의 논리체계라고 한다면 어떻게 인간정신이라는 내적영역이 무한 광대한 우주의 원리를 규명하는 도구가 될 수 있다는 말인가? 수학이 인간의 두뇌활동에서 나온 것이라면, 수학이 갖고 있는 자연계와의 일치성을 어떻게 설명할 것인가? 이것은 인간의 오감과 인식체계의 발달이 자연현상을 중심으로 발달하였기 때문에 인간 인식론적 논리체계인 수학은 필연적으로 인간 인식론의 출발이기도 한 자연계의 현상과 일치한다는 것이다. 그렇지만, 인간인식 논리의 세계는 점차적으로 상위개념으로 진행하면서 자연현상을 초월한 형이상학적인 영역으로 발전하는데, 인간 인식논리의 산물인 수학의 논리체계 역시 자연계와는 독자적으로 영역을 확대하여 간다. 수학이 결국 인간의 두뇌 논리구조의 표현에 불과하다면 수학의 실용적인 응용이나 수학을 이용하여 우주의 원리를 해석한 아인슈타인(Einstein)의 경우는 어떻게 설명할 것인가? 아인슈타인은 이론물리학이라는 수학적 논리체계를 발전시키고 연구함으로써 우주의 신비와 원리를 밝히는데 기여하였다. 아인슈타인의 연구에 사용된 수학은 우주와는 별개로 존재하는 논리와 원리의 세계이다. 아인슈타인은 수학의 논리 속에서 우주의 원리를 밝힌 것이다. 아인슈타인은 우주의 제 자연현상 요인을 수학적 모델로 번역하고, 수학적 모델로 번역된 자연현상과 우주를 그의 이론물리학 논리체계 속에서 결론에 이르렀는데, 결론에 이른 수학적 산물을 우주와 자연계의 언어로 재번역하자 그의 연구는 상대성원리라는 빛나는 우주연구 결과로 탄생하게 된 것이다.

그렇다고 할 때 동일한 원리를 다른 분야의 자연현상에도 적용할 수 있으리라는 생각이 든다. 즉, 인체의 복잡 미묘한 생명현상을 수학적 언어로 모델링하기만 한다면, 수학자들은 자기들의 전공이자 도구인 수학의 논리, 수학의 개념으로, 수학적으로 모델링된 인체현상을 풀어나갈 수 있다. 이렇게 하여 결론에 이른 수학적 결과물을 다시 인체 현상언어로 재변환시키면 인체현상을 설명하는 새로운 이론이 등장하게 되는 것이다. 수학의 발달이 자연과학의 발달을 견인하였고, 수학의 발달이 현대문명의 탄생을 가져오게 된 이유가 바로 여기에 있다. 수학적 원리와 개념의 발달이 우주와 자연을 해석하고 숨겨진 원리들을 규명하는 열쇠가 된 것이다. 인간정신은 우주와 자연의 원리 속에서 형성된 합일체이다. 즉, 인간의 정신세계는 우주와 통일되고, 자연계의 제 현상과도 교류한다. 인간을 구성하는 물질은 자연의 일부이며 인간은 죽으면 자연인 흙으로 돌아간다. 더나아가 인간은 영적인 존재로서 하나님의 피조물이다. 따라서 인간은 그 정신의 영역에서 온 우주와 소통하며 교류하고 있는 존재이다.

인간정신의 산물인 수학과 자연계가 서로 만나는 점이 바로 패턴이다. 수학을 패턴의 과학이라고 하는 이유는 수학자들이 수와 모양의 패턴, 운동의 패턴, 행동의 패턴, 유권자 투표의 패턴, 반복되는 우연적 사건의 패턴 등을 탐구하기 때문이다. 패턴들은 실재일 수도 있고 가상일 수도 있다. 시각적일 수도 있고 정신적일 수도 있다. 산술학과 수 이론은 수의 패턴을 연구한다. 기하학은 모양의 패턴을 연구한다. 미적분학은 운동의 패턴을 연구한다. 논리학은 추론의 패턴을 연구한다. 확률 이론은 우연의 패턴을 연구한다. 위상학은 근처에 있음과 위치의 패턴을 연구한다. 그리고 이 패턴은 기호로서 표현된다. 따라서 수학은 기호로 표현되는 인간정신의 산물이다. 수학적 기호란 음악의 악보에 비유할 수 있다. 음악의 악보는 음악을 가장 효과적으로 표현하기 위한 기호이다. 그러나 악보 자체가 음악이 아니듯이 기호 자체가 수학은 아니다. 악보가 음악가에 의하여 연주되고, 노래로 들려질 때 음악이 되는 것처럼 수학적 기호 역시 정신 속에서 마치 일종의 추상적인 교향곡처럼 숨 쉬고 살아 움직인다. 수학이 어려운 이유도 바로 추상적인 기호 때문이다.

오늘날 수학서적은 기호로 넘치고 있다. 수학서적을 읽는 사람은 우선 수학적인 기호에 친숙해져야 한다. 기호는 수학의 언어이다. 수학을 음악과 언어에 비유하는 것은 매우 적절하다고 본다. 뛰어난 수학자들 중에는 음악가와 시인들이 있다. 이는 수학이 음악과 시와 같은 속성을 지녔다는 의미도 된다. 수학이 언어와 유사한 특성이 있다고 한다면, 언어를 배우듯이 수학도 배워야 한다. 언어를 배우기 위해서는 실제 말하고 듣는 훈련이 필요하다. 마찬가지로, 수학역시 기호의 의미와 상호관계를 익히는 연습이 필요하다. 언어를 공부하듯이 수학적 언어인 기호에도 어휘, 문법, 구문과 같은 것들이 있다. 기호 간의 연관성을 찾아보아야 한다. 학교에서 수학시간에 수학문제 풀이를 하는 이유는 수학의 언어들을 익히기 위한 수단이다.

10. 의학논문(醫學論文) 읽기

갈수록 의학논문을 읽고 이를 임상에 활용하는 능력이 절실하게 요구되고 있다. 근거중심의학(evidence-based-medicine)은 임상 전반에 걸쳐서 이제는 보편적인 개념으로 자리 잡아 가고 있다. 과거의 전통과 권위에 의존하는 방식은 이제 환영받지 못한다.

의학논문 읽기도 책읽기의 일반적인 원칙을 따르기 때문에 방대한 분량의 논문과 의학정보를 읽어내기 위해서는 앞에서 소개한 읽기의 방법들을 활용해야 하는 것은 물론이다. 바쁜 환자진료와 수술등의 임상의사의 업무를 수행하면서 날마다 쏟아져 나오는 의학정보를 처리하려면 속독법과 대충 읽기, 띄엄띄엄 읽기 등의 읽기 방법론을 잘 활용할 수 있어야 한다. 논문 제목과 중심문장을 훑어 읽는 방식으로 논문의 핵심적인 요지만을 파악하고 넘어가는 읽기를 잘 활용하면 자투리 시간을 이용하여 필요한 의학논문을 읽어 낼 수있다.

의학논문은 연구방법상의 질 평가를 통해서 취사선택해야 한다.

논문은 연구방법에서 그 가치가 결정된다. 따라서 연구방법을 훑어 읽어나가면서 이 논문은 어떤 종류의 연구인가, 얼마나 많은 사람을 대상으로 하였으며, 대상자 추출방식은 무엇이며, 어떤 치료를 시행 하였는가, 그리고 얼마나 오랫동안 추적조사 하였으며, 어떤 결과를 측정하였는가, 통계적 방법은 무엇인가 등을 물을 수 있는 능력을 키워야 한다. 의학논문은 의학논문만이 가지고 있는 몇 가지 특성을 이해하는 것이 중요하다. 의학논문은 연구 설계에 따라 무작위시험, 코호트 연구, 환자－대조군 연구, 단면조사 연구, 증례보고 등으로 분류된다.

(1) **무작위시험**(random controlled trials)

연구 참여자들은 무작위법을 통해서 치료군과 대조군으로 분류된다. 무작위화를 하지 않은 비교연구를 기타 대조임상시험(other controlled clinical trials)이라 한다. 무작위시험은 임상연구에서 황금표준이라고 불린다. 무작위시험은 치료나 예방에 관여하는 중재적 처치분야에 효 율적인 연구설계이다. 무작위시험의 장점은 단일변수에 대한 엄격한 평가가 이루어진다는 점과 전향적인 연구설계라는 점이다. 그러나 무 작위시험은 비용과 시간이 많이 소요되기 때문에 대상자 수가 너무 적 거나 추적기간이 짧은 경우가 많다는 단점도 고려해야 한다.

(2) **코호트 연구**(cohort study)

코호트 연구란 어떤 특정사건에 노출된 군과 그렇지 않은 군을 대상으로 특정질병의 발생이나 특정결과가 얼마나 많이 발생하는가를 보는 연구이다. 코호트란 말은 공통되는 요인을 지닌 사람들의 집단을 의미한다. 보통 무작위시험은 질병에 이환된 사람들을 대상으로 하는 반면, 코호트연구는 아직 질병에 이환되지 않았으나 향후 질병에 이환될 가능성이 있는 사람들을 대상으로 삼는다는 점을 잊지 말아야 한다. 유명한 코호트 연구가 있는데, 오스틴 힐과 리처드 돌, 리처드 페토 등이 연구한 흡연과 폐암발생과의 관련성을 규명한 연구이다. 약 4,000명의 영국 의사들을 네 개의 코호트를 나누어 전체 사망률과 원인별 사망률을 추적 조사하였다. 1964년에 출간된 중간 보고서에서 흡연과 사망률 간에는 용량-반응관계가 있음을 보여주었다. 즉, 흡연을 많이 할수록 폐암으로 사망할 확률이 높다.

(3) 환자-대조군 연구

특정 질병 또는 특정 상황의 환자군과 대조군을 선정하여 이들을 대상으로 의무기록이나 설문 등을 통하여 현 질병 상태의 원인으로 추정되는 인자의 영향을 분석한다. 코호트 연구와 같이 환자-대조군 연구에서도 질병의 원인을 찾는 데 이용된다.

(4) 단면조사 연구(cross-sectional study)

현재의 한 시점에서 설문 조사 등을 통하여 자료를 수집하는 연구이다. 예를 들면 만삭 정상 분만아의 평균 체중은 얼마인가를 보는 연구는 단면조사 연구이다. 혹은 제왕절개분만의 원인분석과 같은 연구도 단면조사 연구이다.

(5) 증례보고

한 환자의 임상경과를 이야기 형태로 서술한 기록을 증례보고라 한다. 증례보고는 주로 희귀질환이나 흔히 볼 수 없는 임상사례에 적용하는 방식인데, 두 명 이상의 증례를 보고하는 경우 증례시리즈가 된다. 증례보고는 과학적 근거가 약한 점이 있으나 증례보고의 가치와 의의를 높이 평가하는 임상의사들도 있다. 증례보고는 메타분석이나 임상시험에 비해서 시간과 노력이 적게 든다는 장점이 있으며, 비의료인들도 증례보고를 통해서 정보를 얻을 수 있다는 유익이 있다.

(6) 메타분석(meta analysis)

흔히 다른 논문을 요약한 논문을 메타분석이라 한다. 의학연구에서 특정한 한 가지 주제에 대한 연구결과물만 세어 보더라도 수십 편에서 수백 편에 이르는 관련 논문들이 있다. 이들 논문들을 개별적으로 읽고 최선의 치료법을 결정한다는 것은 어렵고 객관성이 떨어지는 일이다. 이러한 여러 논문의 연구결과들을 과학적이고 객관적인 방법으로 분석하는 일이 메타분석이다. 즉, 특정한 연구주제에 대해 수행된 여러 독립적인 연구결과들을 종합하는 방법이다. 메타분석의 장점은 여러 가지를 들 수 있다. 한 편의 논문만으로는 객관성 있고 신뢰성 있는 결론을 내릴 수 없지만 메타분석을 통해서 객관적이고 안정된 결론에 도달할 수 있다. 또한 여러 연구결과들을 종합하여 과학적으로 분석함으로써 연구결과를 일반화시킬 수 있다.

메타분석을 체계적 분석(systematic review)이라고도 하며, 체계적 분석과 대조되는 개념으로서 이야기체적 분석(narrative review)이 있다. 이는 특정 주제와 관련한 논문들에 대한 주관적인 분석을 말한다. 여전히 많은 분석논문들이 이야기체적 혹은 기사체적(journalistic) 양식으로 쓰이고 있으며, 심지어는 노벨화학상 수상자인 라이너스 폴링(Linus Pauling)조차도 비타민 C에 관한 자신의 이론을 증명하기 위하여 의학논문을 선택적으로 인용하였다는 비판을 받고 있다. 체계적 분석이란 우선 연구목표와 연구대상, 그리고 연구방법에 대하여 명확히 언급할 뿐 아니라 재현 가능한 방법을 사용하는 것을 말한다.

무작위화시험의 체계적 분석을 위한 방법은 다음과 같다. ㉠ 무작위시험에 대한 분석목적을 언급하고 선택기준을 제시한다. ㉡ 선택기준에 적합해 보이는 임상시험을 검색한다. ㉢ 파악한 각 임상시험의 특징을 표로 만들고 방법론상의 질을 평가한다. ㉣ 선택기준을 적용하고 제외된 임상시험의 경우, 정당한 이유를 제시한다. ㉤ 가능하면 원 연구자의 도움을 받아 이용 가능한 최대한 완벽한 자료를 종합한다. ㉥ 가능하면 메타분석을 이용하여 선택된 무작위시험들의 결과를 분석한다. ㉦ 가능하면 다른 분석방법의 결과와 비교한다. ㉧ 분석의 핵심요약, 목적에 대한 언급, 대상 및 방법의 서술, 결과보고를 준비한다.

(7) 코크란 연합(cochrane collaboration)

대표적인 메타분석을 주도하는 그룹으로 코크란 연합이 있다. 이곳에서는 새로운 근거를 정기적으로 갱신하면서 가장 지속적이고 유용한 체계적 분석, 곧 메타분석을 진행하고 있다. 아치 코크란(Archie Cochrane)은 1938년, 의학도로서 근거중심의학의 개념을 역설한 바 있으며 국제적인 임상시험 레지스터를 제창한 역학자이다. 의학저널 <Cochrane Library>가 1972년, 아치 코크런의 논문 「Cochrane's Effectiveness and Efficiency: random reflections on health services」을 발표함으로써 그 필요성이 제기되었다. 1992년 영국에서 The Cochrane Centre가 설립되어 Cochrane Controlled Trials Register와 주산기 분야 소그룹들이 등록되었다. <Cochrane Library>는 Cochrane Database of Systematic Review, Cochrane Central Register of ControlLed Trials(Central)를 가지고 있다. 발표된 논문들은 국제적인 네트워크인 코크란 연합의 회원들에 의해서 코크런 데이터베이스에 등록된다.

글쓰기의 이해

제1장 지식생산의 글쓰기란?

최재천 교수는 인생을 살아보니 모든 일의 성패가 글쓰기에서 좌우된다고 하였다. 현대사회에서 글쓰기가 필요 없는 분야란 찾아볼 수 없다. 고도의 정신과 지식, 사고능력을 요하는 전문분야로 갈수록 글쓰기능력을 필요로 한다. 글쓰기가 현대사회의 전문성과 경쟁력을 좌우한다. 과학자나 이공계는 글쓰기가 별로 중요하지 않다고 생각하는데, 과학 글쓰기의 중요성은 갈수록 커지고 있다. 정치가는 각종 연설과 사회활동에서 글쓰기를 피할 수 없다. 의사는 환자의 증상과 치료경과를 글쓰기로 남겨야 한다. 기록이 없는 의료행위는 인정받지 못하기 때문이다. 어떤 분야에서 출중한 역량을 발휘하며 영향력을 나타내는 사람일수록 글쓰기의 중요성을 알고 있다.

그렇다면, 도대체 글쓰기란 무엇인가? 유치원에서 아이들이 글을 배우느라 괴발개발 쓰는 것도 글쓰기고, 대학에서 교수가 논문을 쓰는 것도 글쓰기다. 글쓰기는 매일 매일의 생활에서 말과 함께 의사소통의 수단으로 쓰이고 있으며, 학생은 학습의 방편으로 글쓰기 하며, 정치가는 연설문을 작성하고 법관은 판결문을 쓰며, 변리사는 특허출원을, 작가는 작품 활동을 위해 글쓰기를 한다. 이렇게 글쓰기는 우리의 삶의 현장에서 숨 쉬며 살아가듯이 늘 곁에 있는 것이다. 이처럼 저자가 글쓰기라고 정의하는 행위란 상당히 다양한 측면을 보이고 있다.

첫 번째로 소설가나 평론가는 평생 글 쓰는 일을 업(業)으로 삼고 있고 저술가나 문필가 등은 글쓰기로 생계를 유지한다. 글쓰기를 필생의 과업으로 여기면서 살아가는 사람들에게는 글쓰기가 특별하다. 글쓰기가 삶이요, 노동이며, 기쁨이고 고통이다.

두 번째로 글쓰기가 삶의 전부라고 할 수는 없으나, 일을 하는 과정에서 필연적으로 글쓰기를 해야 하는 부류도 있다. 교수들은 글쓰기가 업은 아니지만 아무튼 많은 글을 쓴다. 논문을 쓰고, 전공 분야의 책을 써낸다. 기자들 역시 글쓰기가 업은 아니다. 기자들의 사명은 사건을 취재하는 일이다. 기자의 업무를 수행하는 과정에서 글쓰기가 절대적으로 중요한 일이 된 것이지 글쓰기가 첫 번째 임무는 아니다. 자신의 일을 잘 수행하려면 글을 잘 써야 하는 입장이 된 것뿐이다.

글쓰기와 관련하여 세 번째 그룹은 첫 번째와 두 번째를 제외한 나머지 부류이다. 이들은 글쓰기를 업으로 삼고 있지도 않으며, 그렇다고 글쓰기가 자신들의 업무에 불가피하게 필요한 업무상 활동도 아니다. 그저 일상생활에서 말과 글이 소통의 창구이며, 필요한 도구이기 때문에 글쓰기 하는 경우이다. 이 부류에 속한 사람들은 때에 따라서는 수필이나 시를 쓸 수도 있고, 과제용 리포트나 에세이를 작성하기도 한다. 그렇지만, 글쓰기를 전문적으로 하거나, 자신의 일과 비즈니스를 수행하기 위한 수단으로 글쓰기 하는 것은 아니다.

저자가 이 책에서 말하고자 하는 글쓰기는 과연 어느 부류에 속한 글쓰기인가? 글쓰기는 치열한 지적활동이다. 글쓰기를 업으로 하는 사람들이 토로하는 글쓰기의 고통과 어려움은 글쓰기가 얼마나 힘든 작업인가를 말해준다. 『조선 지식인의 글쓰기 노트』에 소개된 글쓰기의 어려움은 섬뜩하기까지 하다. '주흥사가 하룻밤 사이에 『천자문』을 만들었는데, 수염과 머리카락이 온통 새하얘지고, 집에 돌아와서는 두 눈의 시력을 잃고, 죽을 때까지 마음을 제대로 가누지 못했다고 한다. 사령운은 반나절 동안 시 100편을 지었는데, 갑자기 이 열두 개가 빠졌다. 또한 맹호연은 고민하면서 시를 짓다가 눈썹이 모두 떨어져나갔다. 그리고 위상은 『초사』 일곱 권을 저술하고 나서는 심장의 피가 모두 말라 끝내 죽고 말았다.'

글쓰기가 육체의 노동인 동시에 정신의 노동이다 보니 가벼운 마음으로 여가와 놀이로 할 수 있는 일이 아니다. 글을 써야만 하는 마음의 간절한 소원과 열망이 있어야 할 수 있는 작업이다. 또, 한두 번 시도하다가 글쓰기의 어려움 앞에서 쉽게 포기하는 것도 글을 쓰는 자세가 아니다. 지속성과 끈기를 가지고 시간과 열정을 쏟아야 하는 일이다. 한마디로 글쓰기에 대한 부르심, 소명(召命)이 있어야만 이 일에 자신의 삶과 시간을 바칠 수 있다. 그러나 글쓰기가 저술가나 문필가처럼 글쓰기에 부르심이 있는 사람들의 글쓰기만을 의미한다면 글쓰기는 더 이상 인간본성의 자유를 추구하는 행위라고 할 수 없을 것이다. 글쓰기는 모든 사람들이 누릴 수 있는 인간성의 회복이자 인간지성의 자유이다. 누구든지 글쓰기를 통해서 자신의 정신세계를 펼칠 수 있다. 누구든지 인간본연의 창조성을 표출할 수 있다. 누구든지 시와 소설과 같은 문학작품에 도전할 수 있으며, 적절한 훈련과 의지만 있으면 모든 사람은 작가가 될 수 있다. 굳이 작가가 아닐지라도 인생의 경이로운 순간과 사건들을 작가적 상상력으로 글쓰기 한 사례들이 얼마든지 있다.

　그러므로 이 책에서 다루고자 하는 글쓰기란 진리를 추구하고 인간본성의 자유에 이르고자 하는 이들의 글쓰기를 말한다. 그들의 글이 논문이 되었든, 기행문이 되었든, 아니면 보고서나 단편소설이 되었든 글쓰기의 지난한 작업을 통해 도달하게 될 진리의 빛나는 언덕, 인간본성의 자유를 향한 진지한 열망으로 가득한 일이라면 글쓰기의 정의로서 부끄러움이 없을 것이다. 무릇 글쓰기를 통해서 진리를 발견하고, 자유를 추구하며, 지혜에 도달하는 일들은 무엇인가 생산적이고 창조적인 활동이다. 즉, 생산적 글쓰기, 창조적 글쓰기다. 한마디로 지식생산의 글쓰기다. 지식을 생산하는 행위로는 책을 내거나, 논문을 쓰는 것, 문학작품을 쓰는 글쓰기가 있다. 반면에 편지나 이메일로 의견을 교환하고, 청첩장을 보내고, 제품설명서를 작성하는 일들은 실용적인 목적을 지닌 실용글쓰기다. 우리가 이 책에서 집중적으로 다루고자 하는 글쓰기는 지식생산의 글쓰기다. 지식생산의 글쓰기는 인간생활의 개선과 발전에 궁극적이 목적이 있다. 즉, 문제해결을 위한 글쓰기다. 또한 지식생산의 글쓰기는 창조적인 글쓰기며 전문가적인 글쓰기라고 할 수 있다.

　글쓰기가 지식을 생산한다는 의미는 무엇인가? 린다 플라워는 『글쓰기의 문제해결전략』에서 지식을 표상되지 않은 "앎(knowing)"

과 글로 표상된 지식으로 구분하였다. 우리는 살아가면서 말이나 글로 표현하기 어렵지만, 알고는 있는 무엇이 있다. 예를 들자면, 나는 산부인과 의사로서 산모의 분만을 도울 때 흡입기(vacuum)를 언제 사용할지 느낌으로 알고 있다. 그러나 흡입기를 사용하는 정확한 시간이나 상황에 대해서는 정확하게 묘사하기가 어렵다. 내가 흡입기를 사용하는 경우는 태아의 머리가 어느 정도 내려왔는지 감각으로 결정한다. 글쓰기는 바로 이러한 암묵적이고 감각적인 앎을 글로 표상하는 행위로 새로운 지식을 구축하는 작업이다. 지식생산이란 바로 글로 표상하는 행위자체를 두고 하는 말이다. 더 나아가 글쓰기가 지식생산 활동이라 함은 글쓰기 과정에서 생성되는 아이디어의 발전과 전개를 두고 하는 말이기도 하다. 글쓰기 과정은 스토리의 신경망(neural network) 회로구축을 통해서 이루어지는 작업이다. 다음 글은 필자가 제대혈 간엽줄기세포를 이용한 응급임상시험을 하게 된 배경을 설명한 글로, 글쓰기가 신경망 회로 속에서 새로운 아이디어를 생산하는 과정임을 알 수 있다.

꿈을 향한 도전

슈퍼맨 "크리스토퍼 리브"의 갑작스러운 타계 소식을 접하던 무렵 우리는 그렇게 기다려 왔던 임상시험 시술을 하였다. 그러니까 지난 10월 12일, 그 날은 척수손상에 대한 제대혈 줄기세포 이식이 처음 이루어지던 역사적인 순간이었다. 수술팀이 무사히 이식수술을 마치고, 함께 식사를 하러 나가면서 우리는 크리스토퍼 리브의 죽음을 못내 애석해 하였다.
현대의학의 눈부신 발전에도 불구하고, 척수손상은 여전히 뽀쪽한 치료방법이 없는 불치 혹은 난치의 질환으로 남아있다. 척수신경 재생에 관한 연구가 세계 각국에서 불철주야 이루어지고 있으나 아직 이렇다 할 연구결과가 나오지 않은 실정이다. 이러한 난공불락의 영역에 줄기세포는 한 줄기 희망의 빛을 던지며 수많은 척수장애인들과 연구자들에게 다가온 것이다.

필자가 처음 척수손상에 대한 줄기세포의 치료 가능성에 눈을 뜨게 된 것은 2002년 1월이었다. 대학병원에서 산부인과를 전공으로 하는 임상교수, 더욱이 산과학을 담당하는 터라 탯줄혈액에 대한 애착은 일찍부터 가지고 있었다. 그래서 대학병원에 탯줄은행을 만들고자 힘을 모으려 했으나 당시로써는 역부족이었다. 장비며 시설도 문제였고, 인력과 기술은 더욱 문제였다. 그런데 기회가 찾아왔다. 같은 대학의 해부학 교수님 한 분이 미국에서 척수손상에 대한 줄기세포연구를 하고 돌아온 것이다. 나는 그분이 귀국하자마자 공동연구를 제안하였고, 탯줄혈액으로부터 단핵세포를 추출하는 역할을 맡게 되었다. 그 후 1년 동안의 연구에서 우리는 사람의 탯줄혈액에서 유래한 단핵세포가 손상된 쥐 척수에 가서 착상할 뿐 아니라 운동능력의 회복에 있어서도 효과가 있다는 결론을 얻었다. 척수손상 쥐를 대상으로 한 연구에서 탯줄줄기세포의 척수신경 재생능력에 대한 가능성을 확인한 후 우리는 사람의 척수손상에 대한 연구에 도전하였다.

탯줄혈액에서 추출한 단핵세포가 손상된 척수신경의 재생에 관여한다면 이는 탯줄혈액 내에 줄기세포가 존재한다는 말인데, 문제는 탯줄혈액으로부터 줄기세포를 추출하여 필요한 양만큼 증폭시키는 기술이 관건이었다. 사람의 척수손상에 대한 연구를 시작한 2003년 3월경만 하더라도 아직 탯줄혈액으로부터 간엽 줄기세포를 분리하였다는 연구보고가 희귀하였던 때였다. 그러나 다행히 산학협동연구를 체결한 (주)히스토스템 연구팀에서는 2003년 중순부터 성공적으로 간엽줄기세포를 확립하기 시작하였다. 드디어 2003년 추석이 다가오던 어느 날, 임상시험을 추진하였다. 그런데 난관에 부딪쳤다. 병원 내 임상시험윤리위원회의 승인도 어려웠지만, 안전성검사, 유효성 및 독성 검사 등의 전 임상 연구를 거친 후 식약청의 승인을 얻어야만 임상연구에 들어갈 수 있다는 사실을 알았다. 임상시험이라 하는 것이 그토록 많은 시간이 소요되며 어렵고 복잡할 줄은 미처 몰랐던 것이다. 나는 임상시험의 거대한 장벽 앞에서 좌절을 맛보았다. 설상가상으로 탯줄줄기세포의 임상시험이 사회적인 문제가 되고, 불법 임상시험을 했다느니 하는 신문기사에 병원의 이름이 오르내렸다. 임상시험에 자원한 다섯 분의 후보자들은 기약 없는 기다림 속에 머물러야 했다. …… (중략) ……

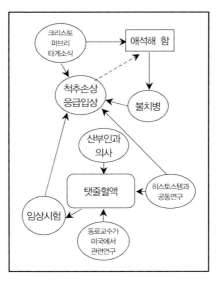

<**그림** 2-1> 이야기의 신경망 회로

<그림 2-1>은 위 글에 대한 신경망 회로를 나타낸 것이다. 글쓰기는 신경망 회로를 따라서 서로 얽혀진 스토리를 전개하는 작업이다. 그런데 이러한 연결망은 새로운 연결망을 형성한다. 예를 들면, 글쓰기 과정에서 탯줄혈액과 불치병과의 새로운 네트워크를 만들어 낼 수 있으며, 탯줄혈액과 응급임상시험의 네트워크를 만들어 낼 수 있다. 또한, 인지신경망의 회로는 왜 하필 탯줄혈액인가라는 질문을 던질 수 있으며, 탯줄혈액을 환자 자신이 쓰고자 하면 자가혈인데 임상시험이 필요한가라는 현실적인 의문을 제기할 수도 있다. 그런데 이러한 회로망의 새로운 연결과 파생으로부터 신생되는 아이디어들은 지식 그 자체가 된다. 이렇게 신경망 회로에서 새로운 연결망(network)을 형성하는 가운데 아이디어는 생산되고, 발전되며, 융합과 통합, 재구성을 이루게 된다. 새로운 지식생산이라는 의미는

글쓰기가 신경망 회로의 형성과 신생의 과정이라는 것이다. 지식생산의 글쓰기란 글쓰기가 이처럼 인간의 인지작용을 근거로 이루어지는 활발한 인지학습 활동으로서 글쓰기 과정에서 지식의 확장과 전개, 신생과정이 일어나는 것을 말한다. <그림 2-2>는 지식생산의 글쓰기가 내포하고 있는 몇 가지 인지심리학적 특성을 설명하고 있다.

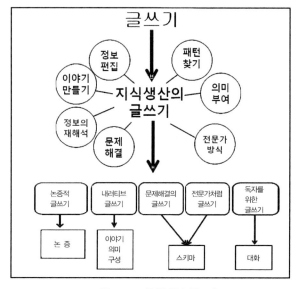

<그림 2-2> 지식생산의 글쓰기

제2장 글쓰기의 인지심리학적 배경

글쓰기란 21세기에 없어서는 안 될 생존역량이자 문화 창조의 수단이 된다. 21세기는 지식과 아이디어와 같은 내적인 사유역량이 빛을 발하는 시대이다. 정보와 지식이 세계를 지배하는 힘이 되고 있다. 인간은 유일하게 정보와 지식, 지혜를 활용할 줄 아는 존재이다. 이것을 문화 창조의 능력이라고 한다. 문화란 무엇인가? 정신적인 가치체계이다. 예를 들면, 억압과 폭력으로부터 자유를 갈망하고 저항할 줄 아는 것은 인간이 자유의 가치를 알기 때문이다. 인간은 진리를 추구하고, 평화와 정의를 사랑하며, 빈곤으로부터의 해방, 억압으로부터의 자유를 갈망하는 존재이다. 문화란 이런 정신적 가치의 실현이다. 그리고 인간은 끊임없이 문화를 창조해 나아가는 존재이다. 글쓰기는 바로 문화창조의 힘이다. 역사상 전제군주들이 작가들과 저술가들을 통제하고 억압한 이유는 그들이 문화창조의 동력이 되었기 때문이다. 구 소련에서 솔제니친은 글쓰기를 통해 자유와 인간의 가치를 표현하였다. 미국 노예해방을 다룬 스토(Stowe)부인의 『톰 아저씨의 오두막집』은 수많은 사람들에게 노예들의 비참한 삶을 돌아보도록 하였다. 한 편의 소설이 노예해방이라는 문화와 역사 발전의 힘이 된 것이다. 우리나라가 일제강점하에서 식민지 국가의 설움을 당하고 있을 때, 민족의 선각자들은 교육으로 민족혼을 일깨우고자 하였다. 그것은 바로 글이었다. 그들은 문학작품으로 민족문화를 일깨웠으며, 서재필과 이승만은 신문과 잡지를 발간하여 글을 써 민족혼을 일깨웠다. 중세 가톨릭교회의 부패와 타락은 종교개혁을 불러왔다. 이때 종교개혁의 불을 지핀 것은 루터가 쓴 95개 조항의 글이었다. 또한 칼빈(Calvin)은 『기독교 강요』를 집필하여 종교개혁의 핵심적인 역할을 하였다. 그러므로 글을 잘 쓴다는 것은 인류 문화가 활발히 꽃을 피운다는 말이다. 글을 쓴다는 것은 문화를 창조한다는 말이다. 과거에는 석탄이나 지하자원 같은 자원이나 자본이 경쟁력이고, 힘인 시대가 있었지만, 오늘날은 내적자산인 지식과 지혜를 더 소중히 여긴다. 우리나라와 같이 사람이 자원이고, 두뇌가 자원이 나라에서 내적자산인 지식과 지혜를 퍼 올리는 글쓰기의 중요성은 이루 말할 수 없다. 글쓰기는 21세기 생존 역량으로서 가장 중요한 문화 창조의 도구가 되고 있다.

　문화를 창조하고 발전시키는 일은 인간만이 가능하다. 즉, 인간만이 기술을 발전시키고, 사상을 전개하며, 과학문명을 창조하는 존재이다. 인간은 생각하고 배우는 동물이다. 인간은 생각하고 배움으로써 인생의 모든 문제를 해결해 나가는 존재이다. 인간만이 생각하고 깨닫고 배우며 지식을 생산한다. 인류의 역사, 문화, 과학기술의 발달은 생각하고 배우는 인지활동의 소산이다. 인간의 인지능력은 우주와 만물, 세계와 인간본성을 연구하고 새로운 사실을 밝혀내며 문화를 창조하였다. 인간이 만물의 영장이라 함은 인간이 끊임없이 인지활동을 하는 존재이기 때문이다. 만약 인간이 더 이상 생각하지 않고, 깨닫고 배우지 않으며, 새로운 지식과 문화를 창조하지 않는다면 인류는 자연세계의 도전과 인류가 직면한 문제들 앞에서 생존할 수 없을 것이다. 생각하고 배우고 깨닫고 지식을 생산하고 문화를 창조하는 인지능력이야말로 인류가 필요로 하는 가장 절실한 생존능력이다. 이러한 인지능력은 개인에게는 작은 문제에서부터 큰 문제에 이르기까지 문제해결의 방식이다. 글쓰기는 가장 중심 되는 인간의 인지활동으로 그 자체로 개인과 사회와 인류의 삶을 유지하고 발전시키며 주도하는 생존의 핵심적인 축이라고 할 수 있다. 인간은 다른 동물과는 달리 생각하는 힘, 깨닫고 배우는 능력에 의해 생존할 수 있었다. 생각하고 배우는 능력, 다시 말해서 인지능력이 바로 생존능력이며 경쟁력이다. 인간은 인지능력의 개발 없이는 어떤 분야에서도 뛰어난 업적을 이룰 수 없다. 인지능력의 개발은 과학, 기술, 인문, 사회, 경제, 경영, 의료 등 모든 분야에서 가장 중요한 요건이 되고 있다. MIT 공대를 비롯하여 세계 굴지의 대학들에서 글쓰기 교육에 심혈을 기울이는 이유는 글쓰기 능력, 곧 인지능력을 함양하기 위해서다.

글쓰기란 인간의 사유체계를 발전시키는 인지활동이다. 글쓰기는 사고내용을 문장으로 표현하는 행위이다. 글쓰기를 통해 단편적인 의식은 서로 연관을 맺으며 체계화된다. 글쓰기란 사유하지 않으면 할 수 없다. 글쓰기란 이미 발견되거나 알려진 진리에 관한 것을 전달하는 통로가 아니라 새로운 것을 창조하는 작업이다. 지식생산의 글쓰기란 글쓰기의 이런 특성을 표현한 말이다.

1. 글쓰기란 정보의 편집 과정이다

지식생산의 글쓰기란 생각을 명료하게 정리하고, 생각을 발전시키고, 새로운 생각을 만들어 내어 지식을 재구성하는 글쓰기다. 지식생산에 있어서 정보의 처리능력은 가장 중요하다. 즉, 지식생산에서 정보의 편집능력이 절대적으로 중요하다. 흩어져 있는 정보를 수집하고 조사하여, 나에게 필요한 지식으로 재구성하는 작업을 편집이라고 한다. 따라서 편집능력은 지식생산의 글쓰기가 요구하는 역량이다. 정보의 편집은 한 편의 글을 쓰는 과정에서 반드시 거치게 된다. 편집이란 단순한 정보나 사실의 열거가 아니라 정보와 사실을 재료로 하여 이를 해석하고, 정보와 정보, 사실과 사실을 연결시켜 이를 큰 틀의 개념으로 구성하는 것이다. 21세기에 들어와서 사회는 커다란 재편집 시대를 맞이하고 있다. 세계는 끊임없이 지식의 재배열, 곧 편집에 의해서 패러다임의 변화를 맞이하게 된다. 흩어져 있는 넘쳐나는 정보를 조직화하고, 개념화해서 필요한 지식으로 생산하는 활동이 바로 정보의 편집이다. 정보의 편집에 의해서 출현한 새로운 지식은 세상을 변화시키는 힘이 된다. 예를 들어, 여기 여러 조각으로 흩어지고 뒤섞여있는 정보들이 있다고 가정하자. 이 정보의 조각들은 아무런 관련성이 없어 보이는 서로 다른 정보들과 함께 무질서하게 존재하고 있다. 그런데 여기서 무엇인가 의미 있고, 메시지를 담고 있으며, 자연과 세계에 대한 설명을 제공하는 일련의 정보군(情報群)을 발견한다. 의미 있는 이야기의 소재가 되는 정보조각들만을 골라서 이를 연결하고 조직하게 되면 지금까지는 진흙 속에 묻혀있던 진주와 같이 보이지 않았던 빛나는 진리가 비로소 모습을 드러내게 되는 것이다. 이것을 정보의 편집이라고 하며, 이야기의 발견, 혹은 패턴의 발굴이라고도 할 수 있다. 이러한 정보의 편집, 이야기의 발견, 패턴의 발굴은 궁극적으로 시대와 사회가 직면하고 있는 문제해결의 열쇠를 제공한다.

그런데 이야기나 패턴은 자연계와 인간 역사에 숨겨져 있던 진리의 단편들이다. 그것이 진리의 형상을 지녔기 때문에 발견되는 것이다. 편집이란 이와 같이 자연계와 우주, 그리고 인간의 사고 속에 내재된 일정한 질서라고 할 수 있다. 즉, 편집은 그 자체의 내부 구조를 지니고 있다. 임으로 짜 맞추는 것이 편집이 아니라, 정보를 조직하는 일정한 코스 혹은 구조의 틀이 있다는 것이다. 편집을 유도하는 틀이 존재한다는 것인데, 이 틀은 자연계에 존재하며, 인간의 사고체계, 논리체계 속에 존재한다. 아인슈타인은 이론물리학자로서 상대성 이론을 발견하였다. 하지만 아인슈타인은 우주선을 타고 우주여행을 한 끝에 상대성 이론을 발표한 것이 아니다. 어떻게 책상 앞에서 앉아 종이와 펜으로 완성 시킨 수학적 이론이 우주의 존재양식을 설명하는 이론이 될 수 있다는 말인가? 인간의 유전정보를 조직하는 염색체의 염기서열은 일종의 정보 편집체계이다. 인간의 유전자 염기서열을 창조한 분이 우주를 창조하셨다. 따라서 수학 이론과 우주의 존재법칙은 서로 상응하는 관계를 보이게 된다. 이상에서 설명하고 있는 바는 편집이란 인간과 우주의 창조원리에 의해 존재하는 질서라는 사실이다. 다산 정약용은 뛰어난 저술가로서 지식생산의 글쓰기를 한 인물이다. 그는 수많은 저술을 통해 한 시대의 지식생산에 지대한 역할을 하였다. 다산의 지식생산 활동은 주로 정보의 편집과 재구성으로 이루어졌다. 컴퓨터도 없는 시대에 다산이 어떻게 그 많은 정보에 접속할 수 있었으며, 정보의 편집과 재구성이라는 정보처리에 뛰어난 역량을 발휘할 수 있었는지 불가사의하다. 하지만 편집 이론에 의하면 다산이 이룩한 업적은 그가 저술한 책의 양에 있는 것이 아니라 그가 발견한 편집체계였음을 알 수 있다.

2. 글쓰기는 조사 및 문서작성의 능력이다

『도쿄대생은 바보가 되었는가』의 저자 다치바나 다카시는 1996년부터 3년에 걸쳐서 도쿄대학에 다치바나 세미나를 열었는데, 세미나의 타이틀을 '조사, 문서작성'이라고 정했다. 그는 타이틀에 대해서 의아해 하는 교수들에게 '조사, 문서작성'의 중요성을 다음과 같이 말했다.

'조사, 문서작성'을 타이틀로 삼은 이유는 대부분의 학생에게 조사하는 것과 글을 쓰는 것이 앞으로의 생활에서 가장 중요하게 여겨질 지적 능력이기 때문이다. 조사하고 글을 쓰는 것은 이제 나 같은 저널리스트에게만 필요한 능력이 아니다. 현대 사회의 거의 모든 지적 직업에서 일생동안 필요한 능력이다. 저널리스트든 관료든 비즈니스맨이든 연구직, 법률직, 교육직 등의 지적 노동자든, 대학을 나온 이후에 활동하게 되는 대부분의 직업생활에서 상당한 부분이 조사하는 것과 글을 쓰는데 할애될 것이다. 근대사회는 모든 측면에서 기본적으로 문서화시키는 것으로 조직되어 있기 때문이다. 인재를 동원하고 조직을 활용하고 사회를 움직일 생각이라면 좋은 문장을 쓸 줄 알아야 한다. 좋은 문장이란 명문만을 가리키는 것은 아니다. 멋진 글이 아니라도 상관없지만, 전달하는 사람의 뜻을 분명하게 이해시킬 수 있는 문장이어야 한다. 문장을 쓴다는 것은 무엇인가를 전달한다는 것이다. 따라서 자신이 전달하려는 내용이 그 문장을 읽는 사람에게 분명하게 전달되어야 한다. 조사하고 글을 쓴다는 것은 그렇게 중요한 기술이지만, 그것을 오늘날 대학교육에서 조직적으로 가르치는 장면은 보기 힘들다. 이것은 대학교육의 거대한 결함이라고 말하지 않을 수 없다.[22]

3. 글쓰기란 텍스트의 재해석 작업이다

읽기의 인지심리학적 이론에서 우리는 읽기가 단순히 저자의 생각을 받아들이는 피동적 인지활동이 아니라는 사실을 살펴보았다. 읽기란 저자와 키 높이를 경쟁하면서, 적극적으로 독자 스스로의 주장과 생각을 펼치는 창조적 활동이다. 읽기를 통해서 독자는 자신의 생각을 확장시키고, 새롭게 만들어 가며, 기존의 생각을 변형 발전시킨다. 그런데 쓰기는 읽기보다 더욱 적극적인 인지활동으로, 자신의 생각을 글로 표현하는 작업이다. 쓰기는 일종의 창작행위이다. 인간은 선천적으로 내면에 잠재되어 있는 독창적인 이야기와 상상력을 지닌 존재이다. 사람들 속에는 누구와도 동일하지 않은 독창적인 이야기와 상상력이 있다. 책을 읽는다는 것은 저자의 생각을 통

---

22) 다치바나 다카시 지음, 이정환 역, 『도쿄대생은 바보가 되었는가?』, 청어람미디어.

해서 독자 자신의 이야기를 만들어 가고, 확장시키며, 새로운 해석을 시도하는 과정이다. 즉, 텍스트를 재해석하는 과정이 읽기이다. 김종일은 『삶으로써의 읽기와 쓰기』에서 '작품'과 '텍스트'를 구분하고 있다. '작품'은 예술을 권위주의적으로 읽을 때 파악되는 덩어리를 말한다. 작품해석은 한 가지 의미로 닫혀 질 수밖에 없다. 그러나 '텍스트'는 상징적이다. 작품은 소비가 최종 목표이지만, 텍스트는 창조됨이 최종 목표다. 김종일은 작품이 텍스트로써 가치변화가 필요하다고 주장하였다. 좋은 저자는 독자가 스스로 생각하고 독자의 상상력과 창의성을 발전시키도록 하는 저자이다. 저자가 독자로 하여금 숨 쉴 여유도 주지 않고, 독자 스스로 생각할 수 있는 여지를 남겨두지 않는다면 좋은 저자라고 할 수 없다. 좋은 저자는 독자에게도 텍스트해석의 기회를 제공한다. 바르트(Barthes)는 저자가 독자에게 줄 수 있는 가장 큰 선물은 독자를 좋은 작가로 만들어 주는 것이라고 하였다. 독자를 그저 읽기에 멈추게 하는 것이 아니라 읽기를 넘어 창조의 단계로 이끌어야 한다.

4. 글쓰기란 스토리 생산 능력이다

브루너는 인간에게는 두 가지 사고방식이 있다고 했는데, 내러티브 방식과 패러다임적 방식이 그것이다. 패러다임적 사고방식은 논리적, 과학적 사고방식인 반면에 내러티브 방식이란 이야기를 근거로 하는 사고이다. 인간은 삶의 현장에서 과학적이고 분절적인 방식으로 사고하고 삶을 영위하는 것이 아니라, 종합적이고 총체적인 삶자체를 영위하는 존재이다. 패러다임적 사고방식이 효과적인 영역이 있지만, 모든 인간의 삶과 역사를 논리적, 분절적, 과학적 사고만으로 설명하기에는 어려운 부분이 있다. 내러티브는 패러다임적 사고방식과 함께 인간의 삶과 역사, 문화를 채워주는 중요한 사고체계이다. 터너는 『The Literary Mind』에서 인지과학의 중심주제가 사실상 문학적 마음의 문제라는 점을 언급하였고, 이야기가 마음의 기본원리라고 하였다. 이미 1930년대 바틀릿은 마음이 이야기 스키마에 의해 의미를 찾아간다고 하였다. 인지심리학은 인간의 일차적인 인지구조가 이야기며, 이차적인 인지구조가 논리라고 말한다. 이야기를 창조하고 확장하는 일은 인간의 인지활동 중 가장 근원적인 형태라는 것이다. 즉, 사고의 원래형태는 이야기 패턴이다. 이야기는 인지의 기본구조이며, 인간은 모든 정보처리에 있어서 이야기 구조에 맞게 구성하고 처리하는 성향이 있다. 우리말에 '말이 된다'는 표현이 있다. 즉, 상대방과의 대화에서든 혹자만의 독백이든 그것이 '말이 된다'고 느낀다는 것은 무엇인가 이야기의 기본구조에 들어맞는다는 의미이다.

마쓰오카 세이고는 『知의 편집공학』에서 이야기의 구조가 편집을 이끌어내는 근원이라고 하였다. 이야기는 서로 비슷한 형태의 구조를 갖고 있다. 예를 들면, 『홍길동전』은 한국전래 문학이지만, 이러한 이야기 구조를 지닌 문학작품은 전 세계적으로 많이 발견된다는 것이다. 그리고 한 이야기의 원래적인 모형을 이야기 원형(mother story)이라고 하였다. 사람들은 이야기의 원형을 모델로 하여 비슷한 이야기들을 만들어 낸다. 이야기의 원형은 어디서 오는 것일까? 인간의 두뇌 속에는 신경회로가 있어서 이야기의 회로가 작동한다. 이야기의 회로를 따라서 어린아이들은 말하는 법을 터득한다. 이야기의 회로를 따라서 정보를 편집한다. 이야기를 통해서 추구하는 바가 무엇인가? 역사(history)란 이야기다. 인간의 삶이란 이야기의 모음이다. 인간은 끊임없이 이야기를 만들어 냄으로써 그 이야기에 의해서 나와 다른 사람, 세상과 우주를 이해하고 의미를 찾아가는 존재이다. 그래서 사람들은 이야기를 찾아가며, 이야기에 매료된다. 이야기를 갈급해한다. 이야기는 미래사회를 지배하는 문화의 축이다. 이야기가 있는 사람이 미래를 지배한다. 자신만의 이야기를 가진 사람이 미래사회를 이끌어 갈 것이다. 과학과 이야기가 만나서 영화 산업과 게임 산업을 낳았다. 디자인과 이야기가 만나면 광고가 된다. 음(音)과 이야기가 만나면 팝(pop)이 된다. 이야기가 있는 기업은 살아남는다. 미래 기업들은 스스로의 이야기를 가져야 한다. 그런데 이야기는 상상력과 창조성으로부터 탄생한다. 상상력과 창조성은 이야기를 만들기 때문에 문화의 근간이라 할 수 있다. 이것을 끌어내는 작업이 바로 내러티브(narrative) 글쓰기이다. 지식생산의 글쓰기는 각자의 속에 숨어 있는 천재성, 상상력, 이야기를 퍼 올리는 글쓰기로써 내러티브 글쓰기이다. 지식생산의 글쓰기란 미래사회를 지배하는 문화의 축인 이야기를 창조하는 글쓰기이다.

인간은 선천적으로 내면에 잠재되어 있는 독창적인 스토리와 상상력을 지닌 존재이다. 누구와도 동일하지 않은 독창적인 스토리와 상상력이 사람들 속에 있다. 이것을 끌어내는 작업이 바로 글쓰기이다. 글쓰기는 각자의 속에 숨어 있는 천재성, 상상력, 스토리를 퍼 올리는 일이다. 스토리는 상상력의 보고이자 미래사회를 지배하는 문화의 축이다. 스토리가 있는 사람이 미래를 지배한다. 자신만의 스토리를 가진 사람이 미래사회를 이끌어 갈 것이다. 스토리가 있는 기업은 살아남는다. 미래 기업들은 스토리를 가져야 한다. 그런데 모든 스토리는 글쓰기를 필요로 한다. 문자와 글이 없었다면 스토리는 생명력을 상실했을지도 모른다. 글쓰기를 통해서 스토리가 탄생하였고, 스토리가 생명력을 지닌 문화로 발전하였다. 글쓰기는 미래 사회를 지배하는 문화의 축인 스토리 생산능력이다.[23]

5. 글쓰기란 패턴과 의미의 발굴작업이다

이미 우리는 읽기에서의 패턴의 의미와 역할에 대해서 살펴보았다. 읽기와 마찬가지로 글쓰기에서도 패턴은 중요한 의의를 지닌다. 문학작품에서 주인공의 삶의 궤적은 독자들에게 패턴찾기와 의미발굴이라는 질문을 던진다. 독자의 입장이 저자의 입장으로 바뀌었을 뿐 패턴찾기와 의미발견과 같은 인지심리학적 원리는 동일하게 적용된다. 따라서 글을 쓸 때 저자는 패턴을 가지고 글을 쓴다. 이 패턴은 자연과학에서 형태적인 것으로 표출되기도 하지만, 문학작품에서는 의미발견과 같은 무형의 패턴으로도 표출된다.

빅토르 위고(Victor Flanklin)의 『죽음의 수용소에서』는 원래 『Man's Search for Meaning』을 번역한 책으로 나치 아우슈비츠 수용소의 비참한 실상을 통해 인간은 의미를 찾는 존재임을 말해준다. 수용소에서 극한의 삶 가운데서도 살아야만 하는 의미와 희망을 발견한 이들은 생존할 수 있었다. 인간은 무엇인가 살아야 할 의미와 목적을 찾는 존재이다. 삶의 현장에서 의미를 찾는 것도 하나의 삶

---

23) 브렌다 유랜드 지음, 이경숙 옮김, 『글쓰기의 유혹』, 다른생각, p.16.

의 패턴찾기이다. 인문학이 다루고 있는 핵심주제는 인간이란 무엇이며, 인간은 어떻게 살아야 할 것인가에 대한 물음이다. 즉, 인간의 존재의미와 목적이다. 의미발견이란 인문학이 추구하는 목표라고 할 수 있다.

자연과학은 어떤가? 자연현상에 존재하는 패턴찾기이다. 사회과학이 추구하는 바도 마찬가지다. 따라서 패턴찾기와 의미발굴은 수학과 물리학을 비롯한 자연과학, 인문학, 사회과학 등 모든 학문분야의 화두이다. 이것이 소설과 같은 문학작품에서는 스토리와 플롯으로 나타나며, 소설 속의 주인공의 삶 가운데 나타난 의미 찾기라고 할 수 있다. 패턴찾기와 의미발굴은 이야기의 회로를 찾아가는 과정이며, 스키마를 구축하는 과정이다. 텍스트를 재해석하는 창조과정이다.

6. 글쓰기란 문제해결(問題解決, problem-solving) 과정이다

문제해결이란 무엇인가? 한마디로 인생을 살아가는 것 자체가 문제를 해결하는 여정이다. 인생을 살아가면서 직면하게 되는 많은 문제들 앞에서 인간은 어떤 반응을 보이며, 어떻게 이를 극복하고 해결해 가는가? 문제 앞에서 인간은 좌절하고 슬퍼하며 고통받는다. 그러나 인간은 문제를 문제 자체로만 바라보면서 마냥 좌절하고만 있는 존재가 아니다. 사람마다 문제를 극복하고자 하는 의지와 노력을 기울이게 되고, 인간의 정신과 마음의 반응은 문제를 넘어서 한 차원 높은 단계의 정신적 성숙을 체험한다. 또한 문제를 통해서 인간은 과학을 발전시켰으며, 기술과 문명을 일으켰다. 만약 문제가 없었다면 인류의 역사는 진보와 발전이 없었을지도 모른다. 아니, 인간의 본성 가운데 문제를 포착하고 문제를 해결하고자 하는 성향이 없었다면 문화의 발전을 기대하기 어려웠을 것이다. 토인비가 말한 도전과 응전은 인간이 문제 앞에서 문제해결을 모색하는 존재임을 말해준다. 따라서 '문제해결'이란 인간의 인지능력의 하나이다. 게오르그 폴리아(George Polya)는 문제해결에 관해서 이렇게 표현했다. '문제를 해결한다는 것은 어려움에서 벗어나는 돌출구를 찾고, 장애물을 우회하는 방법을 찾고, 즉각적으로 포착되지 않은 목적을 성취하는 것을 의미한다. 문제를 해결하는 것은 지능의 특수한 업적이며, 지능이란 인간에게 주어진 특수한 선물이다. 문제해결은 가장 인간다운 활동이다.' 물론 인간만이 문제해결의 능력이 있는 것은 아니지만, 인간의 가장 특징적인 활동을 문제해결이라고 간주하고 있다. 즉, 문제해결이 문명발달에 그만큼 중요한 역할을 하였으며, 인간의 인지활동의 핵심이다. 인지과학에서는 지난 30년간 인간의 문제해결에 관심을 가지고 문제해결 과정의 인지심리학적 작동기전을 연구해 왔다. 또한 유능한 문제해결자들이 사용하는 문제해결의 전략들을 연구해 왔다. 소위 전문가들이 활용하고 있는 문제해결 전략은 무엇인지, 전문가와 초보자의 차이는 무엇인지 등에 대한 연구가 이루어져 왔다. 이처럼 문제해결은 전문가 방식과 통합된 개념으로 생각할 수 있을 것이다.

그런데 글쓰기와 문제해결은 무슨 관계가 있는가? 글쓰기는 사고과정(思考過程)이다. 이는 문제해결 과정에서 볼 수 있는 인지작용과 많은 공통점을 지녔다. 글을 쓰는 목적이 무엇인가? 그것은 글쓰기 자체에 목적이 있는 것이 아니라 행복한 삶, 가치 있는 삶을 위한 수단이다. 글을 씀으로써 보다 나은 삶을 영위하고, 행복한 삶을 누리고자 한다. 글은 왜 쓰는가? 인생의 여러 문제를 해결하는 수단이기 때문이다. 문제해결이 목적이다. 문제해결의 글쓰기란 글쓰기 철학, 글쓰기의 목적을 가리키는 말이다. 즉, 문제해결의 글쓰기란 인생의 여러 문제들을 해결함으로써 보다 가치 있고 의미 있는 삶을 누리고자 하는 것을 일컫는다. 여기서 문제란 삶의 현장과 세계, 우주가운데 부딪히는 질문들, 해결해야만 하는 과제들이다. 문제해결의 글쓰기란 이러한 문제들을 문제해결의 인지 과정, 사고 과정을 통해서 풀어가는 인지활동이다. 글쓰기는 바로 이러한 인지활동의 하나로 매우 적극적이며 효과적인 방법이다. 일반적으로 어느 분야에서 탁월한 업적과 성공을 이룬 사람들을 보면, 그들의 분야에서 해박한 지식을 지녔을 뿐 아니라 문제를 해결해 가는 전략을 가진 것을 볼 수 있다. 글쓰기의 문제해결 전략이란 문제해결을 위한 글쓰기 과정에서 가장 효과적으로 목적에 도달하고자 하는 글쓰기 전략을 말한다. 이는 곧 가장 효과적으로 문제해결을 하는 전략을 말하며, 전문가들이 흔히 활용하는 방식이라고 해서 전문가 방식과도 같은 의미다.[24]

7. 글쓰기란 대화(對話, conversation)이다

글쓰기를 대화로 보는 이는 구성주의 학자인 브루피(Bruffee)다. 브루피는 협력학습 이론에 근거하여 글쓰기를 대화로 정의한다. 브루피는 인간의 인지활동이 사회적인 대화로 이루어진다고 하였다.

---

[24] 스테펜 리드 지음, 박권생 옮김, 『인지심리학』, 시그마프레스.

즉, 인간의 인지기능과 지식은 사회적 산물이라는 것이다. 이는 인간의 탄생에서부터 사회화 과정을 생각해 볼 때 설득력을 가지고 있다. 인간은 태어나면서부터 언어, 곧 말을 배운다. 말을 배우면서 인간은 사회의 구성원으로서 사회집단과의 대화를 하기 시작한다. 처음에는 엄마, 아빠와의 대화에서 점차 가족의 일원으로서 자신의 위치를 인지해 가는 과정이 대화(말)를 통해서 이루어진다. 대화로부터 형성된 인간의 인지활동이 지식을 구성하기 때문에 브루피의 협력학습 이론에 의하면 지식도 사회적 대화의 산물이다. 지식이 절대적이고 객관적 개념보다는 사회구성원에 의해서 만들어진다는 이론이다. 그리고 인지활동의 핵심이라고 할 수 있는 글쓰기는 이러한 사회적 대화를 통해서 수행되는 인지활동이라고 하였다. 따라서 글쓰기란 끊임없이 사회적 관계 속에서 이루어지는 내면적 대화를 글이라는 표현양식을 빌어서 외면화시키는 작업인 것이다.

글쓰기는 대화라는 관점에서 생각할 때, 사회적 활동인 것이다. 이규호는『대화의 철학』에서 대화를 진리에 이르는 길이라고 하였다. 대화의 터널을 통해서만 진리에 도달할 수 있다. 철학이 이 사실을 알게 된 것도 20세기에 들어 와서의 일이다. 모든 진리가 엄밀하게 보편적이고 객관적인 것은 아니다. 그렇다고 해서 나 혼자 마음속에 품고 있는 개념이나 주장이 진리인 것도 아니다. 진리는 나와 너, 우리에게 통용될 때 진리이다. 따라서 대화라고 하는 터널을 거치지 않고는 진리라고 할 수 없다. 대화를 거치지 않은 개념이나 주장은 독단에 불과하다. 모든 학문적인 연구도 엄밀히 따져보면 대화를 통한 공동연구이다. 학술회의와 학술지의 논문, 각종 세미나 서적들은 모두 대화의 하나이다. 이러한 대화 속에서 학문이 수행되고,

진리가 정의된다. 따라서 진리는 사회적 활동의 산물이며 대화의 산물이다. 그런데 글쓰기는 진리 추구라는 인지활동의 핵심이다. 인지활동의 핵심인 글쓰기가 대화라고 함은 바로 글쓰기의 사회적 특성을 일컫는다.

8. 글쓰기에도 전문가 방식이 적용된다

글쓰기는 인간의 인지활동의 중요한 영역이다. 인지활동이라는 점에서 전문가방식이 적용된다. 전문가는 문제해결 과정에서 탁월한 방법과 능력을 보인다. 마찬가지로, 전문가 방식의 글쓰기란 전문가가 가지는 특성을 지닌다. 전문가 방식의 글쓰기는 글쓰기에서 전문가의 전략을 가지고 글쓰기 하는 것을 말한다. 글쓰기에 전문가의 아이디어를 담거나, 전문가의 전략을 적용한 경우를 전문가 방식의 글쓰기라고 할 수 있다. 전문가는 문제해결을 위한 자신만의 스키마를 가지고 있다. 다시 말해, 전문가 방식의 글쓰기란 스키마가 있는 글쓰기를 말한다. 전문가는 문제를 통합하고 분류하며 상호관계를 짓는데 탁월한 재능을 지닌다. 전문가적으로 글쓰기하는 것이란 이처럼 통합하고, 분류하며, 연관 짓기를 하는 것이다. 전문가는 문제해결 과정에서 오류나 모순을 찾아내는데 비상한 안목을 보인다. 전문가방식의 글쓰기에서 작가는 비판적 사고와 논리적 방법을 통하여 문제를 정확히 분석하고 파악한다. 전문가는 메타인지를 사용하는 데 적극적이며 자유롭다. 전문가적으로 글쓰기 하는 저자는 자연과 사건의 현상들로부터 찾아낸 원리들을 글쓰기에 적용하는 능력이 뛰어나다.

9. 글쓰기는 미래 대학교육의 중심이 될 것이다

앞으로 미래사회의 예측 중에서 가장 충격적인 변화를 경험하게 될 분야는 교육이라고 전망하는 학자들이 많다. 인터넷과 웹의 진화는 지식과 정보에 대한 기존 개념을 송두리째 바꿀 것이다. 인지과학의 발달은 학습의 패러다임을 뿌리째 흔들고 있다. 기술의 발달과 인구감소, 노령화는 노동시장의 구조에 변화를 가져오고 있다. 이러한 변화는 가까운 미래에 교육 분야의 쓰나미를 몰려 올 것으로 예상된다. 대학은 더 이상 지금과 같은 방식으로 존립할 수 없을 것이며, 대학교육의 패러다임에 상상하지 못한 변혁이 있을 것이다. 학생들은 강의실 대신 집에서 세계적인 석학들의 강의를 듣게 될 것이며, 컴퓨터 시뮬레이션을 통해 고난도의 테크닉을 게임하듯 습득하게 될 것이다. 웹의 진화에 따른 인공지능의 발달은 지식과 정보를 무한정 제공할 것이다. 그렇다면 미래의 대학은 무슨 역할을 수행하게 될 것인가? 대학교육은 인간의 감성과 지성을 동시에 함양하는 전인적 교육에 힘쓰게 될 것이다. 초디지털 시대에 비디지털 공간은 교과 과정의 핵심 중 하나가 된다. 즉, 대학은 읽기, 쓰기, 셈하기와 같은 학습을 고전적인 방식으로 수행하게 될 것이다. 즉, 글쓰기는 미래 대학의 커리큘럼으로 중요한 부분이다.

10. 글쓰기는 앎과 삶을 통합한다

대학교육에서 왜 글쓰기가 필요한가? 오늘날 교육이 삶에 대한 통합적인 성찰을 무시한 채 지식일변도의 교육으로 만족하고 있는 것은 문제이다. 대학에서 전공을 공부하면서 앎과 삶이 연계되지 않는 기능적 지식만을 추구한다면 진정한 대학교육의 목적을 이루었다고 할 수 없을 것이다. 오늘날 지식의 정의는 앎의 단계를 넘어 삶의 현장에서 적용되는 지혜의 영역까지 확장되었다. 앞으로 학생들은 대학에서 글쓰기를 통해 자신을 성찰하고, 인생과 연계된 통합적인 사고를 하면서 지식을 습득하게 될 것이다. 따라서 대학의 교양 과정뿐 아니라 학부 전공 과정과 대학원 과정에서도 글쓰기를 핵심 교과과정으로 다루어야 한다. 글쓰기의 주제를 전공 문제에서 다양한 삶의 문제로 확대 시켜야 한다. 인문학과 자연과학, 공학과 철학이 학문 간 통섭과 융합을 이루어야 한다. 사회현장과 강의실, 연구실과 공장이 연계해야 한다. 이제는 분과의 시대에서 통섭의 시대로 전환해야 할 때이다. 분과에서 통합으로, 정량에서 정성으로, 분석적 방법에서 직감적 감성으로의 전환이 필요하다. 이러한 통섭과 융합은 글쓰기를 통해 이루어진다. 미래 대학교육의 방향은 글쓰기를 강화한 통합교육에 있다. 통섭과 융합은 대학에서 글쓰기 교육으로부터 출발해야 한다. 대학교육이 지식중심의 교육에서 삶의 문제를 연결시킨 가치관 교육으로 발전해야 한다는 지적이 있다.

오늘날 사회는 비인간화와 기계화, 물질화로 인간성의 피폐와 인성(人性)의 결핍이 문제되고 있다. 그래서 학교교육에서 인성교육을 외치고 있지만 공허한 주장으로만 끝나고 있는 실정이다. 이러한 문제에 대한 근본적인 해결책은 가치중립적, 종교배제적 관점의 교육에서 보다 적극적으로 세계관과의 만남을 유도해야 한다. 민형식은 이렇게 말한다. "이러한 세계관을 담고 있는 동서 고전의 말씀과의 만남이 잘 이루어지기 위해서는 말씀을 바르게 소개하는 작업이 필요하다. 오늘날의 학교교육에서 이러한 일을 감당해야 하는 것은 독서교육이다."[25] 앞으로 학교교육, 특히 대학교육에서 앎과 삶의 문제를 통합적으로 다루며, 가치관의 문제를 다룰 수 있는 글쓰기로 나아가야 할 것이다.

나아가 언어는 더 이상 단순한 소통의 도구나 기호가 아니다. 언어는 더 이상 의미를 전달해 주고 진리에 이르는 터널이 아니다. 언어는 도구가 아니라 목적이요, 그릇이 아니라 내용이다. 글쓰기도 마찬가지로 의미와 사상을 전달하기 위한 수단이 아니다. 글쓰기는 그 자체가 삶이요, 철학이요, 의미이다. 글쓰기에 몰입하는 작가들 중에는 글쓰기를 통해 무엇인가를 얻기 원하는 생계수단으로써 글을 쓰는 것이 아니라 글쓰기 자체가 삶이요, 의미라고 하는 이들이 많다. 글이 삶이고, 의미이고, 목적인 셈이다.[26]

11. 글쓰기는 최상의 공부법이다

21세기는 지식으로 글을 쓰는 시대이다. 지식이 글을 생산하기도 하지만 글쓰기가 지식을 생산하기도 한다. 글쓰기는 지식창출의 핵심적인 과정이다. 왜냐하면 인간의 인지기능 중 가장 핵심적인 기능이 글쓰기이며, 지식이란 인지활동의 결실이기 때문이다. 지식의 필요성이 높아지고 평생학습이 요구되는 우리 시대에 공부를 하는 가장 좋은 방법은 글쓰기가 아닐까 한다. 다양한 학습법이 있고 수많은 공부법이 소개되었지만, 책쓰기는 최상의 공부법이다. 대학교육

---

25) 정상균·김영욱·한형구 외, 『국어교육이란 무엇인가?』, 혜안, p.117.
26) 김영민 지음, 『탈식민성과 우리 인문학의 글쓰기』, 민음사, p.7.

의 목적이 지식의 습득, 곧 학습에 있다면 진정한 대학교육이라면 학생들에게 책쓰기를 가르쳐야 한다. 글쓰기 교육의 목적은 책쓰기가 되어야 한다. 책읽기의 궁극적인 목적도 글쓰기와 책쓰기에 있다.

12. 글쓰기로 지식을 생산한다

미래사회가 요구하는 가장 중요한 능력이 지식생산 능력이다. 글쓰기는 바로 지식생산 능력을 길러준다. 오늘날은 정보사회이다. 지식이 사회의 핵심적인 원동력이 되는 시대이다. 흩어져 있는 정보를 우리에게 쓸모 있는 정보로 재구성한 것이 지식이다. 정보를 지식으로 만드는 것이 지식생산이다. 지식생산능력이란 바로 글쓰기 능력이다.[27]

대학의 존재목적은 지식생산 능력을 함양하는 데 있다. 지식생산 능력이 없는 졸업생들을 배출하는 대학은 존재이유를 상실한 것이다. 졸업 후 지식사회의 일원이 되어 효율적으로 지식노동자로서 역할을 하려면 대학에서 지식생산능력을 획득해야 한다. 지식생산 능력은 바로 글쓰기 능력이다. 오늘날 대학교육이 지식 전달이라는 구태의연한 패러다임에 갇혀 있다면 미래 지식사회가 필요로 하는 인재를 배출할 수 없다. 적극적인 글쓰기 교육을 통해 지식생산능력을 지닌 미래형 인재들을 키워야 한다. 대학에서 가르쳐야 할 가장 중요한 역량 중의 하나가 글쓰기 역량이다. 글쓰기로 지식을 생산한다.

---

[27] 마츠오카 세이고 지음, 변은숙 옮김, 『지식의 편집』, 이학사, p.10.

제3장 세계 대학들의
글쓰기 교육

1. 미국 대학의 글쓰기 센터(writing center)

세계 유수의 대학들은 대학교육에서 글쓰기의 중성을 인식하고, 글쓰기 교육에 힘을 다하고 있다. 국내 대학들 중에도 글쓰기를 가르치고, 글쓰기 교육에 집중하고 있는 대학들이 늘고 있는 추세이다. 글쓰기가 현대사회의 모든 분야에서 그만큼 중요한 역할을 하고 있기 때문이다. 특히 미국 대학의 글쓰기 교육은 주목할 만하다.

미국의 주요 대학들에서 글쓰기 교육은 지난 20년간 눈에 띄는 변화를 보였다. 미국 대학의 글쓰기 교육은 1980년 이후 많은 대학들이 도입한 글쓰기 센터로 대변할 수 있다. 글쓰기 센터는 대학교육을 보조하는 보조 공간 혹은 보조건물의 개념이 아니다. 오늘날 미국의 대학들은 교육경쟁력을 최고 자부심으로 여기고 대학교육의 개혁에 박차를 가하였다. 그래서 1980년대 이후 대학개혁이라는 거대한 실험 과정에서 최선책으로 선택한 교육철학이 바로 글쓰기 교육이다. 미국 대학의 글쓰기 센터는 이러한 맥락에서 탄생한 대학교육의 중추적 기관이다.[28]

그렇다면 글쓰기를 대학교육의 핵심적인 역량으로 꼽고 있는 배경은 무엇인가? 러시아 철학자이면서 인지과학자인 비고스키(Lev Vygotsky)의 이론에 따르면 분석과 종합이라는 인지학습 과정에 접근하는 가장 좋은 수단이 글쓰기라는 것이다. 글쓰기는 복잡하게 얽혀있는 사물의 특성과 동향을 명료하게 분석하는 수단일 뿐 아니라 낱낱의 단위로 분산된 개체들을 종합하고 연계하는 수단이 된다.

2. 하버드 대학의 논증적 글쓰기 수업
(Expos; Expository Writing Program)

우선 하버드 대학의 글쓰기 교육은 논증적 글쓰기 수업으로 대변할 수 있다. 이 프로그램은 하버드대 신입생들이 의무적으로 들어야 하는 수업이다. 하버드 대학은 학생들이 전문분야 혹은 비즈니스 현장에서 논증적으로 글을 쓸 수 있도록 수준 높은 글쓰기의 역량을 기르는데 가히 심혈을 기울인다고 할 수 있을 것이다. 학생들을 인재로 육성하기 위해서는 글쓰기 능력을 키워주는 것이 가장 중요하다고 여기고 있는 것이다.

논증적이란 말은 읽기 자료를 통해 이를 분석하고 주관적으로 해

---

28) 신우성 저, 『미국처럼 쓰고 일본처럼 읽어라』, 어문학사.

석한 논리를 전개하는 글쓰기로 각 전공분야 간의 학제 간 글쓰기를 내포하고 있다. 흔히 글쓰기가 자신만의 주장이나 이야기를 쓰는 것으로 생각하는데, 대학에서의 전문분야의 글쓰기란 주어진 정보와 자료를 해석하고 그 분야의 논리를 전개하는 논증이 필요하다. 따라서 글쓰기에 앞서서 읽기와 토론과 같은 자료해석의 과정이 필요하다. 이때 자료를 직접 인용하는 대신 간접 인용케 함으로써 자료에 대한 주관적 해석능력을 중요하게 다룬다. 동시에 읽기를 통한 기본 정보를 습득하는 것은 물론이며 토론 과정을 거침으로써 문제를 바라보는 다양한 접근방식을 습득하도록 한다. 이러한 과정을 통해 글쓰기는 끊임없는 사고의 확장으로 이어지며 교수는 이 과정에 개입하여 학생들의 생각 영역을 발전시키도록 돕는다.

하버드 대학에서는 이미 1872년부터 글쓰기 교육이 시작되었으며, 2007년부터 논증적 글쓰기 교육이 본격적으로 이루어지고 있다. 교수들은 15명으로 구성된 두 개의 소그룹을 맡아서 지도한다. 그리고 하버드 대학생들은 대학 4년간 한 사람이 거의 45kg이 넘는 분량의 각종 글쓰기를 하게 되는데, 이는 대부분의 수업과 평가가 글쓰기로 이루어져 있기 때문이다. 하버드 대학의 글쓰기 교육에서 가장 두드러진 특징이라고 한다면 교수들이 학생의 글쓰기에 적극적으로 개입하여 학생들의 생각의 틀을 발전시키고 학생이 쓴 글을 반복해서 고쳐 쓰도록 하여 좋은 글에 이르도록 한다는 점이다.

이곳에서의 글쓰기란 첫 번째, 읽기 자료를 논리적으로 연결하여 글쓰기를 훈련하는 것이다. 논증적 글쓰기에서는 쓰는 것 이상으로 읽기에 비중을 두고 있다. 그래서 읽기와 쓰기에 할애하는 시간은 같다. 그만큼 읽기를 중요하게 여기며, 읽기를 철저히 하는 글쓰기이다. 자료를 읽고 토론하는 토론식 수업으로 진행하는 이유가 이 때문이다. 하버드 대학의 글쓰기 특징의 두 번째는 끊임없는 고쳐쓰기, 편집과 퇴고의 반복을 통해 높은 수준의 글쓰기에 도달하는 과정이라 할 수 있다. 교수들은 이 과정에 적극적으로 개입하여 단어, 문장을 다듬어 주는 단계에서 학생들의 글을 지도해줄 뿐만 아니라 논지의 전개, 해석, 결론을 맺어가는 부분까지 학생들의 사고의 폭을 넓혀주고자 한다.

대부분의 학생들이 고등학교에서 글쓰기를 배우고 입학하였지만, 하버드 대학에서 요구하는 글쓰기 수준은 더 높은 단계이다. 그래서 우수한 고교성적으로 하버드에 들어온 학생들일지라도 그들의 글쓰기 수준에 대해서는 일단 초보적인 단계로 보고 글쓰기 교육이 시작된다. 글쓰기 교육을 담당하는 교수들은 학생이 도달해야 할 글쓰기의 수준에 대해서 알고 있는 것 같다. 그리고 그 수준에 도달하기 위하여 반복적인 읽기와 토론, 글쓰기와 고쳐쓰기가 치열하게 이루어진다. 하버드 대학에서는 한마디로 반복해서 읽기, 초고쓰기, 고쳐쓰기, 편집과 퇴고의 고통스러운 글쓰기 과정을 반복함으로써 학생들에게 글쓰기가 도달해야 할 고지가 어디쯤인지 깨닫게 한다.[29)]

3. MIT 대학의 글쓰기 통합 과정(WAC; Writing Across the Curriculum)

세계 최고의 공과대학인 MIT 역시 글쓰기를 가장 중요한 대학교

---

29) 하워드 S. 베커 지음, 이성용·이철우 옮김, 『사회과학자의 글쓰기』, 일신사, p.31.

육의 목표로 삼고 있는 대학 중 하나이다. MIT의 글쓰기 교육은 글쓰기와 의사소통센터에서 주관하고 있으며 매년 막대한 예산을 글쓰기 교육에 투자하고 있다. MIT 근방에 있는 서점에서 가장 많이 팔리고 있는 책이 글쓰기 책이라고 한다.[30] MIT는 공과대학인 만큼 실제적인 필요성에서 글쓰기 교육이 시작되었다. 1980년대 졸업생들이 사회에 진출한 후 글쓰기 역량이 얼마나 중요한지 학교에 건의하면서 글쓰기 교육에 집중하게 되었다고 한다. 그래서 MIT의 글쓰기 교육은 1982년 '글쓰기와 의사소통 센터(http://writing.mit.edu)'를 설립함으로써 구체화되었다. 학문연구와 사회생활에 글쓰기의 역할과 그 중요성을 깨달았기 때문이다.

MIT의 글쓰기 교육은 2001년부터 전교생을 대상으로 한 CR(Communication Requirement) 프로그램을 들 수 있다. CR 프로그램은 '글쓰기 통합 과정'이라는 교과 과정을 통해서 진행되는데, 이 과정에서 학생들은 '의사소통 집중과목(Communication Intensive)'을 들어야 한다. '의사소통 집중과목'은 MIT에서 학부 과정 4년 내내 해마다 한 과목 이상 이수해야 한다. 학생들은 매 학기 20쪽 이상의 보고서를 써야하고, 최종 교정본을 제출한 뒤 구두발표를 해야 한다. 대부분의 국내외 대학들이 신입생들을 위한 글쓰기 교육에 머물러 있는 반면, MIT에서는 전공학부에 들어가서도 '의사소통 집중과목'을 수강함으로써 글쓰기 교육을 계속한다. 흥미 있는 과목이 많기 때문에 대부분의 학생들은 4과목 이상의 '의사소통 집중과목'을 이수하고 졸업한다.

MIT의 글쓰기 교육은 잘 짜여진 글쓰기 관련 교과목으로 4년간

---

30) 최병광 지음, 『성공을 위한 글쓰기 훈련』, 팜파스.

계속되는 글쓰기 교육을 하고 있는 것으로만 보이지만, 실은 MIT는 체계적이고 조직적인 시스템을 갖추고 글쓰기 교육을 수행하고 있다. 그것이 바로 '글쓰기 통합 과정'이다. '글쓰기 통합 과정'의 특징은 분과를 초월한 여러 명의 글쓰기 교수들이 통합적으로 연계하여 협력하는 교육시스템이며, 전공학과를 찾아가서 시행하는 현장중심의 교육이라는 점이다. 학부와 학과별로 진행되어 오던 글쓰기 교육을 학과를 초월하여 교수들이 협력함으로써 효율적이고 전문적인 글쓰기 교육을 하고 있다. '글쓰기와 의사소통 센터'에서는 학생들을 1:1 면담식으로 글쓰기의 문제를 도와주고 있다. 이곳에서는 글쓰기의 단순한 실수를 지적하기 보다는 깊이 있는 글을 쓰도록 돕는다. 이곳은 MIT 학생과 교직원, 대학원생, 가족들에 이르기까지 MIT와 관련된 사람이라면 무료로 이용할 수 있다. 지도내용에 있어서도 보고서, 논문을 비롯하여 이력서, 소설, 시, 수필, 창작글, 출판원고, 취업을 위한 에세이, 사업제안서 등 거의 모든 글쓰기에 대해서 점검해 준다.

MIT에 입학한 학생들은 학부 과정을 졸업할 때까지 CR 프로그램과 연계된 교양과목 2개, 전공과목 4개를 의무적으로 수강해야 한다. CR 프로그램을 통해서 추구하는 바는 의사소통 능력이다. 그런데 의사소통 능력이란 단순히 글을 잘 쓰고 말을 잘하는 능력이 아니라 글과 말을 통한 표현, 전달, 문제해결, 사고능력 전반을 말한다. MIT 졸업생들은 사회 각 분야에서 지도적인 위치에서 일하게 되는데, 지도적인 위치에 오를수록 글쓰기는 중요한 업무에 해당한다. 실제로 미국에서 성공의 요건으로 글쓰기 능력이 요구된다. 미국의 연구기관에서 일하고 있는 과학자와 엔지니어를 대상으로 한 사례가 있는데 이들 중 글쓰기 능력이 자신의 경력과 출세에 아주 큰 영향을 미쳤다고 대답을 한 사람이 50%가 넘었으며, 특히 매니저들은 70% 이상이 그렇다고 대답하였다. 더 놀라운 것은 과학자와 엔지니어들의 작업 중 1/3 이상이 글쓰기와 관련된 업무였다고 한다. MIT 공대의 글쓰기 교육이 주목을 받고 있는 저변에는 글쓰기야말로 가장 중요한 역량이라는 생각이 깔려 있다.[31]

4. 시카고 대학의 '글 고쳐쓰기' 훈련

『사회과학자의 글쓰기』의 저자 하워드 S. 베커(Howard S. Becker)가 시카고 대학과 대학원 시절 자신의 글쓰기 수업에 대한 경험을 얘기하기를, 그 핵심은 끊임없는 퇴고를 통한 글쓰기이다. 그는 시카고 대학의 학부 시절 글의 체계적인 조직화와 퇴고기법에 대한 강의를 들었다. 또 대학원 시절에는 논문작업을 하면서 동료였던 블렌치 기어(Blanch Geer)의 도움을 받았다. 그들은 함께 토론하고 논문의 초안에 대해 서로 교환하여 읽으면서 논문을 완성시켜 나갔다. 이 과정을 그대로 자료로 보관하였는데, 후에 이를 통해 반복된 퇴고와 토론 과정이 얼마나 인내를 가지고 계속되었는가를 알 수 있었다. 그는 한 편의 논문이 수없이 반복되는 글 고쳐쓰기를 통해 만들어지는 작업임을 배운 것이다.[32] 사실 이것을 시카고 대학의 글쓰기 훈련이라고 명명하긴 했지만, 퇴고와 글 고쳐쓰기는 전문적인 글쓰기의 가장 기초적이며 핵심적인 작업이다. 하워드 S. 베커는『사회

---

31) 정희모·이재성지음, 『글쓰기의 전략』, 들녘.
32) 하워드 S. 베커 지음, 이성용·이철우 옮김, 『사회과학자의 글쓰기』, 일신사, p.141.

과학자의 글쓰기』에서 자신이 출판하기 전에 원고를 8번 내지 10번 정도 퇴고하는 습관이 있다고 고백하였다. 따라서 초고는 그다지 중요하지 않다. 언제든지 고쳐 쓸 수 있기 때문이다. 정말로 중요한 것은 최종판이다.

하워드 S. 베커는 자신의 글쓰기 수업에서 글 고쳐쓰기가 무엇인가를 실제 과정을 통해 학생들이 경험하게 하였다. 학생들은 제시된 글을 읽고 불필요한 단어나 표현, 반복된 의미 등을 원문의 의미를 손상시키지 않는 상태에서 최대한 줄이는 작업을 하였다. 4쪽의 논문을 퇴고하는 작업은 오후 시간 내내 이뤄졌는데, 학생들은 이 과정에서 거의 녹초가 되다시피 하였으며, 4쪽의 글을 3/4쪽의 글로 줄일 수 있었다. 이러한 글 고쳐쓰기 수업을 통해서 학생들은 최초의 초고쓰기에 대한 불안감을 덜 수 있었으며, 글쓰기란 특별한 재능을 가진 몇 사람만이 할 수 있는 작업이 아니라 누구나가 할 수 있는 작업임과 동시에 지난한 퇴고와 고쳐쓰기의 힘든 과정을 필요로 한다는 사실을 알게 된 것이다.

5. 암허스트 대학(UMASS; University of Massachuetts at Amherst)의 글쓰기 센터

매사추세츠 주 암허스트 대학은 전통적으로 글쓰기 교육으로 유명한 곳이다. 이곳의 글쓰기 센터에서는 글쓰기 도우미(writing tutors) 제도를 두고 학생들을 1:1로 돕고 있다. 글쓰기 도우미들은 대학원생들과 학부생들을 1년 이상 훈련시켜서 도우미로 활용하고 있다. 글쓰기 센터와 함께 UMASS의 글쓰기 교육은 학부 1학년과 3학년에서 글쓰기 교육을 하고 있다는 점이다. 학부 1학년에서의 글쓰기 과정은 주로 글쓰기의 토대를 다져주는 교육이며, 3학년에서는 전공분야의 글쓰기, 즉 학제 간 글쓰기의 방법론을 교육한다. 3학년에서의 글쓰기 교육은 학생들 스스로 학우의 글을 읽고 비평해 주는 방식으로 진행한다.

UMASS의 글쓰기 센터에는 도우미들이 학생들을 1:1로 지도하는데, 처음 글쓰기 센터를 방문하면 학생으로 하여금 자신이 쓴 글을 소리 내어 읽어 보라고 한다. 학생은 소리 내어 자신의 글을 읽은 후 자기가 쓴 글에 대하여 평(評)을 한다. 만약 학생이 자신의 글에 대하여 문제점이 무엇인지 모를 경우 도우미가 이를 지적해 주기도 한다. 이처럼 자기가 쓴 글을 소리 내어 큰 소리로 읽어보는 방식은 매우 효율적인 글쓰기 교육이다.

6. 린치버그 심포지엄 강독(LCSR; Lynchburg College Symposium Reading)

린치버그 대학의 교육 과정은 린치버그 심포지엄 강독이라고 부르는 교양강좌이다. 이 교양강좌는 중요한 사회적 관심사를 중심으로 여섯 개 강좌로 구성되었으며 학생들은 6개 교양강좌를 의무적으로 수강해야 한다. LCSR은 삶과 사회문제를 폭넓게 다루면서 자기 생각을 명료하게 소통할 수 있는 능력을 길러주기 위해서 글쓰기와 말하기를 훈련한다. LCSR의 모든 과목에는 글쓰기 수업이 포함되며 학생발표가 있는데, 수업마다 20% 이상의 시간을 글쓰기에 할애한다. 또한 교수가 직접 강의하기보다 학생들이 발표하는 방식으로 진행되는 수업이 많다.

지식생산을 위한
글쓰기 전략

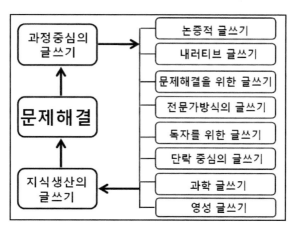

<그림 3-1> 지식생산의 글쓰기 전략

제1장 과정중심의 글쓰기

1. 과정중심의 글쓰기란?

과정중심의 글쓰기란 글쓰기를 사회적 활동의 산물, 특히 대화와 사회적 협력의 결과라고 인식하는 글쓰기 전략을 말한다. 글쓰기 과정의 협력학습이나 대화에 주목하는 글쓰기이다. 글쓰기를 협력자와 공동으로 진행하는 공동작업 혹은 대화를 통해서 만들어 가는 사회적 활동으로 인식할 때 결과보다는 과정이 중요하다. 좋은 글을 어떻게 쓸 것인가 하는 이론습득보다는 어떻게 구성하며 전개하고 고칠 것인가 하는 글쓰기 과정의 대화가 중요하다. 진리가 사회적 대화의 산물이라는 사실을 알게 된 것은 20세기에 와서이다. 그동안에는 인간이성에 대한 맹신으로 객관적이고 보편적인 진리가 인간 이성에 의해서 가능하다고 믿었다. 그러나 20세기를 거치면서 인간이

성의 아성은 무너졌다. 그리고 진리란 사회적 산물이라는 사실에 동의하게 되었다. 진리란 절대적이고 보편적이기 보다는 사회적 특성을 지니고 있다는 것이다. 지식과 진리에 대한 20세기 철학자들의 입장은 지식과 진리의 사회성을 인지하고 있다는 점이다. 그리고 인지(認知)의 사회적 특성은 대화라고 하는 커뮤니케이션을 중심으로 이루어진다. 진리란 사회적 대화의 산물이며, 학문적 성취 역시 사회적 대화의 결실이라는 것이다.

글쓰기는 인간의 인지활동 중에서 중추적이고 핵심적인 활동이다. 학습과 지식습득이 인간 인지활동의 산물이라고 한다면 글쓰기 역시 인간인지 활동의 중심에 있다. 글쓰기가 사회적 활동이며 대화를 근간으로 하는 인지활동이라는 결론이다. 이러한 맥락에서 피츠제럴드(Fitzgerald)는 글쓰기 연구의 세 가지 모델을 중심으로 글쓰기 관점을 소개하였다. 첫째 모델은 단계모델(stage model of writing)로 인지구성주의 이전의 모델이다. 이 모델에서는 텍스트를 중시하며, 글쓰기의 결과에 주목한다. 어떻게 하면 좋은 글을 쓸 것인지 글쓰기의 방법론과 이론을 집중적으로 교육한다. 둘째 모델은 문제해결 모델(problem-solving model of writing)로 린다 플라워에 의해서 제시된 글쓰기 전략이다. 린다 플라워는 글쓰기를 문제해결 과정으로 본다. 즉, 글쓰기란 어떤 문제를 해결하기 위한 과정이라는 것이다. 글쓰기의 목적에 초점을 맞춘 글쓰기 전략으로써 목적지향적인 글쓰기 이론이다. 세 번째 모델은 사회−상호작용 모델(social-interactive model of writing)로 글쓰기를 사회적 상호작용의 현상으로 본다. 사회−상호작용 모델에서는 절대적 지식을 부정하고 지식을 사회−상호작용의 산물로 여긴다. 20세기 들어와 철학자들의 공통된 지식에 관한 인식과 맥을 같이한다. 따라서 사회-상호작용 모델에서는 풍부한 의미협상을 위해서 다양한 공동학습이나 협력학습을 요구한다. 글쓰기에서 혼자만의 독단적인 사고행위보다는 협력자와 토의하고 대화하면서 공동으로 이루어지는 글쓰기를 지향한다. 글쓰기의 사회적 요인을 강조한다. 즉, 대화와 협력이라는 사회적 상호작용을 글쓰기의 과정에서 거쳐야 할 요건으로 생각한다. 글쓰기의 협력학습(collaborative learning)이라는 용어는 바로 글쓰기의 사회-상호작용을 대변하고 있다. 과정중심의 글쓰기란 사회-상호작용, 즉 사회적 대화가 글쓰기 과정에 개입한다는 이론에 근거한 글쓰기 전략이다.[33]

『논증의 탄생』을 쓴 조셉 윌리엄스(Joseph M. Williams)는 '명확하게 글을 쓰는 과정에서 명확한 사고가 형성된다.'고 하였다. 즉, 글을 쓰는 활동 자체가 글을 쓰는 사람에게 영향을 미친다는 것이다. 문자화된 글이 글쓴이의 생각에 영향을 끼치고 수정 보완하는 작업을 한다. 글쓰기의 과정은 실제로 글이 담고 있는 생각과 논리에 직접적으로 관여하게 된다. 글쓰기 과정에서 이루어지는 사회적 대화는 글쓰기에 직접적인 영향을 미치며, 한 편의 글이란 글쓰기 과정의 사회적 요인에 의해서 결정된다. 과정중심의 글쓰기란 바로 이러한 맥락에서 어떤 글을 썼는가 하는 최종 결과보다는 글쓰기 과정의 사회적 대화에 주목하고 있다. 글을 잘 쓰느냐 못 쓰느냐는 타고난 천부적인 재능이나 순간적으로 번득이는 영감(靈感)의 문제가 아니다. 글을 어떻게 계획하는가, 초안을 어떻게 작성하는가, 글의 구성을 어떻게 하는가, 어떻게 수정하며 편집하는가, 글쓰기의 전략은 무엇

---

33) 정희모 지음, 『글쓰기 교육과 협력학습』, 삼인, pp.73~87.

인가 등을 대화와 협력을 통해서 수행하는 과정이 중요하다. 과정중심의 글쓰기는 사회—상호작용을 통해서 도출된 글쓰기의 전략과 이론, 실제적인 방법론을 글쓰기의 근간으로 삼는다. 일반적으로 과정중심의 글쓰기 철학에 근거하여 글을 쓸 때 천부적인 재능이나 영감에 의존하는 사람들보다 더 힘겹고 고통스러운 글쓰기 작업을 하게 된다. 과정중심의 글쓰기 철학에서는 글을 쓰기 전 충분한 계획과 구상, 준비와 함께 글을 쓰는 과정뿐 아니라 글을 쓰고 난 후에도 반복하여 고쳐 쓰고 편집하는 과정을 거친다. 과정중심의 글쓰기에서는 결과중심의 문장론이나 글의 수준보다는 글을 계획하고, 아이디어를 생성하고, 조직하며, 독자를 위해 글을 계획하고 고쳐 쓰는 법 등에 많은 노력을 기울인다. 그리고 이러한 글쓰기 과정은 대화와 공동 작업이라는 협력학습을 통해서 이루어진다.

2. 협력하여 글쓰기

대부분 글쓰기는 외롭고 고독한 작업이라고 생각한다. 글쓰기는 자신과의 싸움이며 자신의 내면세계를 표출해야 하기 때문에 홀로 수행해야 하는 지극히 개인적인 활동으로 알고 있다. 그러나 글쓰기란 사회적 산물이다. 글쓰기 과정에는 공동체의 구성원들이 직간접적으로 참여한다. 작가는 다양한 방법으로 사회적 관계를 형성하면서 끊임없는 대화를 하면서 글쓰기를 한다. 대화가 없이는 글쓰기도 없다. 글쓰기란 대화의 산물이며, 사회적 관계의 산물이다. 글쓰기는 사회적 대화를 통해서 이루어지는 사회적 활동이다. 글쓰기를 지극히 개인적이고 주관적인 행위라고 보는 관점에서는 협력하여 글을 쓴다는 것은 매우 부자연스러운 일이며, 비효율적인 작업이 될 수 있다. 만약 누군가가 부모에게 한 통의 편지를 쓴다고 할 때 여럿이 둘러앉아 의견을 주거니 받거니 하면서 편지를 쓴다고 가정해 보자. 편지쓰기가 더욱 어려워질 수 있는 문제이다. 그러나 글쓰기에서 이러한 협력적인 활동이 의미하는 바는 매우 크다. 우선 글쓰기는 우리가 생각하는 것보다 다양하게 협력적인 작업으로 이루어지고 있다. 한 편의 논문을 투고할 때 이 논문은 투고하기 전에 이미 여러 사람들의 검토과정을 거친다. 또 편집위원들로부터 세밀한 검증 과정을 거친다. 그리고 논문을 게재하기에는 이러저러한 문제들이 있으니 수정 보완하라는 지시를 받는다. 이렇게 한 편의 논문이 학술지에 실리기까지에도 여러 사람들의 협력 작업을 통해서 이루어진다. 우리가 개인적이고 주관적이라고 생각하는 글쓰기는 사실 생각보다 훨씬 협력적 작업들에 의해서 이루어지는 경우가 허다하다.

글쓰기의 협력학습 이론을 제시한 사람은 브루피이다. 그는 인간의 정신과 의식이 사회적 대화로 구성된다고 하였다. 즉, 진리 탐구인 학문이나 지식생산, 글쓰기와 같은 인간의 인지적 활동은 사회적 관계의 산물로서 대화나 담화를 통해서 이루어진다는 것이다. 학문이나 지적탐구, 글쓰기를 잘하기 위해서는 대화가 절대적으로 필요하다는 말이다. 과학적 이론은 과학자 사회의 이해관계와 과학 공동체의 이해관계에 의해 결정된다. 과학적 지식조차도 과학사회의 요구에 의해 구성되는 사회적 산물이다. 어느 집단이나 그 집단의 고유한 대화의 양식과 흐름이 있으며, 사회적 구성원들이 공감하고 함께하는 대화의 방식을 정상담론(normal discourse)이라고 한다. 예를 들면, 정형외과학회는 정형외과 의사들만의 특유하고 고유하게 구축된 담론의 형태가 있다. 이를 정상담론이라고 한다. 정상담론은 특정한 사회적 구성원들의 가치체계를 대변하며 정상담론을 거쳐야만 그 진리는 그 사회의 보편적 가치로 인정된다. 이러한 정상담론이 가장 잘 유지되는 곳은 대학이라는 학문 공동체이다. 대학교육은 말과 글을 통해서 정상담론을 배우는 과정이다. 대학에서의 학습이란 지적집단의 동료들에 의해 협력적으로 지식을 세우고 유지하는 과정이다. 대학에서는 학습 과정의 정상담론을 통해 지적동료를 만든다.

따라서 협력학습이란 구성원들끼리 대화를 통해서 이루어가는 학습이기에 가장 인지적 활동이다. 대화를 통해서 지식이 구성되기 때문이다. 브루피는 인간의 사고가 사회적 관계 속에서 형성된 사회적 산물이며, 인간의 의식도 사회적 관계 속에서 형성된 것이라고 하였다. 따라서 인간의 생각과 의식 속에는 사회성의 틀이라고 할 수 있는 대화체 양식이 남아 있다고 보았다. 예를 들면 자신의 행위에 대해 반성하고 성찰하는 과정은 일종의 내면화된 대화라는 것이다. 즉, 실제로 두 세 사람이 모여서 대화나 담화를 하지 않더라도 인간은 내면화된 대화의 양식을 빌어서 자신의 생각과 의식을 전개한다. 글쓰기에서도 마찬가지로 작가는 외롭고 고독한 가운데서 작품세계를 창작해 가는 과정에서도 자신의 내면에 함께하는 사회적 구성원들과 끊임없이 묻고 답하며 글을 쓴다. 이처럼 대화가 인간의 인지활동 특히 지식의 구성에 중요한 근간이라고 한다면 대화를 매체로 하는 협력학습은 가장 인지적 학습형태이며 지식생산의 이상적인 모델이라고 할 수 있다. 글쓰기에서 협력학습의 필요성과 의의는 바로 이러한 이론적 맥락에서 출발한다. 과정중심의 글쓰기는 바로 글쓰기의 협력활동 과정을 중심으로 하는 글쓰기이다.

협력하여 글쓰기 하는 방법은 다양하다. 어떻게 협력하느냐에 따라서 달라질 것이며, 협력자들의 역할에 따라서도 다양한 방법들이 있을 것이다. 맥카시와 맥마흔(McCarthey & McMahon)은 협력하여 글쓰기의 세 가지 유형을 제시하였다. 첫째는 동료지도(peer tutoring)로서 도움을 주는 자(tutor)와 도움을 받는 자(tutee)로 나뉘어 한 사람이 다른 사람을 도와주는 방식의 협력하기이다. 둘째는 소그룹 단위의 글쓰기다. 이 경우는 4~6명으로 구성된 소그룹을 만들어 하나의 주제에 대해서 서로 협력하여 글쓰기를 한다. 세 번째는 공동작가 혹은 동료협력으로써 한 과제를 두 명 이상이 공동으로 글쓰기 하는 경우이다. 글쓰기에서 공동창작 혹은 공동저술(공저, 共著)이 이 경우에 해당한다.

또 다른 분류로는 나누어 작업하기, 함께 모여 작업하기, 돌아가면서 작업하기, 혼합식으로 작업하기 등이 있다.[34] 나누어 작업하기란 주로 과학연구제안서나 보고서를 작성할 때 참여 연구원들 간의 맡은 부분에 대해서 나누어 작업하는 방식이다. 이때는 문서작성의 양식을 정해서 그 기준에 따라 글쓰기를 할 것을 알려주고, 문서작성의 진행에 대해 전체적인 일정과 기한도 설정해 주는 것이 좋다. 함께 모여 작업하기란 협력하여 글쓰기에 참여하는 구성원들이 한자리에 모여서 작업하는 글쓰기다. 함께 모여 작업하기란 시간적으로나 의견조율 면에서 어려움이 많기 때문에, 대개는 최종 교정단계에서 함께 모여 작업하기를 하는 경우가 많다. 돌아가면서 작업하기는 참여자 한 사람, 한 사람씩 순서대로 작업하는 경우로 이 경우도

---

34) 신형기 외 지음, 『과학글쓰기』, 사이언스북스, p.31.

그렇게 흔히 사용되는 사례는 아니다. 그러나 중요한 법규나 협약서, 규정 등을 만들 때 구성원 모두의 의견을 모아야 하는 경우에는 이런 방식이 필요하다. 혼합식으로 작업하기는 필요에 따라서 여러 가지 방법을 혼합하는 방식이다.

제2장 논증적 글쓰기

1. 논증(論證)이란 무엇인가?

우리는 살아가면서 끊임없이 생각하고 묻고 답한다. 또한 사람들과 대화 가운데서 변론하고 주장하며 토론한다. 이러한 사고와 토론, 질문과 답변의 밑바탕에는 타당한 논리적 근거가 자리하고 있다. 이것을 논증이라고 한다. 논증이 없다면, 다시 말해 우리의 삶의 논리적 근거를 제시할 수 없다면, 그리고 사회생활의 근거를 답할 수 없다면 우리의 삶은 어떻게 될 것인가? 아마도 심각한 철학적 혼돈과 방황 속에서 헤매게 될 것이다. 이처럼 논증이란 자신과 타인, 개인과 사회생활에서 삶을 영위하게 해주는 중요한 사상적 배경이 된다. 논증이 없는 상황이거나 논증이 타당하지 않다면 개인의 삶과 사회생활에 문제가 생긴다.

인간은 칼이나 창과 같은 무력으로 살아가는 존재가 아니라 논증으로 살아가는 존재이다. 현대사회는 힘과 자본이 지배하는 것 같지만 논증이 지배하는 사회이다. 국가와 국가 간의 관계도 논증이 좌우하며, 개인과 개인 간의 문제도 논증이 좌우한다. 특히 21세기는 논증의 중요성이 절대적인 시대이다. 개인과 가정, 사회와 국가의 모든 행위와 활동의 근저에는 논증이 자리 잡고 있다. 논증이 얼마나 분명하고 타당하며 설득력이 있느냐에 따라서 정치가들은 지지를 받고, 지도자들은 힘을 얻으며, 개인은 삶의 추진력이 생긴다.

사회생활에서 논증을 무시한 채 살아간다면 아마 사회에서 도태되거나 손가락질을 받을 것이다. 직장생활에서 논증을 회피한다면 직장생활을 지속하기 어려울 것이다. 이처럼 논증은 현대사회 규범의 근간이며, 사회생활의 동력이자, 미래사회를 견인하는 힘이 된다. 예를 들어 자동차를 타고 가다가 상대편 차와 접촉사고를 일으켰다. 운전자들은 각각 차에서 내려서 서로의 과실과 책임을 따진다. 이때 힘이 세다고 우격다짐으로 상대방을 제압한다거나, 목소리가 크다고 이기는 것은 아니다. 조목조목 자신의 과실이 없음을 논증하고, 상대방의 과실을 제시하면 사건은 조용히 처리된다. 과거 농경사회나 수렵사회와 같이 법과 질서가 없던 시대에는 무력으로 상대편을 제압할 수 있었다고 할지라도, 현대사회에서는 논증으로 모든 것이 결정된다. 논증은 이처럼 공동체를 지탱하는 힘이다. 논증은 민주주의라든가 문화적 가치를 지키고 보존하는데도 필요하다. 논증은 전문가 집단의 존재방식이다. 예를 들면, 최고의 전문가 집단인 과학자나 교수들은 논증을 통해서 이론과 주장을 검증받는다. 전문가 집단으로 갈수록 논증의 질과 중요성이 커진다.

논증은 설명과는 다르다. 논증은 협상이나 선전 혹은 강압적 요구가 아니다. 논증은 이야기도 아니다. 하지만 이야기는 논증보다 더 오래된 논증과는 다른 인지활동으로 논증과 비교되는 추론방식이다. 논증적 사고와 내러티브 사고는 인간의 인지적 활동의 두 축이라고 말하는 이들도 있다. 이야기, 즉 내러티브는 논증과는 다르지만 이야기에도 엄연한 논리가 있다.

사회활동, 직업활동, 정신활동 등 모든 인간의 삶에서 논증은 가장 중요한 역할을 한다. 인간은 인지기능의 핵심원리인 논증으로 창조된 존재이기 때문이다. 최초 에덴동산에서 아담과 하와가 선악을 알게 하는 나무의 실과를 따 먹었을 때 하나님은 이들과 논증적 대화를 하셨다. '아담아, 네가 어디 있느냐?(Wo warst du, Adam?)' 하나님은 아담의 실존, 아담의 현재 위치를 논증하도록 하셨다. 하나님께서 질문하시고 아담이 대답하는, 하나님과 아담의 대화는 최초의 논증대화였다. 가인이 아벨을 죽인 후 하나님은 가인에게 물으셨다. '네 아우가 어디 있느냐?' 성경에 보면 이처럼 인간실존의 심연(深淵)에는 논증이 있었다. 논증을 상실한 인간실존은 고뇌와 방황, 죽음과 고통의 흑암에서 신음하였다. 논증! 그것은 인간실존의 문제인 것이다. 논증! 그것은 철학인 동시에 현실의 삶이다. 논증은 문화요 가치관이자 역사관이다. 논증에서 이데올로기와 역사가 나오며, 논증에서 전쟁과 분쟁이 발발한다. 볼셰비키 공산당 혁명은 잘못된 논증이 맺은 산물이었다. 일본의 역사인식도 논증의 오류가 아니고 무엇인가? 오늘날 세계사의 모든 문제들은 논증의 오류에서 비롯된 것들이 얼마나 많은지 모른다. 논증의 오류에서 많은 비극이 발생한다. 논증! 얼마나 중요한가! 얼마나 무섭고 심각한 것인가!

2. 논증적 글쓰기의 과정

최재천 교수는 인생을 살아보니 모든 것은 글쓰기로 승부가 난다고 하였다. 글쓰기가 인생의 성패를 좌우하는 결정적인 힘이라는 것이다. 여기서 말하는 글쓰기가 바로 논증적 글쓰기다. 논증적 글쓰기가 인생의 제반사(諸般事)를 결정하는 힘이라는 의미다. 21세기를 이끄는 힘이 바로 논증(argument)과 합리성(rationality)이기 때문이다. 따라서 논증적 글쓰기는 지식생산 글쓰기의 전략으로서 우선적인 문제이자, 동시에 지식정보사회를 살아가는 우리에게 가장 필요한 글쓰기 전략이라고 할 수 있다. 논증이란 논리적인 주장과 설득을 통해서 어떤 결론에 도달하는 작업이다.

논증적 글쓰기란 자기 생각이나 감성에 기초한 글쓰기를 지양하고 객관적 사실과 논리에 근거한 글쓰기이다. 심지어 소설과 같은 문학작품에서도 사건의 발생과 전개 등 스토리의 구성에 보이지 않는 논리가 살아 숨 쉰다. 전혀 인과관계가 없는 우연과 돌발적 사건으로 스토리를 전개한다면 독자는 혼란스러워한다. 즉, 우리가 살아가는 세계는 일정한 법칙과 논리 가운데 운행되기 때문이다. 자연법칙과 함께 인생에도 일정한 법칙이 있게 마련이다. 이렇게 세계와 만물 가운데 존재하는 법칙과 논리를 근거로 생각과 주장을 전개할 때 독자는 공감하고 수긍하게 된다. 공감과 수긍이 동반되지 않는 이야기는 흥미를 줄 수 없다.

또한 논증적 글쓰기는 읽기 자료를 통해 이를 분석하고 주관적으로 해석한 논리를 전개하는 글쓰기로서 각 전공분야 간의 학제 간 글쓰기를 내포하고 있다. 흔히 글쓰기가 자신만의 주장이나 이야기를 쓰는 것으로 생각하는데, 대학에서 전문분야의 글쓰기란 주어진 정보와 자료를 해석하고 그 분야의 논리를 전개하는 논증이 필요하다. 따라서 글쓰기에 앞서서 읽기와 토론과 같은 자료해석의 과정이 필요하다. 조셉 윌리엄스와 그레고리 콜럼(Gregory G. Colomb)이 지은 『논증의 탄생』에서는 논증적 글쓰기의 전략으로서 네 단계의 글쓰기 과정을 제시하였다. 네 단계의 글쓰기 과정이란 생각하기-읽기-토론하기, 준비하기-계획하기, 초고쓰기, 고쳐쓰기를 말한다. 여기서는 조셉 윌리엄스와 그레고리 콜럼이 제시한 논증 과정을 소개하여 논증적 글쓰기의 개략적인 이해를 도모하고자 하였다.[35]

(1) **생각하기-읽기-토론하기**(thinking-reading-talking)

1) 전체 개요와 맥락을 파악하라

논증작업은 글을 쓰기 전부터 시작되며 생각하고, 읽고, 토론함으로써 앞으로 전개하고자 하는 자신의 논증에 대해 아이디어를 생성하는 과정이 필요하다. 이 과정에서 가장 중요한 것은 읽기이다. 읽어야 할 책이나 자료에 대해서는 전체 개요를 파악하는 수준에서 읽는다. 그리고 읽은 내용을 간략히 요약할 수 있어야 한다. 효율적으로 글을 읽어나가기 위해서는 가장 먼저 문제 진술을 찾는다. 이때 서론을 주의 깊게 읽으면 글쓴이가 무엇을 중요하게 생각하는지 알수 있으며 만약, 서론에서 찾을 수 없다면 결론에서 찾아본다. 서론에서 저자가 자신의 생각이나 주장과 다른 주장에 대해서 반론이나

---

35) 조셉 윌리엄스·그레고리 콜럼 지음, 윤영삼 옮김, 라성일 감수, 『논증의 탄생』, 홍문관, pp.12~13.

반박을 하는 부분이 있으면, 맥락을 이해하기가 쉬워진다. 즉, 저자의 반론과 반박을 통하여 맥락을 추론할 수 있다.

2) 근거(evidence)의 출처와 제시방법에 주목하라

학문 분야마다 논증에서 제시하는 근거의 종류나 출처, 제시방법들이 다르다. 책읽기에서 저자가 사용하는 근거의 출처, 제시방법들에 주목하고, 나의 논증작업을 위한 길잡이로 활용한다.

(2) 준비하기 – 계획하기(preparing-planning)

1) 문제를 명확하게 설정한다

글을 쓰기 전에 더 많이 준비하고, 더 많이 계획할수록 좋은 글을 쓰게 된다. 이 단계에서는 내가 해결하고자 하는 문제가 무엇인가를 명확히 해야 하며, 누가 읽을 것인가를 분명히 해야 한다. 자신이 해결해야 하는 문제가 무엇인지 알기 위해서는 먼저, 자신이 흥미와 관심을 가지고 있는 화제를 찾아야 한다. 다른 사람의 흥밋거리가 아니라 자신의 흥밋거리가 되는 화제라는 점이 중요하다. 글쓴이를 매료시키지 못하는 주제라면 다른 사람은 어떠하겠는가? 일단 화제를 찾았으면 화제와 관련된 글을 무작정 많이 읽어야 한다. 화제에 대한 지식과 정보가 있어야만 보편적 화제를 구체적인 화제로 만들 수 있기 때문이다. 이렇게 화제의 범위가 좁혀지게 되면 이제는 질문을 던져야 한다. 화제를 향해서 더 많은 질문을 던질수록 좋은 글을 쓸 수 있다. 즉, 좋은 문제를 선별할 수 있다.

2) 의미(意味, meaning)에 대한 논증을 하라

논증은 용어(말)로부터 시작된다고 할 수 있다. 그런데 용어의 의미를 정의하거나 설명할 때 다양한 방법을 사용할 수 있다. 우선 의미를 전달할 수 있는 전형(model)을 제시함으로써 용어의 의미를 쉽게 전달할 수 있다. 예를 들면, '믿음'이라는 추상적이고 정의하기가 쉽지 않은 개념을 전달하기 위해서는 '믿음의 주가 되시는' 예수 그리스도를 모델로 설명할 수 있을 것이다. 예수 그리스도는 하나님의 뜻에 복종하기를 십자가에서 죽기까지 복종하셨다. 하나님을 믿는다는 것은 이처럼 순종을 넘어서 절대적 복종의 단계까지 이르는 것이다. 즉, '믿음'이라는 개념을 설명하기 위해서 예수 그리스도를 전형으로 제시하는 방식을 취하는 예(例)다. 비유(analogy)를 사용하는 방식도 있다. '믿음'이란 무엇인가를 설명해 주는 비유로 예수님은 씨 뿌리는 자의 비유, 지혜로운 다섯 처녀와 미련한 다섯 처녀의 비유, 겨자씨의 비유 등을 말씀하셨다. 비유를 통해서 '믿음'의 의미를 알 수 있다. 다음으로는 역사적인 사례를 드는 경우이다. '믿음'이란 무엇인가를 알 수 있는 역사적 사례로는 히브리 민족의 광야생활이다. 바울은 이스라엘 백성들이 광야에서 복음을 들었지만 믿음과 결부하지 않아서 멸망하였다고 지적하면서 순종하지 않는 것은 믿지 않는 것이라고 하였다. 마지막으로는 '믿음'이라는 정의를 아예 회피하는 방법도 있다. 즉, 믿음의 정의를 말하지 않고 직접 실제적인 문제를 다루는 방식이다.

3) 근거자료를 메모한다

근거자료에 대한 메모는 논증작업에서 가장 중요한 부분이다. 논증을 전개하면서 근거를 제시하고자 할 때 자료에 대한 정보가 부실하거나 찾는 데 시간이 걸린다면 매우 비효율적인 글쓰기가 될 것이다. 따라서 서지정보(書誌情報)에 대해서는 빠짐없이 기록해 두어야 한다. 책의 경우 제목, 부제, 저자, 출판일, 출판사, 출판사 소재도시, 도서분류 기호 등을 적어둔다. 학술논문은 정확한 논문제목, 저자, 학술지명, 발행호수, 발행일, 게재쪽수를 메모한다. 인터넷 자료의 경우 주소(URL), 글쓴이에 대한 정보, 글이 올라온 날짜와 마지막으로 수정된 날짜, 접속한 날짜를 기록한다. 내용을 인용하고자 할 때는 고유한 표현인지, 아니면 요약 정리한 것인지를 명확히 하고, 문맥상의 의의도 밝혀주는 것이 필요하다. 간혹, 글쓴이가 농담처럼 얘기하고 넘어간 것을 마치 글쓴이의 핵심주장처럼 인용하는 경우가 있는데 이는 독자를 기만하는 행위이다. 그 외 인터뷰 내용이나 관찰내용에 대해서도 최대한 정확하고 자세한 정보를 메모하여 자료의 신뢰성을 높이도록 해야 한다.

4) 논증의 구도를 조직한다

우선, 글을 쓰고자 할 때 쓸거리를 모은다. 즉, 이러저러한 내용들을 조합하여 글을 구성하면 되겠구나 하는 생각나는 쓸거리들이 있다. 이렇게 쓸거리들이 모아지면 이것을 적절하게 정리하고 체계화시킨다. 어떤 내용을 앞부분에 두고, 어떤 내용을 뒤쪽에 배열할 것인가? 글의 문맥상의 전체적인 순서와 배열원칙을 정한다. 한 단락에서도 열거순서를 어떻게 하느냐에 따라서 독자의 이해가 좌우되기도 한다. 글을 잘 쓰느냐 못 쓰느냐는 논증구조가 탄탄하고 논리적이며 흥미롭게 구성되었는가 아니면 논리성이 부실하고 따분하고 복잡하게 구성되었느냐에 달렸다. 결국, 한 편의 글은 논증구조가 결정한다. 가능하면 독자와의 대화를 하는 것도 필요하다.

　초고를 쓰기 전에 대충 전체적인 논증 글의 윤곽을 짠다. 논증구조의 핵심적인 요소는 '주장(claims)－이유(reason)－근거(evidence)'이다. 주장은 이유들로 떠받치고, 이유는 근거로 떠받친다. 이때 너무 판에 박힌 논증구조, 이를테면, 첫째, 둘째, 셋째… 식으로 이유를 열거한 후 결론을 맺는 구조는 초보자들이 흔히 쓰는 구조인데 지양하는 것이 좋다. 이유를 열거하는 방식에 따라서 병렬식 배열과 직렬식 배열로 나뉘는데, 병렬식으로 배열하는 경우 내용이나 독자의 반응에 따라 배열한다. 직렬식 배열에서는 오직 한 가지 이유만이 주장을 떠받친다. 나머지 이유들은 앞에 있는 이유를 떠받치고, 마지막에 위치하는 이유는 근거라는 터 위에 자리 잡는다. 이유를 배치하는 순서는 논증과 상황에 따라 달라지며, 무엇보다 독자에 따라 달라진다. 일반적으로 독자들에게 강조하고 싶은 이유를 맨 마지막에 배치한다. 하지만 독자가 마지막까지 글을 읽을 것 같지 않을 경우에는 맨 처음부분에 핵심이유를 배치하기도 한다.

　경험이 풍부할수록 논증구조가 다양하고, 매끄럽게 전개된다. 텍스트의 전개 순서대로 논증을 해 나가는 방식도 있고, 질문과 대화식으로 논증구조를 설정하는 경우도 있다. 글쓰기의 어느 단계에서는 글의 윤곽을 짜지 않아도 되는 수준에 이르게 된다. 나의 경우는 복잡한 논증구조를 가진 글을 쓸 때는 간략히 메모지에 논증구도를 그리거나 적어 놓고 초고를 쓰는 경우가 많다.

5) 전제(前提, warrant)와 유추(惟追, analogy)로 논증을 돕는다

전제란 일반적으로 통용되고 공감하는 가치체계이다. 모든 주장을 이유로 뒷받침할 수가 없다. 즉, 주장과 이유 사이에 어쩔 수 없는 괴리가 있다는 말이다. 이런 경우 주장과 이유를 이어주는 것이 전제이다. 전제는 주장과 이유의 다양한 거리를 좁혀줌으로써 논증을 세워주는 일반적인 공감대라고 할 수 있다. 만약 인간의 삶에서 전제가 없다면, 인간의 삶은 주장과 이유의 삭막한 논리체계로 유지되는 비인간적인 모습이 될 것이다. 공동체 가운데서 통용되는 가치체계가 존재하기 때문에 주장은 거리가 멀게 보이는 이유로 설득력을 얻게 되는 것이다. 예를 들면, '공산주의는 인류역사에 가장 해악을 끼친 이데올로기다.'라는 전제는 대한민국이라는 공동체 안에서 통용되고 공감되는 가치이다. 만약, 북한이나 중국에서 이런 전제를 제시한다면 받아들여지지 않을 것이다. 즉, 전제란 사회적 성격을 지닌 가치체계라는 점에서 진리나 사실과는 다른 측면을 가진다. 따라서 만약 전제가 독자들에게 받아들여지지 않는다면 전제를 뒷받침하는 논증을 새로 만들어야 한다. '북한 공산당이 또 다시 도발을 하면 반드시 보복공격을 해야 한다.'고 하면 이는 주장과 이유가 된다. 여기에 전제를 설정하여 '공산주의는 인류역사에 가장 해악을 끼친 이데올로기다. 따라서 북한 공산당이 또 다시 도발을 하면 반드시 보복공격을 해야 한다.'고 한다면 전제는 주장과 이유를 단번에 연결해주는 역할을 한다.

이처럼 논증작업에서는 전제가 주장과 이유를 이어주는 역할을 하기 때문에 전제를 활용할 수 있어야 한다. 또한 전제를 어디에다 둘 것인가를 생각해야 한다. 전제와 동일한 역할을 하지만 유추는 구체적인 사건을 통해서, 새로운 사건에 대한 해석을 하는 것을 말한다. 예를 들면, 이스라엘 백성들은 하나님의 율법을 어기고, 우상숭배의 죄를 행하여 결국 바벨론의 포로가 되었다. 마찬가지로, 오늘날도 하나님의 계명을 어기고 불순종하면 하나님의 징계가 따라온다고 하면 이는 유추가 된다. 대개 유를 사용하는 경우는 보다 구체성 있는 예시를 통해서 독자의 반응을 유도하고자 할 때라든지, 유추가 명확하게 떠오르지 않을 때, 혹은 이미 전제를 여러 번 사용하여 다시 사용하고 싶지 않을 때 사용한다.

6) 반론수용과 반박을 하라

초고를 완성하기 전까지는 반론과 반박을 생각해서는 안 된다. 반론과 반박을 생각하다 보면 초고를 쓸 수 없다. 초고를 완성한 다음에는 반론을 찾아내어 반박하는 과정을 통해서 논증의 완성도를 높일 수 있다. 세계적인 강해설교자인 로이드 존스(Lloyd Jones)의 『로마서 강해』나 『에베소서 강해』를 읽어보면 철저하게 반론을 열거하고, 반론에 대한 반박을 충실하게 전개하는 것을 볼 수 있다. 이처럼 반론을 충실히 열거하고, 각각의 반론에 대한 반박을 해 나가는 가운데, 논증의 수준과 질을 높일 수 있다. 반론과 반박은 준비 과정에서 발견되는 대로 목록을 만들어 두면 효과적으로 활용할 수 있다. 반론과 반박을 포함시켜서 전체 논증을 세우도록 해야 한다.

7) 통계적 방법으로 인과관계를 분석하라

자연과학이나 사회과학의 연구에서 통계학적 분석은 인과관계를 설명하는 기본적인 도구가 된다. 논증을 구체화하려면 통계학적 분석방법이 필요하다. 의학연구에서 메타분석을 통하여 현재까지의 연구결과에 대한 통계적 의의를 살펴본다거나, 사회과학 연구결과에 대한 통계적 접근이 타당한지를 살필 수 있으려면 어느 정도의 지식이 있어야 한다.

(3) **초고쓰기**(drafting)

1) 작업서론(working introduction)을 먼저 쓴다

초고쓰기와 고쳐쓰기는 동시에 진행한다. 초고쓰기에는 완벽을 기하면서 천천히 쓰는 방식과 빠르게 대충쓰기가 있는데, 일반적으로 빠르고 대충쓰기를 많이 한다. 초고쓰기를 망설이면서 시간만 보내는 경우가 많은데, 일단 초고를 시작해야 한다. 이때 서론보다는 본론부터 쓰라고 하는데, 서론부터 초고쓰기를 함으로써 전체적인 글의 밑그림을 그리는 것이 중요하다. 이것을 조셉 윌리엄스와 그레고리 콜럼은 '작업서론'이라고 명명하였으며, '작업서론'을 쓰지 않고 초고를 쓰면 생각의 초점을 잃기 쉽다고 했다. 또한 작업서론을 쓰는 방법으로 다음과 같은 원칙을 제시하였다. ⓐ 독자와의 공감대 형성을 위한 맥락을 제시한다. ⓑ 명확한 문제제시를 한다. ⓒ 문제의 실제적 영향력을 설명한다. ⓓ 핵심적인 문제해법을 말한다. 공감대를 형성하는 표현법에도 주의를 기울여야 하는데, 서론에서 한두 문장으로 독자와의 공감대 형성이 이루어지기 위해서는 관용적인 표현양식이 있으며, 이러한 방법을 사용하는 것이 효과적이다. 예를 들면 다음과 같은 표현방식이다. '흔히들 이승만 하면 부정선거와 독재를 생각한다. 4.19는 이승만 정권의 부정부패와 독재를 종식시킨 사건인 만큼 이승만은 우리나라 민주주의 역사에 오점으로 여겨지고 있다. 그러나 좀 더 자세히 역사를 살펴보면 이승만은 대한민국의 오늘이 있게 한 위대한 지도자였음을 알 수 있다.'

2) 용어를 재정의한다

논증하고자 하는 취지에 맞게 용어를 정의하는 일은 건축의 기초를 닦는 일처럼 중요하다. 따라서 일반적이고 표준적인 정의를 바탕으로 논증의 목표를 향해서 새로운 정의로 발전시키는 표현상의 기술이 필요하다. '일반적인 의미에서 믿음이란 신뢰하고 의지하는 것이다. 그러나 성경이 말하는 믿음이란 삶의 현장에서 믿는다는 실제적인 증거라 할 수 있는 순종을 의미한다.' 이처럼 일반적이고 표준적인 용어의 정의로부터 논증이 지향하는 수준의 정의로 나아가야한다. 사전의 정의는 가능한 인용하지 않는 것이 좋다. 만약 사전의 정의를 불가피하게 인용해야 하는 경우라면 정의를 풀어서 인용하도록 한다.

3) 논증을 전개한다

① 주장을 표현한다

논증에서 가장 중요한 것은 글쓴이가 말하고자 하는 주장이다. 동시에 독자들이 저자의 주장에 귀를 기울여 주어야 한다. 따라서 주장은 독자의 동의를 구하는 점이면서 독자의 관심을 끄는 것이 되어야 한다. 주장을 표현할 때 말하고자 하는 바를 분명하게 표현할 뿐아니라 독자의 관심을 끄는 표현을 해야 한다.

주장을 말할 때는 어느 정도의 수준에서 독자의 동의를 이끌어 내고자 하는가를 생각해야 한다. 주장을 100% 받아들여 주기를 바라는 것은 비현실적이다. 누구도 다른 사람이 주장하는 바에 100% 동의하기란 쉽지 않다. 주장을 통해서 그 주제에 대한 새로운 관심을 일으키는 것을 목표로 한다거나, 독자들의 일방적인 생각에 충격을 주고자 하는 등 독자의 동의수준에 대해 목표를 세워야 한다.

또한 주장을 할 때 논쟁의 여지가 있는 주장인지를 생각해 보아야 한다. 논쟁의 여지가 없는 것을 주장한다면 사람들은 흥미를 갖지 못할 것이다. 모든 사람이 동의하는 바를 주장한다거나 아무도 관심을 갖지 않는 주제에 대한 주장은 독자의 흥미를 끌 수 없다. 특히 저자가 주장하는 바에 대해서 반대의견이 가능한 주장을 해야 한다. 반대의견, 즉 이견이 성립될 수 없는 주장이란 이를테면 백두산 천지에 괴물이 존재한다는 주장이다. 여기서는 괴물이 존재하지 않는다는 주장이 성립될 수 없다. 왜냐하면 괴물의 존재 여부는 아직까지 무엇으로도 입증할 수 있는 문제가 아니기 때문이다. 반면에 공산주의는 인간을 기만한 사상이라는 주장은 반대주장의 성립이 가능하다. 공산주의는 가장 이상적인 정치 제도라는 학자들의 이론이 많이 있기 때문이다.

한 사람의 인격도 정직성과 현실성, 책임감과 이상(理想) 등이 고루 갖추어야 하듯이 좋은 주장이 되려면 여러 가지 측면의 요건을 갖추어야 한다. 우선 실행 가능한 주장이어야 한다. 동시에 윤리적이면서 구체적이고 세심한 내용이어야 한다. 주장에는 논리적 타당성이 있어야 하며 주장의 범위가 적절하게 한정되어야 한다. 막연하고 일방적인 주장이라든가, 논리성이 결여된 주장 혹은 실행이 어려운 주장, 비윤리적인 주장 등은 독자의 공감을 얻기 힘들다.

② 이유와 근거를 제시한다

논증의 기본적인 구조는 '주장－이유－근거'이다. 근거는 주장과 이유가 뿌리내리고 있는 기초석이라고 할 수 있다. 근거는 객관적 사실을 말한다. 이유는 주장을 떠받치는 직접적인 배경이면서 근거라는 기초 위에 세워진 기둥이다. 이유는 주장을 지지해 주는 기둥 역할을 하는 이론적 배경이다. 그러나 이유는 객관적 사실과는 다르다. 이유는 근거에 기초한 저자의 주관적인 해석으로 주장을 설득력 있게 만들어 준다.

근거를 제시할 때는 독자의 요구에 귀를 기울여야 한다. 독자의 요구를 무시한 채 일방적으로 근거를 제시하면 독자가 원하는 수준의 근거가 되지 못하거나, 주장을 뒷받침하지 못할 수도 있다. 저자는 충분한 근거라고 생각하지만, 독자가 워낙 강하게 주장에 대해 반발할 경우 더 완벽하고 충실한 근거 제시가 있어야 한다. 그러므로 근거를 제시할 때는 독자의 요구수준을 파악해야 한다. 독자가 요구하는 근거의 조건으로는 정확성, 구체성, 대표성, 신뢰성이 있어야 한다.

③ 숨겨진 가정을 찾아라

일상에서 하는 대화를 들어보면 주장－이유－근거의 틀이 어느 정도 적용되지만 때로는 이 구조가 깨진 경우도 있다. 즉, 주장을 말하면서 이유가 불분명하거나, 근거 없는 감정적인 주장을 하는 경우도 있다. 또 주장을 뒷받침하는 이유를 나열하지만, 정작 이유를 지지해 줄 근거를 제시하지 못하는 경우도 있다. 이렇게 논증의 기본 틀이 깨지면 주장이 보편성과 객관성을 잃어서 설득력이 없다. 그런데 주장-이유-근거의 기본적인 논증구조를 갖추었어도 주장-이유의 관계가 공감을 얻지 못하는 경우가 허다하다. 주장-이유의 관계뿐 아니라 이유-근거의 관계도 마찬가지다. 대개 문화적인 동질성이 있는 경우에는 주장-이유 사이에 암묵적인 전제가 통용되기도 하지만, 문화적 동질성이 부족한 경우에는 주장-이유의 관계를 설명해 주는 또 다른 이유, 즉 암묵적인 가정을 제시해야 한다. 이것을 전제라고 한다. 주장과 이유를 이어주는 것을 전제라고 하며, 이유와 근거를 이어주는 것 역시 전제이다. 일반적으로 전제는 암묵적(暗黙的)인 동의(同意)를 바탕으로 생략하고 넘어가는데, 주장과 이유 사이가 너무 비약적이거나 문화적 이질성을 가진 경우라면 주장-전제-이유의 구조로 이유에 대한 이유를 설명해 주어야 한다. 전제를 또 다른 이유라고 보는 경우도 있는데, 이유와 전제는 거의 같다고 생각하면 된다. 논증에서 전제를 적절하게 발견하고 이를 제시할 때 독자의 이해를 높이고, 독자의 공감을 얻게 된다.

예를 들어보자. "기독교를 믿는 나라는 일반적으로 잘 산다."라고 하면 이것은 주장이 된다. 이 주장이 설득력을 가지려면 이유가 제시되어야 한다. 그래서 다음과 같은 이유들을 제시했다고 하자. "기독교가 경제를 활성화시키며, 기독교는 범죄율을 낮추고, 기독교는 과학기술을 발전시킨다. 더 나아가 기독교는 국방을 강하게 하기 때문이다." 그리고 이어서 이러한 이유들에 대한 근거로 기독교 국가들과 비기독교 국가들 간의 경제성장률, GNP, 각종 범죄지표, 통계수치, 과학논문발표 통계 등을 객관적 증거로 제시했다고 치자. 이 경우 이유에 대한 근거가 상당히 충실하게 제시된 논증이라 할 수 있다. 그러나 독자의 입장에서는 고개가 갸우뚱해진다. 기독교와 경제, 기독교와 과학기술, 기독교와 범죄율은 무슨 관계가 있지? 즉, 주장에 대한 이유가 이해가 가지 않는 것이다. 물론 기독교를 믿는 사람들은 암묵적인 신앙적 가치관으로 이러한 논증을 이해할 수 있으나, 일반적으로 주장에 대한 이유의 이유를 제시하지 않으면 이해할 수 없는 논증이다. 여기서 숨겨진 전제는 "성경이 가르치는 경제관, 직업관은 일하지 않거든 먹지도 말라고 하였다. 그래서 기독교적 인생관은 열심히 일하고 개척하며 도전하는 가치관이다. 따라서 기독교는 사람들을 부지런하게 만들고, 이는 경제발전에 영향을 끼친다."와 같은 내용일 것이다. 따라서 감추어진 전제는 무엇이며, 감추어진 전제를 제시할 것인가 말 것인가를 선택하는 것은 독자에 대한 이해에 기초한다. 전제를 제시함으로써 글이 보다 논증적이 되기도 하지만, 누구나 인정하는 전제를 제시하면 논증의 역동성이 감소되기도 한다.

④ 독자의 질문에 대답하라

논증을 전개하는 과정의 마지막 단계는 반론에 대해 어떤 자세를 취할 것이며, 어떻게 반대 이론을 제시할 것인가이다. 대개 논증 과정에서 자신의 주장을 반대하거나 반박하는 이론을 만나면 자신을 방어하고 반격에 급급하기 쉽다. 혹은 반대의견을 무시하거나 외면하기도 한다. 그러나 논증을 전개하는 과정에서 일관되게 독자의 반대질문을 예상하고 차분하고 성의 있게 대처할 때 논증의 깊이는 더욱 깊어지고 저자의 인격과 감동력은 커진다.

자신의 주장과 반대주장을 하는 사람에 대해서 어떤 자세를 취하는가는 실로 대단히 중요한 문제이다. 이는 단지 논증에만 국한된 것이 아니라 인생을 살아가는 삶의 자세와 관련된 것이다. 자신의 주장만을 고집하고 다른 사람의 말이나 조언에는 귀를 막고 듣지 않는 사람들이 간혹 있다. 이런 사람들은 사회적으로나, 심리적으로 문제가 있는 경우이다. 배우려 들지 않는 것, 남의 얘기를 듣지 않으려는 것, 자기 입장에서만 생각하는 태도는 지극히 미성숙한 유아적 행태이기 때문이다. 대부분의 오류와 편견은 지극히 주관적이거나 좁고 제한된 조건에서 문제를 바라보는 생각의 한계로 말미암는다. 전체를 보지 못하고 부분만을 본다거나, 다른 사람의 입장은 외면하고 자기 생각만을 한다거나, 경직된 사고 등이다. 이렇게 편향된 시각에 치우친 것을 한쪽 눈으로만 본다고 해서 단안사고(單眼思考)라고 하고, 사고의 융통성과 다양성을 강조한 사고를 복안사고(複眼思考)라고 한다.[36]

4) 본론에서 이유 – 근거의 균형을 잡는다

본론에서 주장에 대한 적절한 이유를 제시하는 것은 논증적 글쓰기의 핵심이다. 주장 – 이유 – 근거는 논증의 기본구도이기 때문이다. 그러나 이유와 근거의 균형 잡기가 중요하다. 이유를 떠받치는 최선의 근거를 찾았다면 별로 상관없는 근거들은 버리는 것이 좋다. 지나치게 많은 근거들은 간혹 주제를 혼란스럽게 만든다. 반대로 근거로써 뒷받침을 해주지 못한 이유는 사용해서는 안 된다. 인용과 대

---

36) 가리야 다케이코 지음, 이규원 옮김, 『잠자리 눈으로 생각하기, 글쓰기, 말하기』, 중앙일보사, p.17.

이터가 전체 글의 1/3을 넘지 못하거나, 2/3를 넘는 것은 바람직하지 못하다.

5) 적절한 인용원칙을 지킨다

참고문헌의 내용을 인용하고자 할 때는 옮겨쓰기와 풀어쓰기, 줄여쓰기 등의 방식을 활용한다. 주로 자연과학이나 통계를 중시하는 사회과학에서는 풀어쓰기와 줄여쓰기를 많이 사용하고 인문학에서는 원문을 중시하는 경향 때문에 옮겨쓰기를 많이 한다. 문장 속에 인용문을 끼워 넣는 경우는 간혹 줄을 바꾸고 문단의 형식을 바꿔서 인용하는 경우가 있는데, 인용을 소개하는 글에 이어서 바로 인용문을 붙여 써야 한다. 혹은 인용문을 문법에 맞게 문장 속에 끼워서 쓰도록 한다. 인용문의 길이가 세 줄 이상 되는 경우는 문단을 나누어서 써야 한다. 또한 인용문을 너무 자세하게 풀어서 쓰는 경우 표절 시비가 일지 않도록 주의해야 한다.

6) 반론수용과 반박의 표현방식에 익숙하라

반론수용과 반박을 위한 어휘와 표현방식에서 서툴면 반론수용이나 반박에 소극적일 수 있다. 그러다 보면 논증의 수준과 질적인 한계를 보이기 쉽다. 반론수용과 반박의 표현방식으로서 이러이러한 견해가 있는데, 그것은 이러저러한 면에서 문제가 있다는 식으로 직접 열거하는 방식이 있다. 즉, 반론을 순서대로 열거하면서 하나씩 반박하는 방식이다. 반대의견이나 대안을 간단하게 한 문장 안에서 요약하여 매듭짓고 이에 대한 반박을 하는 문장단위의 반론수용과 반박도 편리하게 쓸 수 있다. 예를 들면, '배아줄기세포는 성체줄기세포에 비해서 뛰어난 분화능을 가졌음에도 불구하고 여전히 생명윤리의 문제를 피해 갈 수 없다.'와 같은 표현양식이다. 즉, 배아줄기세포의 임상적 의의를 주장하는 의견에 대해서 반론수용과 반박의 예이다. 같은 맥락에서 '성체줄기세포는 여러 한계를 지녔기 때문에 임상적으로 활용도가 낮을 것으로 보이지만, 실상은 임상활용이 매우 활발하게 이루어지고 있다.' 등의 표현방식도 있다. 또 다른 표현 방식으로는 '배아줄기세포가 성체줄기세포에 비해서 가능성과 잠재력이 크다고 하는 주장은 분명히 일리가 있다. 하지만, 문제는 배아 줄기세포가 안고 있는 종양발생과 생명윤리적인 한계이다.' 등이다.

로이드 존스는 『로마서 강해』와 『에베소서 강해』에서 반론을 열거하고, 각각의 반론에 대해서 자세하고도 철저하게 반박하는 논증을 펼쳤다. 이때 로이드 존스가 사용한 반론제시 방식은 '율법은 폐하여지고 오늘날은 율법을 지킬 의무가 없어졌다고 하는 주장이다.' 라는 식으로 반대의견을 한 문장으로 완벽하게 표현한 후 이에 대한 반박을 전개해 간다. 서론에서 공감대 형성과 문제제시를 할 때 반론과 반박이 무엇인지 추론할 수 있는데, 이때도 반론, 반박의 표현양식이 사용된다. '흔히들 이승만 하면 부정선거와 독재를 생각한다. 4 19는 이승만 정권의 부정부패와 독재를 종식시킨 사건인 만큼 이승만은 우리나라 민주주의 역사에 오점으로 여겨지고 있다. 그러나 좀 더 자세히 역사를 살펴보면 이승만은 대한민국의 오늘이 있게 한 위대한 지도자였음을 알 수 있다.'

(4) 고쳐쓰기(revising)

1) 논리의 모순은 없는가?

글을 많이 써 본 사람들일수록 초고를 쓰는 것보다 초고를 고치는 데 시간을 더 많이 할애한다. 고쳐쓰기를 일반적으로 틀린 글자나 문법을 고치는 것으로 생각하기 쉬운데, 우선적으로 살펴야 할 것이 글의 전체적인 논리이다. 즉, 서론에서 주장하는 바와 결론의 주장이 서로 모순되어서는 안 된다. 전체적인 논리상의 모순이 있는가를 빠르게 확인하는 방법은 먼저 서론, 본론, 결론 부분에 줄을 쳐서 명확히 구분하고, 서론의 핵심 문장과 결론의 핵심 문장에 밑줄을 긋는다. 그리고 밑줄을 그은 부분끼리 상호모순이나 충돌이 있는지, 아니면 서로 다른 내용을 강조하고 있는지 비교한다. 이런 방식을 각 단락에도 적용하여 각 단락의 핵심문장에 줄을 긋고, 서로 비교하는 방식을 취한다. 이어서 서론-결론-본론-제목의 순으로 검토한다. 서론에서 논증을 전개하고자 하는 주제를 정확히 소개하고 있는가? 공감대가 주제에 대해서 말하고 있는가? 불안정 조건, 손실이나 결과 등이 선명하게 부각되는가? 서론에 주요 주장이나 핵심개념을 담고 있는가? 이어서 결론 부분의 첫머리에서 주요주장을 진술하는가? 서론과 모순되지 않는가? 주요 주장의 중요성을 진술하고 있는가? 등을 검토한다.

서론과 결론을 검토함으로써 논지가 명확해지면, 이제는 본론을 검토하면서 글 전체에 분포된 논증의 균형을 잡아간다. 서론과 결론 부분에서 주장하는 논증이 본론에는 빈약하게 나타날 수도 있고, 본론에서 강조하고 있는 단어가 서론과 결론에는 없는 경우도 있다.

만약 서론과 결론에서 강조하고 있는 주장이 본론에서 약하게 언급되었다면, 본론의 취약 부분을 강조해줌으로써 논증의 균형을 잡아준다. 또 본론에 많이 등장한 단어가 서론과 결론에 없다면 이 단어를 서론과 본론에 넣어서 역시 논증의 균형을 잡아준다. 마지막으로 제목은 논증의 핵심개념을 미리 보여주는 기능을 해야 한다. 따라서 서론과 결론에서 중심 되는 단어들로 제목을 지어야 한다. 제목은 주제목과 부제목으로 나누어 구성하는 것이 바람직하다.

2) 문맥과 의미의 중복, 불필요한 표현, 모호한 설명, 틀린 문법 등을 고쳐쓰기 한다

논증적 글쓰기는 간결해야 한다. 중복된 문장이나 의미를 피하고, 불필요한 표현은 삭제하거나 단순화시킨다. 문법의 오류나 틀린 글자에 대한 고쳐쓰기를 통해서 표현의 완성도를 추구한다.

제3장 내러티브 글쓰기

1. 내러티브(narrative)란 무엇인가?

　인간은 이야기를 근거로 살아가는 존재이다. 인간의 삶은 논리적 사고만으로 설명하기 어려운 부분이 있다. 내러티브는 인간의 삶과 역사, 문화를 설명해 주는 중요한 사고체계이다. 이야기는 마음의 기본원리이자 인간의 가장 근원적인 인지활동이다. 즉, 사고의 원래 형태는 이야기이다. 인간은 끊임없이 이야기를 만들어냄으로써 세상과 우주를 이해하고 의미를 찾아가는 존재이다. 인간은 이야기를 갈급해한다. 그래서 이야기는 미래사회를 지배하는 문화의 키워드(key word)이다. 이야기가 글쓰기 방식으로 주목을 받기 시작하면서 내러티브라는 새로운 용어가 탄생하였다.

　내러티브는 원래 저널리즘에서 시작된 글쓰기의 방법론이다. 미국의 1960년대 단편소설은 불황으로 인해 위기에 처하게 되었다. 이때 트루만 카포티(Truman Capote)라는 소설가가 새로운 글쓰기 모험에 도전하였다. 그는 1965년 두 명의 살인자에 관한 실화를 바탕으로 『인 콜드 블러드(In Cold Blood)』라는 논픽션 소설을 내놓았다. 이 책은 내놓기가 무섭게 베스트셀러가 되었으며, 이를 계기로 신문사들은 논픽션 문체에 주목하기 시작했다. 이야기체 글쓰기, 곧 내러티브는 1973년 미국의 톰 울프(Tom Wolfe)가 <뉴 저널리즘>이라는 부정기 간행물을 발간함으로써 본격적으로 확산되었다. 그 후 <뉴요커>, <에스콰이어>와 같은 잡지를 중심으로 발전해 나갔다. 마침내 1979년 퓰리처상 위원회는 '피처라이팅(Feature Writing)' 부분을 신설하면서 내러티브를 저널리즘의 새로운 장르로 인정했다. '이야기체 뉴스'를 의미하는 내러티브라는 용어는 2001년 하버드 대학의 니먼재단(Nieman Foundation)이 주관하는 콘퍼런스에서 공식 정의한 명칭이다. 니먼재단이 주관한 콘퍼런스에서 '내러티브는 깊고 정밀한 취재를 기반으로 한다. 창의적인 언어를 사용하며, 기존 뉴스의 고정된 형식을 탈피해 이야기하듯 뉴스를 전달한다.'라고 정의하였다.[37]

내러티브는 저널리즘 분야뿐 아니라 의학 분야에서도 관심을 갖기 시작했는데, 글쓰기의 모형을 제시한 대표적인 인물인 리타 샤론(Rita Charon)은 환자를 한 사람의 인격체로 바라보고, 환자의 입장에서 내러티브 글쓰기를 통해 질병을 기술하도록 하였다. 유명한 신경과 의사이자 동시에 극작가요 소설가인 올리버 색스 역시 인간이

---

37) 최수북 지음, 『기막힌 이야기 기막힌 글쓰기』, 교보문고.

라는 주체, 즉 고뇌하고 고통 받고 병과 맞서 싸우는 주체를 중심에
놓기 위해 병력(病歷)의 영역을 서사와 이야기 단계로 확장시킬 필
요가 있다고 하였다. 올리버 색스는 내러티브를 통해서 병과 씨름하
는 의사와 마주하는 살아있는 인간, 현실적인 환자 개인을 바라보게
된다고 하였다.

2. 주제(主題)를 발굴하라

이야기에는 이야기가 담고 있는 의미와 가치가 있다. 이야기 속에
있는 의미와 가치를 주제라고 한다. 따라서 주제발굴이 이야기의 생
명이다. 주제가 없으면 이야기는 허황된 말장난에 불과하게 된다.
주제가 얼마나 감동적이냐에 따라 이야기가 주는 영향력은 크다. 훌
륭한 주제발굴이 좋은 이야기를 만든다.

그런데, 이야기 속의 의미와 가치를 발아하는 씨앗이 바로 모티프
(motif)이다. 톨스토이는 '글에는 초점이 있어야 한다. 그 빛이 집중
되는 곳에서 이야기가 시작된다.'고 하였다. 이야기에도 발화점이 있
어야 하는데 그 발화점이 바로 모티프이다. 즉, 이야기의 주제를 이
루는 사건의 최소 단위를 모티프라고 지칭한다. 모티프는 작품의 내
용에서 더 이상 분해가 불가능한 최소 단위이다.

모든 문학작품은 이 같은 모티프들의 결합에 의해 이루어진다. 러
시아 형식주의자 토마셰프스키(Boris Tomashevsky)는 더 이상 분해
가 불가능한 작은 부분의 테마 하나하나를 모티프라 불렀다. 다시
말해서 소설 전체를 최소의 의미 단위로 나누면 결국 여러 개의 문
장에 이르게 되는데, 모티프란 바로 이 문장 하나하나를 말한다. 이

야기를 하고자 한다면 감동의 소재를 찾아야 한다. 그런 작은 감동이 바로 모티프이다. 하나의 모티프를 사용하여 이야기를 전개할 수도 있지만 복수의 모티프를 사용함으로써 이야기를 보다 흥미진진하게 이끌어 갈 수 있다. 소설가들은 대개 한 작품에 여러 개의 모티프를 사용한다.

3. 인물발굴이 내러티브의 절반이다

내러티브는 어떤 인물을 주인공으로 쓰느냐에 성패가 달렸다. 이야기는 주인공이 직면하고 있는 문제를 어떻게 해결해 나가는가를 보여준다. 주인공의 문제해결 과정이 극적이고 독자에게 감동을 주는 것이라면 이야기는 이미 절반의 성공을 거둔 것이다. 명작으로 평가되는 소설 속의 주인공이 시대를 초월하여 사람들의 뇌리 속에 살아 있는 이유는 이야기의 주인공이 독자에게 주는 감동 때문이다. 소설가와 기자들이 새롭고 흥미로운 인물을 발굴하고자 애쓰는 것도 바로 이 때문이다. 그렇다면, 이야기를 이끌어 갈 인물은 누구인가?

(1) 주인공이 인물모델

구약성경에는 사울과 다윗의 갈등과 대립이 전개된다. 사울과 다윗은 성경 이야기를 이끌어가는 대표적인 인물모델이다. 우선, 사울은 이스라엘의 초대 왕으로 기름부음 받았다. 사울은 베냐민 지파의 사람이면서 기골이 장대한 인물이다. 그러나 사울은 겉보기와는 다르게 내면이 소심하고 다윗에 대한 시기심과 미움으로 가득하였다.

사울은 백성들이 다윗을 더 칭송하자 다윗을 죽이고자 오랜 세월을 살인감정에 사로잡혔던 자였다. 사울은 악귀에 시달렸으며, 선지자를 통해 말씀하신 하나님의 명령에 불순종하였다. 그 결과 사울은 하나님의 심판을 받아 처참하게 생을 마감하였다. 반면에 다윗은 어린 소년이었지만 용맹스러웠고, 수금을 잘 탔으며, 하나님을 경외한 사람이었다. 다윗은 사울 왕에게 쫓기는 가운데서도 하나님을 경외하였으며, 어려운 처지의 사람들을 품었고, 역경과 고난을 이겨냈다.

구약성경은 다윗과 골리앗, 다윗과 사울, 다윗과 요나단의 관계를 통해서 다윗의 인격과 위인됨을 설명하고 있다. 주인공 다윗에 대해서 골리앗, 사울, 요나단과 같은 인물들은 다윗을 드러내는 역할을 하고 있다. 다윗에게 사울이라는 가시가 없었다면 다윗의 삶과 신앙이 그토록 드라마틱하지는 않았을 것이다. 다윗의 위인됨은 사울이라는 대조적인 인물을 통해서 더욱 빛을 발하였다. 다윗은 하나님 앞에서 역경과 고난을 헤쳐나가면서도 변함없이 하나님을 경외하고 의지하는 신앙 인물이었다. 그러나 사울은 악령에 시달렸고, 시기심과 미움에 사로잡혔으며, 이기심과 자기 영광의 노예가 되어 하나님의 명령에 불순종한 사람이었다. 다윗의 인물됨이 입체적이라면 사울의 인물됨은 평면적이었다.

다윗형 인물모델의 특징은 고난과 역경에 대한 탁월한 반응이다. 다윗은 숱한 어려움으로 점철된 젊은 날을 보냈다. 사울이 던진 창을 두 번이나 피했으며, 군대를 거느리고 추격하는 사울 왕의 살기 앞에서 두려움에 떨기도 하였다. 사울 왕을 피해서 인접국가로 망명을 가기도 하였으며, 여러 번 위험과 절망의 순간에 직면하기도 했다. 그런데 이런 역경과 어려움을 극복하고 이겨나가는 다윗의 인생은 실로 감동적이다. 만약 다윗이 순조로운 정치적 성공의 길만을 걸었다면 그의 인생이 주는 감동은 덜 했을 것이다.

(2) 주인공에 대한 인물이해

이야기를 사실적으로 전개해 나가기 위해서는 주인공을 비롯한 등장인물에 대한 정확한 이해가 필수적이다. 등장인물들이 누구인지 이해하려면 인간이란 단순하게 선과 악으로 분류할 수 없는 복잡한 존재임을 알아야 한다. 다윗은 블레셋 장수 골리앗을 죽인 용맹스럽고 하나님을 경외한 사람임에 틀림없었다. 다윗은 위기의 때에 하나님께 기도한 기도의 사람이었고, 부하들을 사랑하였으며, 진심으로 하나님을 경외하였다. 그렇지만, 다윗이 완전무결한 초월적인 인간은 아니었다. 다윗은 왕이 된 후 나태해졌고 충신 우리아의 아내를 강간하였고, 우리아를 죽인 죄를 범했다. 압살롬이 반역사건을 일으켜 요압장군에게 무참히 살해당하자 다윗은 백성들의 심중은 아랑곳없이 자신의 슬픈 감정에서 헤어나지 못했다. 그의 인사정책에는 불편부당(不偏不黨)이 보였다. 주인공 다윗의 프로필에는 위대한 하나님의 사람으로서의 면모와 함께 간음죄와 살인죄라는 치명적인 죄도 있다.

등장인물을 진정으로 이해하려면 그들이 처한 상황에서 그들의 행적을 살필 수 있어야 한다. 등장인물의 사회적 지위는 어떠며, 가족관계, 학벌, 소유, 타고 다니는 자동차가 무엇인지를 아는 것으로 사람을 이해한다고 할 수 없을 것이다. 피상적으로 사람을 평가하고 나타난 외형만 보고 판단하는 것은 사람을 진정으로 이해하는 것이 아니다. 어떤 어려움에서 그의 깊은 내적 갈등과 고뇌 가운데 그가 무슨 결정을 하였는가를 보면 그의 인간됨을 알 수 있다. 또한 등장 인물이 추구하는 목표가 무엇인지를 살펴볼 필요가 있다. 인간은 그가 추구하고 바라는 바에 의해서 그 인물됨이 결정되기 때문이다. 등장인물에 대한 이해는 이처럼 내적인 이해, 심층적인 이해를 동반해야 한다.

(3) 주인공에 대한 인물묘사

내러티브는 이야기 전개방식이 소설과 비슷하지만, 소설은 아니다. 이야기 전개방식이 소설과 같은 형식을 취할 뿐이지 내용에 있어서는 철저하게 사실에 기초해야 한다. 내러티브의 본질은 어디까지나 사실과 진실이다. 간혹 이야기를 재미있게 만들겠다는 의욕에서 극적으로 과장하거나 없는 사실을 창작해서 말하면 내러티브로서의 생명은 끝이다. 이야기를 위해서 인물을 창조해서는 안 된다.

내러티브에서는 등장인물의 대화를 바꾸어서도 안 된다. 감동을 줄 목적으로 혹은 흥미를 더할 목적으로 등장인물의 대화를 꾸며내서는 안 된다. 간혹 주인공이나 등장인물의 대화가 어법이나 논리적으로 맞지 않은 경우도 있지만, 그 자체로 등장인물의 수준을 말해주는 사실적 자료가 되기 때문에 대화를 바꾸려 해서는 안 된다. 내러티브에서는 특히 등장인물의 생각이나 느낌 등을 말해서는 절대 안 된다. 인물의 생각이나 감정을 '~라고 생각했다'라든가, '~마음이 우울해졌다'라는 식으로 표현해서는 안 된다. 또한 등장인물에 관한 정보를 선택적으로 생략해서도 안 된다. 정보를 있는 그대로 제시함으로써 독자로 하여금 판단하고 해석하도록 해야 한다.

아래 그림 (가)는 순천만의 갈대숲이 평화롭다고 설명하는 반면 (나)는 묘사를 하고 있다. 마찬가지로 내러티브에서는 인물에 대한 설명보다는 묘사를 해야 한다. 인물묘사가 내러티브의 중요한 요건이다. 인물을 생동감 있게 묘사하기 위해서는 설명보다는 보여주는 표현을 써야 한다. '그는 두려움에 떨었다.'라고 하면 작가가 인물이 두려워하고 있다는 사실을 설명하는 문장이 된다. 그러나 '어둠 속에서 짐승의 우는 소리가 들리자 그의 얼굴은 창백해졌다.'고 하면 두려워하는 모습을 묘사하는 글이 된다. 인물의 외모와 성격을 묘사하는 것도 마찬가지다. '그는 훤칠한 키를 가진 잘 생긴 청년이다.'라고 설명하는 대신 '그는 문지방에 머리가 닿지 않도록 허리를 굽혔다.'라는 식으로 묘사해야 한다. 이처럼 내러티브에서는 설명하는 대신 그림을 그리듯이 묘사해야 한다. 인물에 대해서 작가가 '그는 ~한 사람이다'라고 단정적으로 평가하지 말고 독자로 하여금 평가할 수 있도록 인물의 말, 행동, 외모, 성격 등을 묘사해야 한다.

(가)   (나)

순천만의 갈대숲은 평화로웠다.

강물은 잔잔히 흐르고 노란 갈대숲은 바람에 흔들리고 있었다.

4. 내러티브는 시점(視點)의 미학(美學)이다

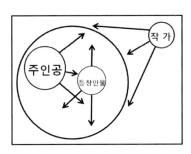

<그림 3-2> 내러티브의 시점

내러티브에서는 관찰자 곧 시점이 누구인가에 따라서 이야기의 분위기와 색깔이 좌우된다. 시점이 적절치 않으면 이야기가 부자연스럽게 전개된다. 병원에서 일어난 사건 <그림 3-2>를 다룬 내러티브에서는 의사의 시점으로 이야기하는 것이 유리할 때가 있다. 왜냐하면 질병에 대한 전문적인 지식이라든가, 병원의 시스템, 장비, 시설, 인력들에 대한 이해를 보다 전문적으로 다룰 수 있기 때문이다. 범죄수사와 관련된 사건에서 검사를 1인칭의 화자로 하여 이야기한다면 검사로서의 전문성과 경험을 활용할 수 있다는 점에서 유리하다. 하지만, 등장인물을 1인칭의 화자로 내세울 때 간혹 이야기를 전개하기가 어색한 경우가 있다. 범죄자나 살인자를 주인공으로 내세운 이야기에서 시점을 1인칭의 '나'로 정하면 내가 살인자가 되어 사건을 설명하게 되기 때문에 이상한 설정이 된다. 반대로 등장인물인 주인공의 훌륭한 점을 이야기하는 상황에서 1인칭의 화자를 시점으로 내세울 때 내가 '나'의 장점을 자랑하는 모양새가 되기 때문에 어색하다. 이런 경우는 차라리 주인공이 회고록을 쓰는 형태가

낮다. 주인공이 아닌 제 3의 인물을 내세워 1인칭의 화자로 할 수도 있다. 이 경우 '나'는 주인공이 아닌 관찰자가 되어 주인공을 중심으로 등장인물들을 관찰하고 이야기하게 된다. 등장인물이 아닌 작가가 관찰자가 되어 이야기하는 경우도 있다. 우리나라 단편 소설 중에 황순원의 「소나기」나 현진건의 「빈처」, 이효석의 「메밀꽃 필 무렵」 등은 모두 작가가 관찰자가 되어 이야기를 풀어나간 작품들이다.

1인칭 화자를 쓸 경우 어떤 인물을 화자로 쓸 것인가에 따라 이야기의 주제가 변할 수도 있기 때문에 화자 선정에는 주의를 기울여야 한다. 또 글쓰기를 진행하는 과정에서라도 1인칭 화자를 쓸 경우 문제가 있다 싶으면 화자를 변경해야 한다. 대개 1인칭 화자를 중립적인 인물로 쓰는 경우가 많은데, 화자가 너무 중립적이면 이야기가 밋밋해질 수 있다. 또 너무 전문가를 화자로 쓰게 되면 모든 것을 전문가의 안목에서 설명하려 들기 때문에 등장인물들을 무의미하게 만들어 독자가 흥미를 잃을 수 있다. 1인칭 화자를 시점으로 할 때는 시점을 일관성 있게 유지해야 한다. 이야기를 진행하면서 화자의 시점이 초등학생에서 대학생으로 변하는 등 일관성이 없으면 작가가 제3자 개입을 하는 것처럼 보일 수 있다. 화자로 설정된 등장인물이 유치원생이면 작품 전체를 두고 계속해서 유치원생의 눈높이에서 전개되어야 한다.

시점은 누구를 화자로 설정할 것인가의 문제이면서 동시에 화자와 사건현장의 심리적 거리감을 고려해야 한다. 화자와 사건현장이 떨어져서 멀리서 사건현장을 바라보는 시점이라면 독자가 사건현장을 느끼는 심리적 거리감도 멀어진다. 반면에, 화자가 사건현장을 마치 어깨너머에서 보듯이 가까운 거리에서 묘사하면 독자와 사건현장의 거리감도 가까워진다. 소설에서는 심리적 거리감을 줄이는 것이 독자의 흥미를 유발하는 관건이다. 내러티브에서는 화자를 선정하면서 화자와 사건의 거리를 어떻게 설정할 것인가를 생각해야 한다.

5. 내러티브는 구성으로 주제를 구현한다

여기 한 폭의 동양화가 있다고 하자. 이 동양화 속에는 수려한 산수(山水)가 그려져 있고, 강에는 한가로이 강태공이 낚시를 하고 있다. 강가의 밭에는 복사꽃이 피어 있고, 강둑의 산기슭에서 농부는 소를 몰고 밭갈이를 하고 있다. 저 멀리 마을에서 한 아낙이 머리에 새참을 이고 밭갈이하는 농부에게 오고 있으며, 마을 어귀에는 아이들이 삼삼오오 놀고 있는 모습이 평화롭게 그려져 있다. 이 한 폭의 동양화를 보면서 화폭의 장면을 이야기해 보라고 할 때 화자(話者)에 따라 다양하게 그림을 설명할 것이다. 이야기의 요지는 농부가 밭에서 일하는데 점심시간이 되자 일하는 남편을 위해 농부의 아내가 점심을 지어 농부가 일하는 밭으로 왔다는 내용이다. 화폭에 담긴 내용을 어떤 순서로 이야기하느냐가 곧 구성이다.

구성이란 이야기 전체를 이어주는 틀이라고 할 수 있다. 이야기는 시간, 공간적으로 연결된 하나의 몸체이다. 이야기의 각 부분을 배열하는 방식이 바로 구성이다. 역사적 사건은 시간적인 순서로 진행된다. 그러나 이야기를 이해하는 인지작용에서는 시공간의 벽이 무너진다. 즉, 한 사람의 일생을 이야기할 때 갑자기 현재의 사건을 말하다가 과거 어린 시절로 돌아가기도 하고, 어린 시절을 말하다가 미래를 여행하기도 한다. 내러티브의 구성은 시공간의 제약을 받지 않는다는 말이 된다.

내러티브는 논리적 구조에도 얽매이지 않는다. 고정된 논리구조에 매이면 이야기의 긴장감과 흥미가 상실된다. 이야기의 구성이 예측 가능한 틀에 매여 있으면 독자에게 이야기의 박진감을 줄 수 없다. 예측 불가능한 구성을 통해서 독자의 긴장과 흥미를 끌고 가면서 주제에 이르는 것이 내러티브이다. 그렇다고 내러티브에 논리적 구조가 없다는 말은 아니다. 이야기도 엄연히 인과관계라는 논리구조를 가진다. 이야기의 소재는 서로 인과관계를 가지고 연결되어야 한다. 이것을 플롯이라고 한다.

이야기를 구성하는 이유는 무엇인가? 독자의 관심을 처음부터 끝까지 붙잡아 끌고 가기 위해서이다. 독자의 인지작용은 어떤 사건에 관한 하나의 정보를 제공하면 다음 단계의 정보나 사건의 전개에 관해 호기심을 갖게 된다. 저자는 독자의 인지활동의 흐름 속에서 적절하게 사건을 구성함으로써 독자의 호기심을 끌고 간다. 예를 들면, 한 남자가 우연히 길을 가다 한 여자를 만난다. 이때 독자의 의식세계는 자연스럽게 그 여자가 누구인가에 대한 호기심이 일게 된다. 만약 저자가 길에서 누군지 모르지만 한 여자를 만난 후 아무런 설명 없이 갑자기 전혀 다른 사건으로 넘어가면 독자는 그 여자에 대한 궁금증을 남겨둔 채 책장을 넘겨야 한다. 저자는 이처럼 독자의 인지활동을 읽으면서 글을 쓴다. 즉, 저자는 독자와 대화를 하면서 이야기를 서술한다.

구성에는 일반적으로 서론, 본론, 결론의 3단 구성이 있고, 기승전결(起承轉結)의 4단 구성이 있다. 가장 많이 사용되는 구성법은 5단

구성으로서 도입, 전개, 위기, 절정, 결말로 이루어졌다. 5단 구성에서 도입이란 독자의 관심을 끌면서 이야기를 시작하는 단계이다. 도입단계에서는 저자가 무엇에 관해 말하려고 하는지를 드러내야 한다. 앞으로 말하고자 하는 주제에 대하여 암시적으로 혹은 맛보기로 독자로 하여금 기대감을 가지고 이야기에 주목하도록 하는 이야기의 시작단계이다. 도입단계에서는 독자에게 신선한 충격과 함께 독자의 관심을 증폭시키기 위해서 파격적이고 놀라운 질문으로 시작할 수도 있으며, 범상치 않은 사건을 소개함으로써 이야기를 꺼낼수도 있다. 일반적으로 사람들은 평이한 일상의 법칙보다는 일상의 규칙성을 파괴하는 예외적인 사건에 관심을 모은다. 안정되고 평온한 상태보다는 위기와 위험의 순간에 더욱 주목한다. 평균적인 삶을 살아가는 사람보다는 비범한 삶을 살고 있는 사람들에게 눈길을 돌린다. 도입단계의 인지심리학적 배경은 사람들의 관심과 흥미, 긴장과 호기심을 불러일으키는 사건이나 문제제기를 통해서 사람들에게 이야기를 시작하는 데 있다.

다음으로는 전개이다. 전개 과정은 이야기에서 가장 많은 부분을 차지하는 단계이다. 전개단계에서는 이야기의 모든 논리적·상황적 배경과 사건의 생성, 발전에 관해 소개해 주어야 한다. 전개 과정 없이 갑자기 위기와 절정에 이르게 되면 독자는 의아해한다. 전개 단계는 위기발단의 토양이 되며, 절정을 낳는 모태가 되고, 결론에 이르는 씨앗이 된다. 전개 과정이 없이는 위기도 절정도 결론도 생각할 수 없다.

전개 다음으로는 위기단계이다. 위기란 삶의 문제와 갈등, 불행과 고통, 어둠과 좌절을 표출하는 단계이다. 결혼한 유부남이 직장에서 동료 여자직원과 가까워진다. 그러다가 사적인 만남이 빈번해진다. 여기까지는 전개라고 할 수 있다. 그런데 어느 날 두 사람은 불륜을 저지르게 되고, 이 사실을 서로의 배우자들이 알게 된다. 이때부터 두 사람의 가정에는 엄청난 불화와 갈등, 다툼과 고통이 초래된다. 결국에는 두 가정 모두 이혼의 위기에 처하게 되고 자녀들은 부모의 갈등 속에서 방황하게 된다. 이것이 바로 위기이다.

절정은 이혼을 하여 주인공이 좌절과 회한으로 비탄에 빠지는 장면이 되든지, 아니면 다행스럽게도 부인이 남편을 용서하고 남편은 자신의 행동을 반성함으로써 다시 가정에 평화가 깃들게 되는 장면이다. 절정은 삶의 결실부분이다. 문제가 발전하여 위기를 지나 불행의 결실을 맺든지, 아니면 위기 후에 치유와 회복이 일어나든지 그 최종적인 결실을 말한다.

마지막으로 결론부분은 이야기를 마무리하는 단계이다. 결론부분을 잘 쓰는 것은 매우 중요하다. 아무리 애써서 쓴 글이라도 결론이 흐지부지하다면 독자에게 강한 메시지를 전달할 수 없다. 목적지가 분명하지 않으면 방황하게 되듯이 결론이 명확하게 설정되지 않고, 결말부분에 대한 그림이 그려지지 않은 채 이야기를 시작하면 우왕좌왕하게 된다 따라서 결론은 내러티브에서 가장 많이 고민해야 할 부분이다. 도입보다는 결론부분을 어떻게 할 것인지, 결말을 어떻게 맺을 것인지를 먼저 생각해야 한다. 또한 결론을 통해서 독자에게 강한 감동과 메시지를 전달할 수 있어야 한다.

결론을 통해서 독자에게 강한 메시지를 주기 위해서는 문제를 던지면서 이야기를 끝내는 방법도 있다. 결론에서 이야기를 완벽하게 정리하고 마무리하게 되면 독자 역시 그것으로 이야기를 끝내려고 한다. 하지만 결론에서 이야기가 마무리되지 않고 끝나면 독자는 이야기의 결말에 대해서 궁금해 하며 여운을 가지고 떠난다. 『노인을 위한 나라는 없다』는 미국의 소설가이자 미국 현대 문학을 대표하는 사람 중 한 명인 코맥 매카시(Cormac McCarthy)가 쓴 소설이다. 그런데 이 소설은 악마의 화신 같은 살인마 안톤 시거가 교통사고를 당하고 어디론가 사라지는 것으로 끝난다. 시거의 종말에 대해 일말의 기대와 분노를 가지고 있던 독자들에게는 뒤끝이 개운치 않은 결말이다. 권선징악의 상투적인 이야기는 감동을 주지 못한다. 무엇인가 독자가 예측하지 못한 결론이 주는 메시지가 있다.

제4장 문제해결을 위한 글쓰기

『글쓰기의 문제해결 전략』의 저자 린다 플라워는 글쓰기의 방법을 세 가지로 분류하여 완벽한 초고쓰기 방법, 영감에 기대어 쓰는 방법, 문제해결적 글쓰기 방법으로 설명하였다. 그중에서 완벽한 초고쓰기 방법과 영감에 기대어 쓰는 방법은 바람직한 글쓰기의 접근 방식이 아니며, 대부분의 사람들이 글쓰기에 어려움을 느끼는 이유가 여기에 있다고 했다. 이를테면, 완벽한 초고쓰기 방법을 고수하는 경우, 일필휘지로 글을 완성하고자 하지만, 글의 구성과 내용에 있어서 뜻대로 되지 않을 때 자신은 글쓰기에 재능이 없다고 좌절하게 된다는 것이다. 반면에, 영감에 의지하여 쓰는 방법은 어느 순간 글감이 떠올라 영감에 도취되어 글을 쓰는 것을 기대하는 방식으로 이것 역시 바람직한 글쓰기가 아니다. 세상에 완벽한 글을 단번에 써 내려가는 문장가도 드물거니와 훌륭한 글은 많은 고쳐쓰기의 과정을 통해서 완성되는 지난한 과정이기 때문이다. 그렇지만, 문제해결적 글쓰기는 목적지향적인 글쓰기로써 문장의 수려함이나 문법과 단어의 정확성 등 글 자체에 목적을 두지 않고, 최종적인 문제해결에 목적을 두고 있기 때문에 우선 글 자체의 완성도에 대한 부담에서 자유롭다. 한마디로 글의 내용에서 해결하고자 하는 문제에 글쓰기의 목적이 있기 때문에 문장의 아름다움이나 글의 수려함과 같은 문제는 이차적인 문제일 뿐이다.

문제해결적 글쓰기에서 '문제'란 글쓰기를 통해서 해결하고자 하는 질문을 말한다. 그 질문이 인생을 살아가면서 부딪치는 크고 작은 인생사(人生事)일 수도 있고, 청년 시절의 애정문제일수도 진로문제일 수도 있다. 아니면 건강문제나 자녀교육문제, 가정문제, 사업상의 고민거리도 될 수 있다. 혹은 자신의 전문분야에서 직면하게 되는 여러 문제들일 수도 있다. 인간은 살아가면서 끊임없이 문제에 직면하게 되고, 문제와 함께 살아가며, 문제를 해결해 나아가는 것이 인생의 모습이기 때문이다. 문제가 없는 곳이란 공동묘지뿐이란 말도 있듯이 인생을 살아가는 자체가 문제의 연속이다. 문제해결적 글쓰기란 이러한 문제들을 해결하고자 하는 글쓰기를 말한다. 자, 그러면 지금부터 문제를 해결하는 글쓰기의 전략에 대해서 린다 플라워의 『글쓰기의 문제해결전략』과 한성우의 『경계를 넘는 글쓰기』에서 언급한 내용들을 중심으로 살펴보고자 한다.[38]

---

38) 린다플라워 지음, 원진숙·황정현 옮김, 『글쓰기의 문제해결전략』, 동문선.

1단계: 수사적 맥락을 포착한다

수사적 맥락이란 글의 방법론, 수사학적 방법론을 먼저 고려해 보라는 말이다. 소설쓰기의 문장과 학위논문, 혹은 연구논문의 수사학적 원칙들은 각각 다르다. 학술논문에서는 '나의 경우', '그가 취한 선택'과 같이 인칭대명사를 쓴다거나, '생각한다', '~듯 하다', '~처럼 보인다'와 같이 주관적인 느낌이나 생각을 표현해서는 안 된다. 글의 목적과 종류를 결정하는 문제는 일차적으로 수사학적 맥락이라는 사실을 기억해야 한다. 아무리 훌륭한 글이라 할지라도 수사학적으로 적절치 않은 표현들을 사용하였다면 공감대를 얻을 수 없게 된다.

수사적 맥락이란 문장 표현상의 방법론에 그치지 않고, 글쓰기의 전략상의 문제까지도 포함하고 있다. 학교에서 교수가 글쓰기 과제를 주면서 '임신성 당뇨병'에 관련된 신문기사를 읽기자료로 제시했다고 하자. 학생들은 '임신성 당뇨병'에 관한 신문기사를 읽고 글쓰기를 하는데 학생들 각자가 모두 다른 형태의 글쓰기를 하게 된다. 어떤 학생은 단순히 신문기사를 요약정리한 사람이 있는가 하면, 신문기사를 요약정리한 후 신문기사를 사례로 임신성 당뇨병의 개괄적인 설명글을 작성한 사람도 있을 것이다. 또, 어떤 사람은 신문기사를 인용하여 임신성 당뇨의 심각성과 예방의 중요성에 대한 자신의 주장을 펴는 글쓰기를 한 사람도 있을 것이고, 임신성 당뇨의 최신 연구결과들을 나열하여 최신 지견을 소개하는 글쓰기를 한 학생도 있을 것이다. 즉, 교수와 학생이 어떤 형태와 차원의 글쓰기를 할 것인가에 대해서 충분한 의견조율이 없는 상태에서는 이처럼 다양한 형태의 글쓰기가 가능하다. 그런데 교수가 원하는 글쓰기는 임신성 당뇨에 대한 학생 개인의 의견을 원하는 과제였다면 최신 연구결과를 나열한 학생의 경우 좋은 평가를 받을 수 없을 것이다. 여기서, 교수가 원하는 수준과 형태의 글쓰기를 가리켜 수사학적 맥락이라고 한다. 더 나아가 이러한 수사적 맥락에서 스스로에게 과제를 설명할 수 있어야 한다.

예를 들면, 구약성경에서 남유다가 B.C. 586년에 바벨론에 멸망한 사건에 대한 글쓰기를 할 때, 앞에서 언급한 바와 같이 글쓰기의 차원이 각각 다를 수 있다. 어떤 사람은 B.C. 586년에 남유다가 바벨론에 멸망한 사건 자체의 역사적 사실만을 언급할 수 있고, 혹은 남유다가 바벨론에 멸망하게 된 당시 시대배경을 설명할 수 있을 것이다. 그러나 좀 더 그 배경과 원인에 대하여 관심을 가진 사람이라면 남유다가 바벨론에 멸망할 수밖에 없었던 성경적 배경을 설명할 것이다. 이스라엘 백성들이 가나안에 정착한 후 그들은 하나님이 명하신 안식년을 지키지 않았으며, 율법을 지키지 않자 하나님은 이사야와 예레미야를 통해서 장차 바벨론에 포로가 될 것을 말씀하셨고, 예레미야와 다니엘을 통해서는 포로생활이 70년이 될 것을 약속하셨다. 교수가 원하는 수사학적 맥락은 바로 성경적 배경과 원인을 분석한 글쓰기다. 이러한 수사적 맥락에 따라서 과제를 스스로 설명할 수 있어야 한다.

2단계: 계획을 수립한다

얼마나 좋은 글을 쓰는가? 글을 잘 쓰는가, 못 쓰는가? 이러한 문제는 결국 계획을 얼마나 잘 세우느냐에 달려있다고 보아야 할 것이다. 글쓰기란 계획수립 단계에서 그 결과가 좌우된다. 글을 잘 쓰는 사람들은 계획단계에서 충분한 시간을 할애함으로써 실제 글쓰기에서는 많은 시간이 소요되지 않는다. 나의 경우 매주 토요일에 한 편의 메시지를 작성하는데, 본문에 대한 묵상과 이해가 충분히 이루어지고 전체적인 글의 윤곽이 서게 되면 다음부터는 글쓰기 자체의 시간만 필요할 뿐이다. 즉, 계획단계가 글쓰기를 좌우한다는 의미이다. 그런데 계획하기는 수사적인 맥락을 포착하는 일과 실제 계획을 수립하는 일로 대별된다.

글쓰기를 계획하는 방식에 있어 주제와 내용을 중심으로 세우는 계획이 있고, 목표를 향해서 세우는 계획 즉, 목표중심 계획이 있다. 목표중심계획은 주제중심계획보다 포괄적인 계획으로 단순한 글의 내용만을 열거하는 것이 아니라, 글쓰기의 목표에 도달하기 위한 방법론, 구체적인 전략까지 포함하는 계획이다. 쉬운 예로, 글쓰기에 포함시킬 내용이 바벨론의 건국, 남유다와의 관계, 남유다의 침공, 바벨론 유수 등을 언급해야겠다고 계획하였다면 이것은 주제중심계획이다. 반면에, 독자들에게 왜 남유다가 바벨론의 침공으로 멸망하였는지 그 배경과 원인에 대한 자세한 설명을 통해서, 여기에 나타난 하나님의 예언과 징계의 손길이 있음을 알려주는 것이 목표이고, 이를 위해서는 솔로몬 이후 유다의 죄악과 불순종이 어떠했는지를 구체적인 사례를 제시하고, 이때 그들의 죄악을 책망하시는 선지자 이사야와 예레미야의 글을 인용하겠다고 계획을 세운다면 이것은 목표중심의 계획이다. 목표중심 계획이란 목표에 도달하기 위해서 무엇을 해야 할 것인가를 생각하는 것이다. 동시에 무슨 내용의 말을 해야 할 것인가를 생각하는 것이다. 여기서, 도달하고자 하는 목표와 이야기할 내용을 서로 결합시키는 단계가 필요하다. 도달하고자 하는 목표와 이야기할 내용을 서로 연결시켜서 개념도를 작성한다(<그림 3-1> 참고). 추상적이거나 관념적인 목표를 제시하게 되면 독자가 실제적으로 무엇을 어떻게 해야 할지를 모른다. '실행가능한 목표'란 독자로 하여금 구체적으로 무엇을 해야 할 것인지를 알려준다. 그래서 목표가 세워지면 그 목표를 달성하기 위한 하부목표를 수립함으로써 구체적이고 실전적인 지침을 제시해야 한다. 즉, 추상적이고 이론적인 목표를 구체적이고 실전적인 목표로 전환시키는 것이다. 예를 들면, 병원에 오는 환자들의 만족도를 높인다는 목표를 세웠다면 이 목표는 추상적이고 관념적인 목표인 까닭에 구체적으로 어떻게 하라는 말인지 모른다. 그러나 환자의 만족도를 높일 수 있는 하부 목표로써 첫째, 환자의 진료와 검사, 치료계획을 최대한 빠른 시간 안에 결정한다. 둘째, 통합적인 진료와 치료개념을 도입하여 환자의 의학적 문제들을 동시적으로 통합하여 관리하도록 한다는 구체적이고 실전적인 목표를 제시하면 실행가능성이 높아진다. 여기에 각 하부목표에 따른 세부수행지침을 수립한다면 더욱 구체적이고 실전적인 목표제시가 된다.

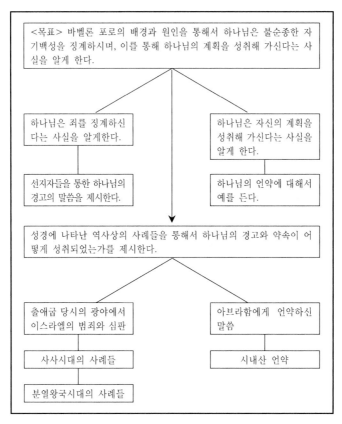

<그림 3-3> 목표중심 계획

　계획을 세워서 글을 쓰다가도 생각이 달라질 수 있다. 우리가 대화 중에 끊임없이 생각이 발전하듯이 글을 쓰면서 처음 가졌던 생각과 계획이 새로운 생각과 아이디어로 변천하는 것을 보게 된다. 이런 경우에 처음 계획에 붙잡혀서 계획을 고집해서는 안 된다. 직관에 따라 언제든지 계획을 버릴 수 있어야 한다. 글쓰기에서 계획은 언제든지 수립했다가 버릴 수 있고, 또다시 수립할 수 있다는 사실을 아는 것은 매우 중요하다. 좋은 글을 쓰기 위한 계획의 활용법은

다양하다. 먼저 계획을 세우고 글을 쓰는 경우이다. 대부분 계획을 세우고 글을 쓰는 것을 원칙으로 생각한다. 하지만 항상 계획대로 글을 쓸 수 있는 것은 아니다. 계획을 수립했는데, 글을 쓰다 보니 처음 계획을 버려야 할 때가 있는데, 이때는 처음 계획을 버리고 다시 새로운 계획을 수립하여 글쓰기를 한다. 마지막으로는 일단 글쓰기를 하다가 계획을 수립하는 방법도 있다. 즉, 계획을 먼저 수립하는 것이 아니라 일단 글쓰기를 시작하고 나서 계획을 수립하는 것이다. 이처럼 계획은 글쓰기에서 언제든지 수립하였다가 버리거나 수정할 수 있으며, 글을 쓰는 과정에서 새롭게 수립할 수 있는 것이다.

독자에게 무엇을 말하고자 하는지 계획을 설명하는 것은 매우 중요한 수사학적 원칙이다. 처칠은 명연설의 비밀에 대해서 말하기를 먼저 청중에게 말하고자 하는 것을 말하고, 그다음에 말하고, 마지막으로 연설내용을 요약하여 말하는 것이라고 하였다. 글쓰기에서도 독자에게 말하고자 하는 계획을 제시하게 되면 독자는 저자가 말하고자 하는 바를 쉽게 이해한다. 독자에게 글의 계획을 밝히는 가장 좋은 방법은 글의 서두에서 문제요소와 목적을 서술하는 것이다. 글의 목적이나 문제요소를 제시하는 문장은 독자에게뿐 아니라 저자에게도 반드시 필요한 부분이다. 즉, 글의 목적과 글에서 다루는 문제에서 이탈하지 않고 일관성 있는 글을 쓰기 위해서는 서론에서 글의 목적과 문제요소를 밝히는 것이 필요하다.

글쓰기를 흔히들 저자 혼자만의 고독한 싸움이라고 생각하기 쉽다. 그러나 글쓰기는 협력적인 작업으로 진행하는 것이 바람직하다. 글쓰기의 계획 단계에서부터 협력자와 공동의 작업을 진행하도록 하며, 글쓰기 과정에서 끊임없이 다른 사람의 의견을 듣고, 토론하며, 함께 작업하는 습관을 길러야 한다. 글쓰기에서 협력 작업이 필요한 이유는 협력자와 글의 주제, 문제요소 등에 관해서 토론하고 의견을 교환함으로써 주제에 관한 폭넓은 사고 과정을 가질 수 있기 때문이다. 동시에 글쓰기의 사회심리학적 측면을 고려할 때 협력 작업은 반드시 필요하다. 춘원 이광수가 동경에서 유학하면서 작가의 꿈을 키우고 있을 때, 그는 하숙방에서 원고지에 깨알 같은 글씨로 소설을 써서 친구에게 보여주곤 하였다. 그 친구는 춘원의 육필원고를 읽으면서 감탄하였다고 한다. 실제로 전문직에 종사하는 사람들의 글쓰기 방식을 조사한 연구보고에 의하면 우리가 상상한 것 이상으로 거의 대부분의 전문직 종사자들이 글쓰기를 할 때 협력 작업으로 수행한다고 하였다.

3단계: 창조적으로 아이디어를 발굴하고 조직하라

아이디어가 얼마나 창의적이며 독창적인가는 문제해결의 수준과 질을 좌우하기 때문에 창조적인 아이디어 발굴에 집중하는 것이 글쓰기의 성패를 좌우한다고 할 수 있다. 아이디어를 발굴하는 단계에서는 글의 문체나 어법, 표현 등에 얽매이지 말고 아이디어에 집중해야 한다. 현재 목표로 하고 있는 주제에 생각을 집중하게 되면 책을 읽거나, 대화를 하거나, 운전을 하다가도 주제와 관련된 아이디어가 떠오르는 경우가 많다. 융합은 서로 다른 분야 혹은 대상을 연결하는 것인데, 이러한 연결과 융합을 통해서 새로운 아이디어가 탄생한다.
창조적인 사람들은 전혀 관련이 없어 보이는 두 세계를 연결하고 융합함으로써 둘 사이에서 전혀 새로운 영역을 탄생시킨다. 신경망 회로(neural networking)는 새로운 지식을 창출하는 인지적 배경이 된다. 주제나 대상을 시각적으로 이미지화(imagination)할 때 더욱 창조적이 된다. 이미지는 자유롭게 변형, 축소-확장, 추가-삭제가 가능하기 때문에 대상을 이미지화하는 것이 창조적 아이디어를 발굴하는 데 더욱 효과적이다. 예를 들면, 대상을 글로 표상하는 것보다 이미지로 표상하면, 아이디어의 생산, 변형, 확장, 축소가 자유롭다. 패턴 발굴과 패턴의 적용을 통해서 창조적인 아이디어로 발전시킬 수 있다. 즉, 자연계나 외부세계에 존재하는 패턴을 발견하고, 그 패턴을 주제나 대상에 적용해 보는 방식이다. 예를 들면, 박완서의 『그 여자네 집』으로부터 플롯의 패턴을 발견하였다면 유사한 패턴을 문학작품이 아닌 다른 종류의 글쓰기에 활용하는 방식이다. 일면 이러한 방식은 모방에 가깝지만, 창조성이란 자연계의 모방이라 할 수 있는 것이다.

창조적인 아이디어를 발굴하는 데 있어서 가장 큰 장애물은 고정관념이다. 고정관념의 틀을 깨야만 참신한 아이디어를 발견할 수 있다. 대화나 토론, 브레인스토밍도 창조적인 아이디어를 발굴하는 방식이다. 아이디어의 발굴 과정에서 창조적인 아이디어가 떠올랐을 때는 언제든지 메모할 수 있도록 필기도구와 함께 메모지나 수첩을 항상 가까이에 두고 언제 어디서든지 떠오르는 생각을 메모하는 습관을 가져야 한다.

또한 아이디어는 개념구조도로 만들어 조직화해 두는 것이 효과적이다. 개념구조도란 마인드맵이나 신경망 회로 혹은 스키마와 같은 생각의 지도를 말한다. 개념구조도는 나무를 거꾸로 세워놓은 형태로써 아이디어를 계층적으로 순서에 따라 그려 넣은 그림이다. 개념구조도는 아이디어의 시각화라고 할 수 있다. 아이디어를 시각화하면 창조적으로 이를 전개 발전시키는 데 도움이 된다. 창조적 아이디어가 떠올랐으면 아이디어를 개념구조도로 작성해야 한다. 개념구조도는 아이디어의 전개와 확장, 변형과 수정에 큰 도움을 준다. 개념구조도를 따라서 필자는 아이디어를 계속해서 발전시킬 수 있으며, 문제해결에 도달할 수 있다.

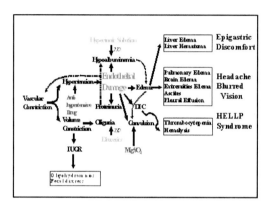

<그림 3-4> 임신성고혈압의 개념구조도

4단계: 독자중심의 글쓰기를 하라

(1) 글의 목표를 설정하라

글쓰기에서 우선적으로 중요한 것은 글의 목표를 설정하는 것이다. 이때 목표설정에서 유념해야 할 것은 저자의 목표와 독자의 목표가 공감대를 형성해야 한다는 것이다. 독자가 관심을 가질 수 있으며, 글을 읽고 싶은 흥미를 끄는 목표설정은 글쓰기의 성패를 좌우하는 관건이다. 독자가 관심과 흥미를 가질 수 있으려면 글의 목표가 같아야 한다. 저자가 말하고자 하는 바와 독자가 읽고 싶고 알고자 하는 바가 일치할 때 성공적인 글이라고 할 수 있을 것이다.

(2) 독자중심의 글쓰기를 하라

독자중심의 글쓰기란 무엇인가? 독자의 인지적 관점에서 글쓰기를 하는 것이다. 읽기의 인지작용에서 가장 중요한 요건들은 이미 앞에서 다루었듯이 글의 구조적 측면과 맥락, 독자의 기존 스키마, 예측 가능성 등이다. 이 중에서 가장 중요한 요건은 글의 구조적 특성이다. 글의 구조를 이해하기 쉽고, 독자의 추론을 돕는 논리로 재구성하여 글쓰기를 해야 한다. 가장 일반적인 방법으로는 글의 목표나 목적을 최상위에 두고, 문제해결 과정을 계통별로 분류하고 재조직화하여 글을 구성해야 한다. 저자중심의 서사적 구조에서는 글의 내용을 저자의 관점에서 시간별로 서술한다. 독자중심의 글쓰기에서는 글의 내용을 독자중심에서 분류하고 재조직한다. 저자중심의 글쓰기는 주관적인 표현을 많이 사용한다. '~느낀다', '~라고 생각한다', '~깨닫게 되었다' 등과 같은 표현들이다. 저자중심의 글쓰기는 내용서술에서 교과서적인 서술을 한다. 그러나 독자중심의 글쓰기는 문제해결의 구체적인 과정과 방법 등을 중심으로 서술한다.

(3) 독자가 내용을 예측하도록 써라

좋은 저자는 독자가 책을 다 읽어보지 않아도 내용을 예측하고 전체를 파악할 수 있도록 글쓰기를 한다. 독자가 책의 내용을 미리 예측할 수 있고, 독자의 예측대로 책의 내용이 서술되었다면 독자의 반응은 어떠하겠는가? 다 알고 있는 내용을 책으로 썼다고 흥미를 느끼지 못하는 독자도 있겠지만, 아마 거의 모든 독자들은 자신의 예측대로 전개되는 것에 만족과 흥분을 느낄 것이다. 무엇보다도 책의 내용을 쉽게 이해하고 자신의 스키마 구축에 활용한다는 유익이 클 것이다. 독자가 예측 가능한 글을 쓰기란 쉽지 않다. 독자가 내용을 예측하도록 하기 위해서는 책의 제목, 목차, 머리말, 단락의 주제문장 등을 통해서 책의 핵심내용을 미리 보여주는 방법이 있다. 저자는 이처럼 독자가 책을 다 읽어보지 않아도 책의 내용을 짐작하고 예측할 수 있도록 책의 제목, 표지설명, 목차 등에서 힌트를 주어야 한다. 만약 독자가 책의 내용에 관심을 갖고 좀 더 알고자 한다면 단락의 마지막 문장이나 결론, 혹은 요약부분을 통해서 책의 내용이나 핵심부분을 알 수 있도록 해야 한다. 저자는 또한 독자가 책의 도표나 그림 등을 보고서 전체 내용이나 핵심요지를 이해할 수 있도록 시각적 표현에도 주의를 기울여야 한다. 시각적 표현에는 그림이나 그래프, 표 등이 있으며 글의 인쇄방법에서 고딕체를 쓰거나 밑줄을 긋는 형식으로 독자의 관심을 모으도록 한다. 그 외에도 들여쓰기라든가 단락, 흰 여백 등도 중요한 시각적 표현이다. 문장쓰기에서도 전환어, 연결어, 반복어, 지시어 등을 통해서 독자가 책의 내용을 예측할 수 있도록 한다.

(4) 역지사지(易地思之)의 글쓰기를 하라

역지사지란 입장을 바꿔서 생각해 보라는 말이다. 상대방의 입장에 서서 생각해 보면 상대방의 주장과 이론이 이해가 간다. 내 입장에서만 생각하고 주장하기 때문에 대화와 토론에서는 상대방을 무너뜨리고자 하는 승패의 개념만이 있다. 상대방을 이해하고 상대방의 입장에 서서 생각할 때 상대방의 억지주장이라도 충분히 일리가 있고, 이해가 가는 일면이 있다는 것이다. 이러한 대화의 방식은 심리학자 칼 로저스(Karl Rogers)가 말한 로제리안 논법에 근거하고 있다. 그러나 칼 로저스가 말하기 이전에 우리에게는 역지사지의 철학이 있다. 독자를 위한 글쓰기란 이처럼 상대방의 입장에 서서 생각하고 상대방을 이해하는 글쓰기를 하라는 것이다. 나의 의견을 주장하기 이전에 역지사지의 정신으로 상대방의 의견을 먼저 이해하고 공감하고 동의해 주는 방식의 글쓰기다.

5단계: 글을 평가하고 편집하라

글쓰기에서 잘 쓴 글과 잘 못 쓴 글을 좌우하는 결정적인 단계는 교정, 곧 글 고쳐쓰기 단계이다. 글쓰기에서 전문가와 초보자의 차이란 바로 글 고쳐쓰기에서 나타난다. 전문가와 초보자의 고쳐쓰기 과정에 어떤 차이점들이 있는가? 가장 핵심적인 차이는 고쳐쓰기의 초점이 어디에 있는가 하는 것이다. 초보자는 주로 지엽적이고 세부적인 틀린 글자와 문장표현 등에 초점을 맞추고 고쳐쓰기를 한다. 반면에 전문가는 전체적인 구조와 글의 효과에 고쳐쓰기의 최우선적인 목표를 둔다. 초보자의 고쳐쓰기는 새로운 부분을 첨가하기보다는 있는 단어를 삭제하는 방식이다. 반면에 전문가는 글쓰기를 계획하기와 글쓰기, 고쳐쓰기 단계로 나누어 실제로 글쓰기를 하는 시간만큼이나 고쳐쓰기에 많은 시간을 할애한다. 전문가는 초고를 힘들이지 않고 빨리 작성한 후 고쳐 쓰는데 많은 시간을 투자한다. 고쳐쓰기의 과정을 세 단계로 요약하면 전체 윤곽을 훑어보라, 문제점을 찾아라, 고쳐쓰기를 하는 것이다.

(1) 전체 윤곽을 훑어보라

글 고쳐쓰기에 앞서 전체 윤곽을 머릿속에 그려보는 것이 필요하다. 원고를 보지 않고 글 전체의 방향과 개요, 전체적인 구조 등을 큰 틀에서 바라보는 것이다. 눈을 지그시 감고 자신이 쓴 원고를 큰 틀에서 거리를 두고 조명해 보아야 한다. 글 고쳐쓰기를 하기 전에 짧은 시간을 할애하여 (보통 5분 정도) 이런 작업을 해 보는 것은 확실히 도움이 된다. 독서법에서도 본격적인 독서에 들어가기 전에 전체적인 윤곽을 훑어보기 방식으로 파악하는 과정이 매우 중요하듯이 글 고쳐쓰기도 읽기를 전제로 하는 하나의 독서법이라고 할 수 있다. 전체 윤곽을 훑어보는 가운데 우선 처음에 세웠던 목표와 현재의 글이 얼마나 일치하는지, 아니면 다른 방향으로 흘러 왔는지를 발견할 수 있다. 동시에 글을 쓰는 과정에서 새롭게 발견된 생각들, 더욱 확장되거나 심화된 아이디어, 체계를 갖추게 된 이론들을 찾아볼 수 있다. 반대로 해결되지 않은 부분들, 글을 쓰면서 서로 충돌을 일으킨 개념들, 연결되지 않는 체계들에 대해서도 점검할 수 있는 기회를 갖게 된다. 글 고쳐쓰기에 앞서 전체적인 윤곽을 살피면서 큰 틀에서 글의 방향과 중요한 개념들을 먼저 파악하는 방식은 글쓰기 전문가와 초보자의 대표적인 차이라고 할 수 있다. 즉, 초보자는 이런 과정 없이 지엽적이고 세부적인 단어 고쳐쓰기 중심으로 교정에 들어간다.

(2) 문제점이 무엇인가를 찾아라

일반적으로 글 고쳐쓰기의 단계에서는 다짜고짜 문제점이 발견되는 즉시 고쳐쓰기에 여념이 없다. 대개 초보자들이 이렇게 읽으면서 고쳐쓰기 하는 방식을 택한다. 그런데 이렇게 읽으면서 눈에 보이는 대로 문제점을 바로바로 고쳐쓰기를 하다 보면 나중에 도리어 더 큰 문제에 직면할 수도 있다. 즉, 근원적인 문제는 간과하고 지엽적인 문제들만 고치다가 더 많은 시간이 걸리는 경우가 허다하기 때문이다. 먼저 전체적인 윤곽을 훑어봄으로써 글의 목표에 대한 부분을 파악하였다면, 다음 단계에서는 보통의 독서 속도를 유지하면서 글을 읽는 가운데 문제점을 발견하고 진단하는 과정을 거쳐야 한다. 고쳐쓰기를 서두르지 말라는 말이다. 먼저 정확한 진단을 하는 것이 의사의 첫째 임무이듯이 글을 읽고 문제점을 발견해야 한다. 이때는 글을 읽는 과정에서 문제점이 보이는 대로 밑줄을 긋거나 표시를 해 두는 것이 좋다.

(3) 고쳐쓰기를 하라

발견한 문제점들에 대해서 고쳐쓰기를 하는 단계는 반복해서 이루어져야 할 과정이다. 글쓰기를 전문적으로 수행하는 작가일수록 고쳐쓰기의 힘든 과정을 반복해서 수행한다. 오늘날 미국의 글쓰기교육은 한마디로 반복해서 고쳐쓰기 하는 방식이라고 할 수 있을 것이다. 고쳐 쓰고 읽고 다시 고쳐쓰기를 지겨울 정도로 반복한다는 것을 상상해 보라. 글쓰기의 최근 패러다임을 요약하면 반복적인 고쳐쓰기라고 할 수 있다.

고쳐쓰기의 과정에서 주목해야 할 부분이 바로 협력하여 글쓰기

하는 방식이다. 협력하여 글쓰기 한다는 것은 글쓰기의 작업을 혼자가 아니라 협력자와 함께하는 것을 의미한다. 협력학습(collaborative learning) 이론은 구성주의 교육심리학자 브루피가 제시한 이론으로 주로 글쓰기 협력학습에 적용되고 있다. 브루피는 인간의 인지기능이 대화를 통해서 형성되는 사회적 활동의 산물이라고 하였다. 글쓰기가 대화를 통한 사회적 관계 속에서 이루어진다는 것이다. 대화의 사회적 관계성이라는 맥락에서 볼 때 글쓰기 과정의 협력 작업은 매우 중요한 의미를 갖고 있다. 글 고쳐쓰기에서 저자 혼자 하는 작업보다는 협력자와 함께 수행할 때 훨씬 더 독자중심의 작업이 된다. 혼자서는 볼 수 없던 부분을 협력자의 눈으로 관찰할 때 발견되기도 한다. 글쓰기가 개인적인 고독한 작업이라는 인식이 강한 우리에게 협력하여 글을 쓰고 글을 고쳐 쓰는 작업은 익숙하지 않다. 하지만, 글쓰기의 사회적 측면을 고려하면 글 고쳐쓰기에서 협력 작업은 중요하다. 작가들은 브루피의 이론을 알기 전부터 자기가 쓴 초고를 가족이나 동료들에게 돌려 읽도록 하였는데, 춘원 이광수와 김용택 시인이 그런 경우이다. 김용택 시인은 자신이 쓴 시의 초고를 연로하신 시골 어머니에게 읽어 드리고 어머니의 반응에 주목한다. 글쓰기에서 협력 작업은 보다 적극적으로는 협력자와 함께 작업을 하기도 하며, 소그룹 모임에서 글을 읽고 고쳐 쓰는 작업을 하기도 한다.

제5장 전문가적인 글쓰기

　왜 하필이면 전문가적인 글쓰기라야 하는가? 전문가의 글쓰기는 어떠해야 하며, 전문가들은 어떻게 글을 쓰는가? 전문가라고 모두 글쓰기를 잘하는 것은 아니다. 전문가들 중에는 글쓰기를 두려워하고 글쓰기에 어려움을 겪는 사람들도 많다. 그럼에도 불구하고 글쓰기의 전략으로서 전문가적인 글쓰기를 제안하는 이유는 무엇인가? 전문가적으로 글쓰기 한다는 것은 전문가의 문제해결 방식으로 글쓰기 하는 것, 즉 전문가의 인지적 특성을 적용한 글쓰기이다. 전문가적인 글쓰기가 무엇인지를 알기 위해서는 전문가란 누구인가를 알아야 한다.

1. 전문가란 누구인가?

(1) 전문가란 지식기반사회를 움직이는 핵심 동력(動力)이다

중세시대의 학문은 진리 자체를 추구하는 행위였다. 지식은 자연과 사회의 현상들을 체계적으로 규명하고 앎을 최고의 가치로 추구하는 지적활동이 지식생산의 배경이었다. 그러나 차츰 지식의 활용을 통한 사회와 산업현장에서의 변화는 지식의 위상을 변화시켰다. 피터 드러커가 주목하고 있는 테일러의 연구는 지식이 제조업의 경영현장에서 어떤 변화를 가져다주었는가가 극명하게 말해주는 사례가 되었다. 즉, 지식이 생산성을 좌우하는 결정적인 요인이 될 뿐 아니라, 지식은 기술의 혁신을 가져다주었다. 산업혁명은 기계의 발명으로 인한 과학기술이 가져온 사회적 변혁이었다. 제2차 세계대전을 종식시킨 것도 원자폭탄을 개발한 과학자들의 지식이었다. 근대사회를 거쳐서 현대사회가 되면서, 지식의 역할은 더욱 막강해져서 바이오기술로 인한 신약개발이 가져다주는 산업적 효과는 기존의 제조업과는 비교할 수 없는 위력을 가져왔다. 반도체의 개발에 따른 전자 통신 분야의 발달은 삼성이나 애플사와 같은 거대 기업을 낳았다. 이처럼 지식은 인간의 삶을 실제적으로 변화시키는 힘이 되었고, 부(富)를 창출하는 중요한 자원이 되었으며, 사회와 역사의 흐름을 좌우하는 문명의 원동력이다.

지식이 현대사회의 강력한 부의 근원이 된 데는 지식의 기술화를 외면할 수 없다. 지식이 명제적·서술적 지식으로 군림하는 대신에, 지식 자체의 수행력(performance)이 강조되는 기술화 현상을 통해서 지식은 실제적으로 부의 창출을 이루어 온 것이다. 농경시대에는 토지와 노동력이 경제의 축을 이루었다. 산업화가 이루어지면서 공장시설과 원자재, 숙련공들의 노동력이 경제성장의 원동력이 되었다. 1960~70년대 우리나라가 산업화를 이루면서 수많은 공장 근로자들과 기능공들을 필요로 하였는데, 이때 결정적인 역할을 하였던 제도가 공업고등학교였다. 또한 포항제철, 경부고속도로와 같은 산업기반은 대한민국의 경제발전에 초석이 되었다. 농업사회에게 산업사회로, 산업사회에서 이제는 지식기반사회로 발전하면서 지식이 가장중요한 자원이 되는 시대가 된 것이다. 이미 세계경제는 지식경제로옮겨가고 있다. 지식경제라는 말은 경제의 핵심적인 원동력이 지식이라는 의미다. 예를 들어, 삼성전자는 수년 전 D램 반도체를 개발함으로써 세계 전자산업을 지배하고 있던 일본의 전자산업을 앞지르게 되었다. 기술개발이 전자산업의 판도를 흔들어버린 것이다. 바이오 분야도 마찬가지다. 하나의 신약개발은 생명공학 연구의 결실로 나타난다. 무수한 기초연구와 임상실험을 거쳐서 신약이 탄생하면, 그 신약은 엄청난 경제적 효과를 가져 온다. 21세기의 부의 흐름은 지식이 좌우하고 있는 것이다. 이를 지식기반사회라고 한다. 그런데 지식기반사회를 움직이는 힘은 지식 노동자, 곧 전문가들이다. 전문가란 특정한 분야의 지식을 습득한 이들로서 전문가의 지식이사회의 중추적 역할을 한다.

(2) 전문가는 지식을 융합(融合)하고 창조(創造)한다

과거 아리스토텔레스 시대에는 자연과학과 인문학, 사회학과 공학의 구분이 없었다. 철학과 자연과학이 하나의 학문적 영역이었다. 모든 학문은 지식은 '시 짓기 기술'로 대변되는 시대였다. 그러던 것이 현대사회로 사회가 발전하고 분업화되며, 지식전문가들의 역할이 직업화되면서 학문의 분과화가 빠르게 진행되었다. 현대의학이 발전해 온 형태 역시 이렇듯 분과학적이다. 인체는 장기별로 분류되어 다루어졌으며, 장기는 조직과 세포단위로 나뉘었다. 세포는 다시 분자유전학적인 영역으로 미세화되면서 질병의 원인과 기전을 찾아 나섰다. 분과학적이고, 미세화된 현대과학의 영향으로 현대의학과 이를 응용한 의료기술의 영역에서도 사고의 분과화와 미세화가 동반되었다.

이러한 학문의 분과화, 세분화, 전문화는 각 분과학문의 발전에 기여한 바가 크다. 하지만 그 이면에는 학문 자체의 발전을 저해하는 많은 부정적 요소들이 내재되어 있다. 세포 사멸의 신호전달을 연구하는 의과학자는 동일한 세포를 연구하면서도 그의 연구 분야와 다른 영역, 즉 분화나 증식에 대해서는 관심을 갖지 않는다. 의학의 각 분과적 영역들은 각자의 고유한 영역들을 구축하고는 타 영역과의 교류에 소극적이다. 분과학적인 현대의학은 필연코 분과학적으로 사고하는 의사를 배출하게 된다. 40~50년 전만 해도 의사가 지역사회에서 영향력 있는 지역 유지로서 역할을 수행하였다. 지역의 크고 작은 행사에 기관장들과 자리를 함께하면서 현안들을 논의하고 의사는 의료 외적인 분야에 있어서도 영향력을 행사하는 위치였다. 그런데 의학이 분과학적으로 세분화되고, 전문화되고, 첨단 기술력으로 자리 잡으면서, 의사는 전문분야 외에는 생각하지 않는 사고의 협소화 현상이 지배하게 되었다. 무엇보다도 의학은 인간의 건강과 질병을 연구하는 통합적이고 유기적인 학문임에도 불구하고, 각각의 분과적 영역에 매몰되어 통합적이고 유기적인 인간 이해에서 멀어져 간다는 지적을 받고 있다. 이렇듯 기존의 분과 학문적 지식생산에서 새로운 형태의 지식생산으로 변화가 요청되고 있다.

학문의 분과화는 인접분야의 학문들과 교류를 어렵게 만들었으며, 같은 영역의 전문가들은 자체적인 학문공동체와 지식권력을 형성하면서 외부로부터의 진입을 어렵게 만들었다. 학문이란 인간이 직면한 문제의 해결을 위한 목적에서 출발하였음을 상기할 때 학문의 분과화에 따른 학문 간의 장벽은 더 이상 기존의 분과적 학문으로는 앞으로의 시대를 감당할 수 없다는 인식을 하게 된 것이다. 그래서 앞으로 창조사회를 이끌어 갈 학문의 패러다임은 통섭과 융합이다. 전인적이며 복잡성을 지닌 자연과 인간을 설명하려면 기존의 직선적 개념의 학문방법론으로는 역부족이라는 것이다. 이러한 문제의식과 필요성을 자각한 결과 세계의 대학들은 융합학문, 융합대학과 같은 융합을 도모하는 대학의 학문체계변화가 일고 있다.

오늘날 대학은 가장 대표적인 지식생산의 장(場)이다. 그런데 대학은 과학을 지식생산의 근간으로 하고 있다. 과학은 대학의 생명원이라고 할 수 있다. 과학과 비 과학을 나누는 개념으로는 언뜻 이해하기 어려운 말이다. 하지만 과학은 오늘날 모든 학문 분야와 융합을 이루면서 과거의 물리학, 생물학, 역사학, 사회학과 같은 독립된 분과학문들 간의 연계와 통섭이 이루어지고 있다. 과학이 더 이상 분과학문으로서 과학의 영역만을 의미하지 않는다는 뜻이다. 문학작품에 과학이 융합됨으로써 쥐라기 공원과 같은 스티븐 스필버그의 작품들이 탄생하였다. 문학작품의 내용뿐 만 아니라, 영화를 제작하고 음악을 하는 예술행위에 과학적 기술이 직간접적으로 관여한다. 음악을 작곡하는 과정에서 컴퓨터와 전자음향장치가 활용된다. 문화예술의 창작행위에 과학기술이 도입되고 있다. 역으로 과학연구와 기술개발에 스토리와 문학적 상상력이 개입되어 있다. 화학시간에 시(詩)를 쓰거나, 수학자들 가운데 시인들이 많은 이유가 이 때문이다. 과학은 문학적 상상력과 창의력을 필요로 하고, 문학이나 예술은 과학적 근거와 기술의 도움을 필요로 한다. 이처럼 미래사회의 지식생산은 과학과 인문학, 과학과 예술 등의 학문간 융합과 통섭을 더욱 필요로 하는 시대이다.

(3) 전문가는 지식경영(知識經營)을 한다

지식경영이란 지식에 의한(by the knowledge), 지식을 위한(for the knowledge), 지식의(of the knowledge) 경영을 말한다. 학자들의 오랜 연구결과 인류가 지닌 재능의 분포는 비교적 균등함에도 불구하고, 나라마다 사회마다 지식 창출의 성과가 달랐다. 역사상 중국과 아랍권 국가들이 학문의 발원지 역할을 한 시기가 있었다. 한때는 유럽, 특히 독일이 지식생산의 중심역할을 하였다. 그러나 시대가 변하면서 중국과 아랍권은 지식생산 활동이 현저하게 떨어졌으며, 지식생산 활동과 그 나라의 경제, 문화, 교육 수준은 좌우되었다. 이는 지식생산 활동이 복잡한 요인들로 말미암아 영향을 받으며 촉진되기도 하고 억제되기도 한다는 사실을 말해준다. 국가가 효과적으로 R&D를 활성화시키고 연구비지원을 하며 새로운 분야의 지식창출을 위한 전략을 수행할 때 지식생산성은 극대화된다.

지식생산을 좌우하는 요인들 중에는 지식생산에 종사하는 사람들의 연구의욕, 창의성, 도전정신, 개척정신 등을 얼마나 고취시키는가도 포함된다. 기업의 경우도 마찬가지다. 기업의 분위기와 기업문화에 따라서 구성원들의 창의성과 지식생산에 대한 의욕이 달라진다. 어떤 요인에 의해서 개인과 사회가 창출하고자 하는 생산성이 증진되는가? 그것이 지식생산성이 될 수도 있고, 제품의 품질도 될 수 있다. 그 대상이 무엇이든지 궁극적으로 생산하고자 하는 최종생산물의 생산성을 높일 수 있는 경영방식이란 무엇인가? 경영의 원리와 전략에 지식을 도입함으로써 생산성을 높이고자 하는 경영방식을 지식경영이라고 한다. 이를테면 학생은 학습에 있어서 최상의 생산성, 곧 학습효과를 거두는 것이 목표이다. 쇼트트랙 선수는 경기력을 향상시키는 것이 최상의 생산성 향상이다. 여기에 지식을 도입한다는 뜻이다. 학습에 대한 지식은 최근 인지과학의 발달로 말미암아 학습 이론이 정립되기 시작하였다. 따라서 학습 성과를 높일 수 있는 인지 과학적 지식에 근거한 학습 이론을 도입한다면 이것은 지식경영이 된다. 쇼트트랙의 경기력 향상을 위해서 운동생리학적 지식들과 빙질의 원리, 경기운용의 전략들을 분석함으로써 이를 경기에 적용한다면 이것 역시 지식경영이라 할 수 있다. 전문가란 지식경영을 주도적으로 수행하는 지식경영자이다. 전문가는 자신의 전문분야에서 지식을 실제 현장화시키며, 실전화하는 지식운용자로서 전문가의 지식은 실전적이고 구체적이다.

⑷ 전문가란 지식 습득으로 만들어진다

지식에는 일반적인 지식과 분야-구체적 지식(domain-specific knowledge)이 있다. 예를 들면 날씨와 그날의 기온에 맞게 적절히 옷을 골라 입는 것은 일반적인 지식이라 하여 모든 사람이 응용할 수 있는 정도의 지식이다. 그러나 수지상세포(dendritic cell)의 면역기능에 관한 지식은 면역학을 전공으로 하는 의사나 과학자들이 주로 활용하는 분야-구체적 지식이다. 분야-구체적 지식을 습득하는 과정을 전문성 습득 과정이라고 하고, 전문성 습득 과정을 통해서 어떤 분야에서 특출하게 된 사람을 전문가라고 말한다. 즉, 전문가란 그가 가진 지식의 형태와 성격에 의해서 결정된다. 인지과학에서 전문가의 사고방식과 문제해결 과정에 주목하게 된 배경은 전문가의 인지활동이 초보자와 다르기 때문이다. 문제해결 과정에서 전문가(expert)와 초보자(novis)는 접근방식에서 현저한 차이를 보이고 있다. 전문가가 초보자와 다른 점은 지식의 성격과 특성에 의해 좌우되며 다음과 같은 차이가 있다.

① 전문가는 분야-구체적 지식과 현장경험을 중심으로 재구성된 조직화된 지식을 구축하고 있는 데 비해서, 초보자는 교과서의 내용을 중심으로 선언적 지시에 근거하여 문제를 해결하고자 한다.

② 전문가는 현장중심 혹은 문제중심의 실용화가 가능한 내용지식(content knowledge, 명제적 지식)으로 자신의 지식을 재구성하고 있는 반면에, 초보자는 이론중심의 교과서 지식에 의존한다.

③ 전문가는 핵심개념(core conceps)이나 '중요한 생각(big ideas)'을 중심으로 조직화된 지식을 가지고 있지만, 초보자는 사실의 나

열과 같은 백과사전식 지식을 가지고 있다.

④ 전문가는 맥락을 반영하는 지식을 가지고 있다. 즉, 지식이 상황에 맞게끔 조건화되어 있는 조건적 지식(conditionalized knowledge)을 가지고 있는 반면에, 초보자는 단절된 지식을 운용한다.

⑤ 전문가는 장기기억(long-term memory)에서 지식을 인출해 내는 일을 힘들어하지 않는 반면에, 초보자는 장기기억에서 한계를 보인다.

⑥ 전문가는 문제해결 과정에서 직면하는 상황들에 쉽게 적응하는 적응적 전문성(adaptive expertise)을 보이는 반면에, 초보자는 응용력의 한계를 보인다.

⑦ 전문가는 문제해결전략을 끊임없이 검토하고 발전시키는 반면, 초보자는 학습한 내용을 활용하는데 치중한다.

⑧ 전문가는 문제해결을 위한 자신만의 스키마를 가지고 있는 반면에, 초보자는 스키마를 가지고 있지 않다.

⑸ 전문가는 스키마로 문제를 해결한다

학생들은 의학전문대학원에서 재학 중 임상적 문제해결 전문가로서 역할 모델인 임상교수의 문제해결 과정을 관찰하고 배우며 자신의 문제해결 능력배양을 위해 임상교수의 도움을 받게 된다. 교수는 임상현장에서 20년 혹은 30년간 형성된 경험과 전문지식을 바탕으로 임상적인 문제를 해결하는 자신만의 고유한 스키마를 가지고 있는데, 이를 전문가 방식이라고 한다. 하지만 교수는 강의실에서 학생들에게 강의할 때는 자신의 전문적인 스키마를 가르치지 않고, 교과서에 나열된 지식을 전달한다. 즉, 교수가 실제로 환자를 볼 때는 조직화된 지식인 자신의 스키마를 가지고 환자의 문제를 해결하는 반면에, 강의실에서 학생들에게 강의할 때는 교과서의 선언적 지식을 전달해야 하는 것으로 알고 있다.

실제 임상현장에서 환자가 호소하는 문제를 해결하기 위해서는 선언적 지식이 아닌 조직화된 지식, 스키마가 필요하다. 초보자는 전문가가 가지고 있는 조직화된 스키마가 없기 때문에 임상적인 문제가 주어지면 방대한 의학지식을 효율적으로 운용하지 못하고 혼란을 겪게 된다. 예를 들면, 질 출혈(vaginal bleeding)을 호소하는 환자가 내원하였을 때 초보자는 질 출혈과 관련이 있는 질환들을 머릿속에 떠올리게 된다. 왜냐하면, 의학교육 과정에서 각각의 질병에 대해서만 배웠기 때문이다. 초보자는 질 출혈과 관련된 최소 20가지 이상의 질환들 중에서 환자가 호소하는 증상이 무엇 때문에 온 것인지를 찾기 위해서 많은 시간과 노력, 여러 검사들을 시행하게 된다. 실제로 응급실에 배가 아파서 찾아온 환자를 초보자가 진료하였을 때 약 9시간이 소요되었으며, CT 등의 고가의 첨단검사가 시행되었음에도 불구하고 정확한 진단이 내려지지 않았다. 하지만 동일한 환자를 외래에서 교수가 진료하였을 때 10분 정도의 간단한 병력 청취와 이학적 검사만으로도 정확한 진단이 내려졌다. 이는 전문가인 교수가 초보자인 학생들보다 많은 지식을 가졌기 때문이라고 해석할 수도 있겠으나, 보다 정확한 지적이라고 한다면 교수는 현장진료에 적합한 교수만의 스키마, 즉 재구성된 지식을 가지고 있기 때문이다. 따라서 전문가는 전문적인 지식과 현장의 맥락에 따라서 재구성된 지식을 가지고 있다.

최근 30여 년 동안의 연구결과에 의하면 모든 상황에 일률적으로 해당하는 일반화된 문제해결전략은 없는 것으로 알려져 있다. 맥락에 따라 각각의 문제해결 전략(specific strategies)이 있으며, 이때 조직화된 지식이라야 효율적으로 문제를 해결할 수 있다고 하였다. 조직화되지 않은 지식(선언적 지식, 명제적 지식, 내용 지식)은 장기기억으로 저장하기가 어려우며, 학습한 지식을 기능적 지식으로 재구성하여야 장기기억으로 남는다고 하였다. 여기서, 기능적 지식이란 맥락에 따라 어떻게 활용할 것인지를 현장화 혹은 구체화시킨 지식을 말한다. 따라서 학생들에게 임상적 문제해결을 위해 필요한 지식은 구체적이고 실용적인 기능적 지식이어야 한다. 전문가는 오랜 현장경험을 바탕으로 문제해결을 위한 효과적인 논리체계를 가지고 있다. 문제의 원인을 분류하고 그룹화함으로써 지식을 나름대로 재구성된 스키마로 만든다. 전문가 방식의 문제해결이란 임상적인 문제에 대한 조직화된 지식인 스키마를 활용하는 방식이다.

임상적인 문제해결 능력을 기르기 위해서는 임상에서 흔히 또는 중요하게 접할 수 있는 환자의 상황을 중심으로 관련 지식을 재구성하여야 한다. 그러나 학생들은 추상적이고 개념적인 명제적·선언적 지식을 학습하도록 강요된다. 교수는 자신이 알고 있는 기능적 지식을 학생들에게 알려주는 것을 즐거워하지 않는다. 학생들이 알아야 할 지식은 교과서적인 선언적 지식이라고 믿고 있다. 이것이 오늘날 의학교육의 현실이다. 이러한 교실과 현장의 괴리를 좁혀주기 위해서는 학생들 스스로가 지식을 재구성하는 방법을 터득해야 한다. 즉, 명제적·선언적 지식을 기능적 지식으로 만들어야 한다. 물론 이러한 과정은 임상경험이 없는 학생들에게 쉽지 않은 일이지만, 스스로가 지식을 재구성하여 자신이 직접 구축한 기능적 지식을 습득하는 일은 임상적 문제해결의 첫걸음이라고 할 수 있다. 이렇게 현장상황, 맥락에 맞게 재구성한 지식을 스키마라고 한다.

임상현장에서 주된 증상을 중심으로 환자군을 분류할 때, 주된 증상을 가리켜 임상표현(clinical presentation)이라고 한다. 의학교육 학습목표가 과거에는 수천 개의 지엽적인 지식습득의 항목으로 열거되었지만, 개정된 학습목표집에는 100여 개의 임상표현 중심으로 열거되어 있다. 따라서 임상표현을 중심으로 지식을 조직화하면 이는 장기기억으로 저장하기가 쉽고 필요할 때 이를 인출하여 사용하기도 쉽다. 뿐만 아니라 추가로 습득한 지식은 기존의 스키마를 확장시키고 변형시켜서 더욱 완성된 스키마로 구축하게 된다. 새로운 임상증례를 접하게 되면 해당하는 스키마에 따라 병력 청취와 신체 진찰을 하여 정보를 파악하고, 관련 지식을 이용하여 단계적으로 문제해결을 시도하게 된다.

문제바탕 학습(PBL)은 임상표현을 중심으로 가능한 가설을 수립하고 가설을 충족시킬만한 모든 질병을 열거한 후 주어진 증례로 보아서 타당하지 않다고 생각되는 질환들을 하나씩 지워가는 방식을 사용한다. 스키마 방식과는 반대 순서로 접근한다. 즉, 스키마에서는 임상표현을 이미 전문화된 지식과 경험을 바탕으로 완성된 진단전략을 사용하여 접근하는 반면에, 문제바탕학습(PBL)에서는 이러한 전략이 없이 하나하나의 질환을 대입하는 방식이다. 문제바탕학습에서 사용하는 추론방식을 가설 연역적 추론(hypotheticodeductive reasoning)이라고 하며, 임상경험이 없는 초보자에게는 적용될 수 있으나, 임상현장에서는 효율적인 방식이라고 볼 수 없다.

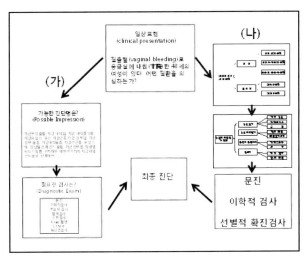

<그림 3-5> 임상에서 스키마의 예

　질 출혈을 증상으로 응급실에 내원한 48세의 여성 환자에 대하여 전문의와 초보의사인 인턴의 문제해결 방식은 다음과 같다. 초보의 사인 인턴은 먼저 환자의 임상표현이 질 출혈이라는 사실을 파악한 다. 그리고 머릿속에는 가능한 한 모든 진단명을 그려본다. 질 출혈을 동반하는 질환들은 그림에서 보듯이 자궁부정출혈, 자궁내막암, 자궁내막증식증, 자궁 근종, 자궁 선근증, 자궁외임신, 유산, 포상기 태, 전치태반, 태반조기박리, 자궁경부 용종 등 20여 개가 넘는다. 이렇게 많은 질환들을 감별 진단하기 위해서는 문진, 이학적 검사, 혈액검사와 초음파 검사 등을 시행하여야 한다.

　전문가는 전문적인 지식과 경험을 바탕으로 질 출혈에 관한 지식을 재구성한다. 이것을 스키마라고 하며, 질 출혈의 경우 산과적 출혈과 부인과적 출혈로 크게 나눈다. 산과적 출혈의 경우는 다시 임신시기별로 나누어 임신초기, 중후반기, 분만 및 분만후기로 구분한다. 임신초기의 질 출혈의 원인으로는 자궁외임신, 유산, 정상임신이 있고, 임신 중 후반기에는 전치태반과 태반조기박리가 있다. 그리고 분만 및 분만 후기에는 자궁무력증(atony)과 외상(trauma)이 있으며, 외상의 경우 산도열상, 자궁경부열상, 자궁체부 열상으로 나뉜다. 부인과적인 질 출혈의 원인으로는 기질적인 출혈과 기능적인 출혈로 나누며, 기질적 출혈의 원인으로는 자궁근종과 같은 종괴를 동반하는 경우들이다.

초보의사는 <그림 3-5>에서의 (가)의 단계를 밟는다. 그러나 전문의는 (나)의 과정을 통해 최종 진단에 이르게 되는데, 이 둘의 차이는 스키마를 사용하는가 그렇지 않은가에 있다.

(6) 전문가는 교육에 의해 만들어진다

학생들은 임상표현에 대한 스키마를 스스로가 구성하고 이를 임상문제해결에 적용할 수 있어야 한다. 또한 의학교육에서는 학생들에게 지식을 재구성함으로써 전문가 방식의 문제해결전략을 갖도록 권장하고 훈련하여야 한다. 전문가 방식의 교육과 기존의 선언적 지식 전달방식의 교육은 그 접근방식과 방법론에서 현저한 차이를 가지고 있다.

우선 전문가 방식의 교육은 주된 증상(cardinal manifestation; symptoms-based)을 중심으로 접근하는 반면, 선언적 지식교육은 질병중심(disease-based)의 교육이다. 증상중심(symptoms-based)교육은 환자중심, 현장중심, 실습중심, 문제중심인 교육인 반면에, 질병중심의 교육은 의사중심, 강의실중심, 이론중심, 검사중심의 의학교육이다. 전문가 방식의 교육은 의학교육을 통해서 실제로 환자를 진료할 수 있는 능력을 중시하는 교육인 반면에 기존의 선언적 지식전달방식은 임상현장과 이론교육 간의 괴리를 초래한다. 우리나라 인턴제도는 이론중심 교육이 낳은 기형적인 제도라고 할 수 있다. 전문가 방식의 교육과 기존의 선언적 지식전달식의 교육은 선택의 문제가 아니라, 앞으로의 의학교육이 피할 수 없는 동향이 될 것임에는 의심의 여지가 없다. 왜냐하면, 선언적 지식전달식의 교육은 이미 한계에 도달했기 때문이다. 의학지식의 폭발적인 증가와 급변하는 의학정보는 더 이상 의학교육이 선언적 지식중심의 교육에 머물 수 없다는 사실을 입증하고 있다. 의학교육이 지식전달식 교육으로 머물기에는 배우고 습득해야 할 의학지식의 양이 너무나 방대해졌기 때문이다. 뿐만 아니라 증거중심의학이 보편화되고 있는 임상현장에서 더 이상 학생 시절에 교과서에서 배운 지식이 효력을 발휘한다고 볼 수 없기 때문이다. 학생들이 졸업을 하고 임상현장에서 환자를 대하는 순간에는 이미 학생시절에 강의실에서 배운 지식은 낡은 정보가 되어버린다. 따라서 의학교육은 문제에 접근하고 해결하는 방식, 임상적으로 접근하는 방법론, 전문가의 스키마를 배우는 패러다임으로 변화되어야 하고, 또한 변화하고 있는 중이다[표 3-1].

의학전문대학원에서 전문가 방식의 교육이 필요한 이유는 졸업후 의료 현장에서 임상수행능력을 지닌 의사를 배출하고자 하는 일차적인 필요성에서 출발한다. 전문가 방식의 의학교육은 교수가 환자를 진료하는 방식을 전달함으로써 문제해결능력을 지닌 의사를 양성하는 교육이다. 기존의 의학교육은 이론중심의 선언적 지식전달방식이었다. 반면에 전문가 방식은 내과학 교과서인 『Harrison's Internal

Medicine(17th)』에서 의학의 기본습득원리로 제시하고 있듯이 기존의 의학교육 패러다임으로부터 새로운 패러다임의 의학교육으로 우리나라는 물론이거니와 세계적인 의학교육 지향과제이다. 따라서 학생들은 임상실습에 임하면서 지엽적인 기술과 단편적인 임상지식을 습득하는데 멈추지 말고, 임상적인 문제에 접근해 나아가는 전문가적 사고방식의 스키마를 구축하도록 해야 할 것이다.

[표 3-1] 전문가 방식의 교육과 기존의 선언적 지식전달식 교육의 비교

전문가 방식	선언적 지식전달 방식
증상중심(Symptom-based)	질병중심(Disease-based)
조직화된 지식(Organized Knowledge)	선언적 지식(Declarative Knowledge)
현장중심(Field-oriented)	강의실중심(Desk-oriented)
환자중심(Patient-oriented)	의사중심(Doctor-oriented)
일차의료(Primary Health Care)	장비중심, 검사중심의료(Machinary Medicine)
전문가의 접근방식(Expert Skill)	초보자의 접근방식(Novis Tool)
논리적 근거에 기초한 스키마 (Reasoning Schema)	스키마가 없음(No Schema)
병력청취와 이학적검사 강조 (History Taking & Physical Exam)	첨단장비와 특수검사 의존 (Special Lab & Machine)
문제해결능력 강조(Problem-solving)	지식습득 강조(Knowledge)
실습중심(Practice-oriented)	이론중심(Knowledge-oriented)
이론과 현장이 일치(Lecture-field matched)	이론과 현장의 괴리(Lecture-field mismatched)
졸업 후 실무에 즉시 적용(Field-applicable)	졸업 후 실무에 석봉하기 어려움(Field-troubled)
실무적응기간이 짧음(Short-engagement)	실무적응을 위한 새로운 교육이 필요함 (Long-engagement)
습득한 지식을 평생활용이 가능 (Life-through useful)	습득한 지식을 평생활용하기 어려움 (School Period useful)
인지과학적으로 널리 추천되고 있음 (Recommanded)	인지과학적으로 지양하고 있음 (Criticized)
세계적인 의학교육의 동향임 (New Trend of Medicine)	과거 의학교육의 방식임 (Traditional Methods)
극히 일부대학에서 부분적으로 도입하여 활용하고 있음(Non-popular)	거의 모든 대학에서 운용하는 방식임 (Popular)

결론적으로, 전문가란 문제해결에 있어서 탁월한 지식과 방법론을 가지고 있어 문제에 직면했을 때 뛰어난 문제해결능력을 보이는 사람을 말한다. 전문가적으로 글쓰기를 한다는 것은 문제해결에 초점을 맞춘 글쓰기를 한다는 의미이며, 전문가가 문제해결을 위해 활용하는 인지적 특성을 적용하는 글쓰기를 말한다. 전문가적인 글쓰기란 문제해결을 위한 글쓰기와 같은 맥락의 글쓰기라 할 수 있다.

2. 전문가적으로 글쓰기란?

전문가적으로 글쓰기 한다는 것은 글쓰기에 전문가의 인지적 특성이 적용된 글쓰기다. 즉, 해결해야 할 문제를 제시하고, 문제를 표상하며, 스키마에 의해서 문제해결에 이르는 과정에서 전문가가 가지는 인지적 특성을 활용한다. 전문가적인 글쓰기의 전체적인 구성은 문제의 정의, 표상, 스키마, 적용으로 이루어진다(<그림 3-6>).

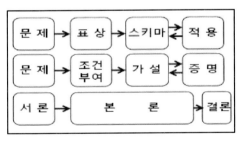

<그림 3-6> 전문가적인 글쓰기의 전개

(1) 문제(problem)를 분석하라

　문제란 인간이 살아가는 동안 끊임없이 직면하게 되는 갈등요소인데, 문제를 정의하고 해결하는 일이야말로 가장 중요한 일이 아닐 수 없다. 글쓰기란 바로 문제해결을 위한 목표지향적인 활동이다. 글쓰기란 갈등상황에서 문제의 핵심을 파악하고 해결하고자 하는 시도이다. 문제해결을 위한 글쓰기란 글쓰기의 전 과정과 글 전체를 통해서 문제를 분석하고 정의하며 해결방안을 도출해 내는 활동이다. 문제가 무엇인지를 파악하기 위한 문제분석은 우선 갈등요인이 무엇인가를 발견하는 일에서 시작된다. 이를 위해서는 문제를 클로즈업하여 볼 수 있어야 한다. 이와 함께 문제에서 뒤로 물러나 전체적인 맥락 속에서 문제를 볼 수 있어야 한다. 갈등요인이나 문제의 핵심을 정의할 때 가능하면 실제적인 상황 속에서 정의해야 한다. 예를 들면, 설교문의 서론부분에서 다루고자 하는 문제가 신자(信者)들의 물질관(物質觀)이라고 한다면, 신앙생활에서 돈을 사용하는 문제라고 추상적으로 정의하기보다는 조건과 상황 속에서 구체적인 사례를 중심으로 문제를 정의하라는 것이다. 이를테면, '십일조는 마음의 문제이니까 형편대로 해야 합니까, 아니면 성경에서 말한 대로 십분의 일을 해야 합니까?'라고 갈등요인을 정의하면 보다 구체적이며 실제적인 문제정의가 된다.

　'문제를 분석(分析)한다'라는 말 속에는 '문제를 조각낸다', '나눈다', '세분화한다'라는 뜻이 담겨있다. 즉, 문제를 잘게 나누면 복잡하고 막연한 문제가 단순하고 구체적인 작은 문제들의 모임이라는 사실을 알게 된다. 흡연의 문제는 복잡하고 광범위한 문제이지만,

이를 분석하여 흡연과 폐암과의 관계, 흡연과 사망률, 흡연과 임신, 흡연과 경제적 손실, 흡연과 금연교육 등으로 나누어 생각하면 보다 쉽게 접근할 수 있다. 문제의 정의는 서론, 본론, 결론 부분에서 모두 다루게 된다. 따라서 결론에서 문제해결 방안을 제시할 때 문제를 새롭게 정의할 수 있다. 다만, 결론에서 문제의 정의와 해결방안을 제시할 때 다른 입장에 대해서도 열린 자세를 가져야 한다.

문제에는 단순재생산적인 문제해결을 요하는 문제와 창조적 문제해결이 필요한 문제가 있다. 단순재생산적인 문제해결이란 연산방식과 같이 정해진 답을 찾는 문제이다. 반면에, 창조적 문제해결을 요구하는 문제의 유형이 있다. 이 경우는 문제해결 과정이 창조적이다. 창조적인 문제해결을 요구하는 문제일수록 저자의 문제해결 노력이 독자에게 설득력을 가져야 한다. 문제해결에 이르는 과정을 실제 글을 분석함으로써 살펴봄으로써 문제의 정의, 분석, 해결의 논리적 전개가 독자에게 얼마나 설득력이 있는지를 보다 구체적으로 파악할 수 있다. 즉, 직관에 의존하기보다, 문제해결 과정을 글의 초고를 통해 분석함으로써 독자를 위한 글쓰기에 다가설 수 있다. 다음 글은 필자가 척수손상 환자에게 줄기세포 임상시험을 하고 난 후 쓴 간략한 소감 글이다. 글을 분석함으로서 문제의 정의와 결론에 이르는 과정을 객관적으로 평가할 수 있다.

꿈을 향한 도전

슈퍼맨 "크리스토퍼 리브"의 갑작스러운 타계 소식을 접하던 무렵 우리는 그렇게 기다려 왔던 임상시험 시술을 하였다. 그러니까 지난 10월 12일, 그 날은 척수손상에 대한 제대혈 줄기세포 이식이

처음 이루어지던 역사적인 순간이었다. 수술 팀이 무사히 이식수술을 마치고, 함께 식사를 하러 나가면서 우리는 크리스토퍼 리브의 죽음을 못내 애석해 하였다.

문제가 어디에 있는가?

현대의학의 눈부신 발전에도 불구하고, 척수손상은 여전히 뾰쪽한 치료방법이 없는 불치 혹은 난치의 질환으로 남아있다. 척수신경 재생에 관한 연구가 세계 각국에서 불철주야 이루어지고 있으나 아직 이렇다 할 연구결과가 나오지 않은 실정이다. 이러한 난공불락의 영역에 줄기세포는 한 줄기 희망의 빛을 던지며 수많은 척수장애인들과 연구자들에게 다가온 것이다.

필자가 처음 척수손상에 대한 줄기세포의 치료 가능성에 눈을 뜨게 된 것은 2002년 1월이었다. 대학병원에서 산부인과를 전공으로 하는 임상교수, 더욱이 산과학을 담당하는 터라 탯줄혈액에 대한 애착은 일찍부터 가지고 있었다. 그래서 대학병원에 탯줄은행을 만들고자 힘을 모으고자 했으나 당시로써는 역부족이었다. 장비며 시설도 문제였고, 인력과 기술은 더욱 문제였다. 그런데 기회가 찾아왔다. 같은 대학의 해부학 교수님 한 분이 미국에서 척수손상에 대한 줄기세포연구를 하고 돌아온 것이다. 나는 그분이 귀국하자마자 공동연구를 제안하였고, 탯줄혈액으로부터 단핵세포를 추출하는 역할을 맡게 되었다. 그 후 1년 동안의 연구에서 우리는 사람의 탯줄혈액에서 유래한 단핵세포가 손상된 쥐 척수에 가서 착상할 뿐 아니라 운동능력의 회복에 있어서도 효과가 있다는 결론을 얻었다. 척수손상 쥐를 대상으로 한 연구에서 탯줄줄기세포의 척수신경 재생능력에 대한 가능성을 확인한 후 우리는 사람의 척수손상에 대한 연구에 도전하였다.

하위문제

탯줄혈액에서 추출한 단핵세포가 손상된 척수신경의 재생에 관여한다면 이는 탯줄혈액 내에 줄기세포가 존재한다는 말인데, 문제는 탯줄혈액으로부터 줄기세포를 추출하여 필요한 양만큼 증폭시키는 기술이 관건이었다. 사람의 척수손상에 대한 연구를 시작한 2003년 3월경만 하더라도 아직 탯줄혈액으로부터 간엽 줄기세포를 분리하였다는 연구보고가 희귀하였던 때였다. 그러나 다행히 산학협동연구를 체결한 (주)히스토스템 연구팀에서는 2003년 중순부터 성공적으로 간엽줄기세포를 확립하기 시작하였다. 드디어 2003년 추석이 다가오던 어느 날 임상시험을 추진하였다. 그런데 난관에 부딪혔다.

병원 내 임상시험윤리위원회의 승인도 어려웠지만, 안전성검사, 유효성 및 독성 검사 등의 전임상 연구를 거친 후 식약청의 승인을 얻어서야 비로소 임상연구에 들어갈 수 있다는 사실을 알았다. 임상시험이라 하는 것이 그토록 많은 시간이 소요되며 어렵고 복잡할 줄은 미처 몰랐던 것이다. 나는 임상시험의 거대한 장벽 앞에서 좌절을 맛보았다. 설상가상으로 탯줄줄기세포의 임상시험이 사회적인 문제가 되고, 불법 임상시험을 했다느니 하는 신문기사에 병원의 이름이 오르내렸다. 임상시험에 자원한 다섯 분의 후보자들은 기약 없는 기다림 속에 머물러야 했다.

사회적 이슈가 된 불법 임상시험의 논란은 다행스럽게도 식약청에서 법안을 개정함으로써 돌파구를 찾게 되었다. 연구자들의 연구를 돕고, 질병으로 고통 받는 환자들에게 하루라도 빨리 치료의 길을 열어주고자 줄기세포 연구에 한하여 연구자 임상과 응급임상이라는 예외 조항을 만들었다. 그리고 2004년 7월 시행령이 공고된 것이다. 또다시 나의 연구실에는 임상시험에 관해 문의해 오는 전화가 쇄도하였다. 임상시험을 위해서 집을 아예 광주로 옮긴 분도 있었고, 처음 임상시험 명단에 들었다가 불가피한 이유로 탈락되자 필자를 고소하겠다는 분도 계셨다. 날마다 임상시험을 받게 해 달라는 전화를 수차례씩 받아야 했다.

마침내 임상시술을 위해 첫 번째 대상자로 선정된 H 님이 병원에 입원하고, 임상시험팀이 모여서 환자의 상태와 수술방법에 대해 열띤 토론을 하였다. 환자의 척수손상부위가 예상했던 것보다 훨씬 심각한 것이다. 남아있던 근육마저 심한 위축을 보였고, 척추는 서로 융합하여 척수신경의 접근이 쉽지 않은 상태였다. 임상시험팀에 참여한 교수들은 마취과, 재활의학과 교수가 한 분씩, 정형외과 교수가 세 분, 그리고 필자까지 모두 여섯 명이었다. 수술은 전신마취 상태에서 약 4시간 계속되었고, 수술 당일 항공편으로 탯줄줄기세포가 운반되었다. 세포가 수술실에 도착하면서 수술진행도 기막히게 일치하여 만족스럽게 세포이식이 이루어졌다. 이제 남은 것은 환자의 마비된 신경이 다시 회복되기를 기대하면서 기다리는 일이다.

수술 후 만 1주째, 믿기지 않는 일이 일어났다. 재활의학과 근전도 검사실에서 환자의 상태를 평가해 본 결과 수술 전과 비교하여 상당한 변화를 보인 것이다. 도대체 환자의 척수신경에 무슨 일이 일어난 것인가? 줄기세포가 콩나물 마냥 신경세포로 자라나기 라도 했단 말인가? 그런데, 변화의 속도는 멈추지 않고 수술 후 2주째, 3주째, 4주째 계속하여 일어났다. 날마다 환자로부터 걸려오는 휴대폰으로 매일 매일의 변화가 느껴졌다. 한편으로는 정말 믿기지 않는 일에 놀라움을 금하지 못하면서, 또 한편으로는 이것이 심리적인 현상은 아닌지, 잠깐 이러다가 미미한 변화로 멈춰버릴 것인지 하는 걱정도 앞섰다. 그러나 흉추 9번과 12번 손상으로 하반신이 마비되어 지난 20여 년 동안 꿈쩍도 않던 다리가 이제는 누워서 움직이고 조금씩 들어 올려지며 보행기를 착용하고 조금씩 걷고, 엉덩이를 자유롭게 움직이는 이런 일이 가능한 일인가 생각할 때 치료의 기적은 일어난 것임에 틀림없다.

문제정의와 관련된 결론
그렇다! 이제 남은 네 분의 후보자를 임상시험 해 보는 일이 급선무다. 그래서 이분들에게 나타나는 결과를 분석하여 일차적인 결론을 내리는 것이 필요하다. 그래서 척수손상 환자에게 탯줄줄기세포의 치료효과를 객관적이고 신뢰할 만한 과학적 증거로 확립하는 일이 과제이다. 물론, 충분한 의과학적 임상적 결론을 내리기 위해서는 더 많은 시간과 더 많은 임상시험 사례와 더욱 치밀하고 다양한 검증이 필요할 것이다. 부작용은 없는 것인지, 안전한 시술인지, 적정의 시술방법은 무엇인지 등 앞으로 수많은 과제가 기다리고 있는 것도 사실이다. 다만 지금 말할 수 있는 느낌은 대양을 휘저으며 유영하는 거대한 고래 떼의 그 꼬리부분을 목격한 뱃사람의 감격 같은 것이다. 하나님! 우리에게 힘과 지혜를 주소서. 그리고 치료의 권능을 나타내소서.

(2) 문제를 표상(表象, presentation)하라

표상이란 무엇인가? 표상이란 한마디로 그림을 그려 보이는 것이다. 사물의 원인을 밝히는 것이다. 사물의 본질과 근원을 밝혀서 나타내는 것을 표상이라고 한다. 예를 들면, 산부인과 외래에서 교수는 환자를 진료한다. 병력을 청취하고 진찰을 하며, 외래에 비치된

초음파장비를 사용하여 환자의 증상이 자궁근종 때문이라는 사실을 알게 된다. 진찰과 초음파 검사가 끝나면 교수는 환자에게 환자의 현재 문제와 상황을 설명하면서 진단을 말해준다. 즉, 현재 자궁에 직경 5cm 크기의 근종이 두 개 있는데, 하나는 자궁전벽에 있고, 또 하나는 자궁의 왼쪽 각(corner)에 위치하고 있다고 설명한다. 그리고 자궁 전벽의 근종은 자궁내막에까지 침범한 근종으로서 월경과다의 원인이 되고 있다고 설명한다. 이때 교수는 종이 위에 자궁과 자궁 근종의 위치와 형태를 그려서 설명한다. 여기서 교수가 환자에게 자궁근종을 설명하는 일련의 정보를 표상이라고 한다.

우리가 살고 있는 세계와 우주는 실제 존재하는 물질과 현상이 있는 반면, 우리가 인지하고 해석하고 말하는 표상으로서의 세계와 우주가 있다. 실존의 세계와 우주는 표상으로서의 세계와 우주로 번역되어 인간의 인지영역으로 귀속된다. 물리학자들은 물리적인 기호와 공식으로써 우주를 표상하고, 화가들은 색채와 평면상의 형태로써 표상한다. 음악가는 음률과 화음으로써 표상하고, 작가들은 글로써 표상한다. 비고스키는 언어를 가장 뛰어난 표상 도구로 보았다. 즉, 언어도 하나의 표상도구라는 것이다. 표상을 통해서 인간은 인지활동을 하게 된다. 추론과 문제해결, 기억 등이 표상을 바탕으로 이루어지는 인지활동이다. 우리가 표상에 주목하는 이유는 표상이 추론, 문제해결, 기억, 언어 습득 및 활용의 기반이 되고 있기 때문이다. 대상을 어떻게 표상하느냐에 따라서 대상을 이해하고 문제를 해결하는 과정에 영향을 미친다.

산부인과 외래에서 환자를 진료한 교수가 환자의 질병상태를 그림으로 표상하느냐, 글로서 표상하느냐에 따라서 환자상태의 파악이 쉬워지기도 하고 어려워지기도 한다. 시각적 표상은 자궁근종의 위치나 크기 등을 이해하는 데 도움이 된다. 전문가적으로 글쓰기에서는 문제를 표상하는 과정에서 많은 시간과 노력을 기울인다. 문제를 어떻게 표상하는가에 따라서 문제해결 과정이 결정되기 때문이다. 문제를 아인슈타인처럼 수학적 공식으로 표상할 경우 수학적 접근이 가능하며, 문제를 시각적으로 표상할 경우 수술 과정 등을 설계하는 데 도움이 된다.

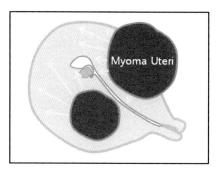

<그림 3-7> 자궁근종에 대한 시각적 표상

(3) 스키마로 해결책을 제시하라

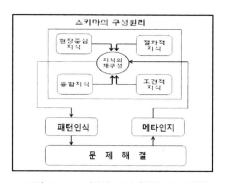

<그림 3-8> 스키마의 구성 원리와 문제해결

첫째, 문제해결을 위한 전문가의 방식은 지식의 네트워크(network)가 형성되어 있다는 점이다. 전문가와 초보자의 문제해결에 활용하는 지식의 구조는 차이가 있는데, 전문가에게는 초보자에 비해서 훨씬 복잡하고 세부적인 지식의 망(networking)이 형성되어 있다. 예를 들면, 질 출혈을 주소(主訴)로 내원한 여성 환자를 진료하는 데 있어서 전문가인 교수는 질 출혈과 관련된 지식의 네트워크가 초보자에 비해서 복잡하고 풍부하며 다층적이다. 전문가는 질 출혈과 관련하여 내분비학적인 원인, 기질적인 원인과 관련된 풍부한 사례들을 알고 있다. 반면에 초보자는 질 출혈의 원인으로서 제한적인 지식을 가지고 있다. 융합지식이란 문제해결을 위해서 전문가가 활용할 수 있는 지식의 폭이 하나의 영역에만 국한되지 않고, 다층적이고 다학제적인 영역으로 확대되었음을 의미한다.

둘째, 전문가는 문제해결 과정에서 절차적 지식을 활용한다. 절차적 지식이란 인간의 인지기능의 발달 과정에서 스크립트(script) 구성의 원리에 의한다. 즉, 어린아이들은 인지발달 과정에서 스크립트를 구성한다는 것이다. 스크립트란 사건의 전개순서를 의미하는 용어로서 영화나 연극의 대본을 말한다. 인간의 인지능력은 인과관계에 기초한 스크립트 구성에 의하여 장기기억을 저장하고 추론한다. 전문가는 지식을 절차적인 스크립트로 전환하여 장기기억에 저장하고 인출하는 방식을 활용한다. 이는 인지발달 과정에서 이미 형성된 인지기능의 하나이며, 이러한 절차적 지식을 문제해결에 활용한다.

셋째, 전문가는 현장중심의 지식 혹은 조건적 지식을 가지고 있다. 전문가의 지식은 깊고 풍부하지만 교과서에 기록된 선언적 지식이 아니라, 현장중심의 지식이며 맥락 가운데 활용이 가능한 조건적 지식이다. 이는 전문가의 오랜 경험과 지식이 어우러져 축적된 현장화된 지식이다. 때로는 전문가의 현장중심의 지식은 교과서에는 없는 지식일 수도 있다.

넷째, 전문가는 이렇게 현장화된 지식, 융합지식, 조건적 지식, 절차적 지식을 재구성함으로써 자신만의 스키마를 구축한다. 따라서 스키마는 융합적이며, 절차적이고, 현장중심의 조건적 지식이다. 초보자와 전문가를 구분하는 기준은 스키마가 있느냐 없느냐로 결정된다. 초보자는 자신만의 스키마가 없다. 그러나 전문가는 스키마를 가지고 문제해결에 임한다.

다섯째, 전문가는 스키마에 기초한 패턴인식으로 문제해결에 임한다. 전문가는 초보자에 비해서 추론능력이 높다. 그러나 대부분의 경우 전문가가 문제해결을 하는 과정을 살펴보면 복잡한 추론 과정을 통해서 문제해결을 하기보다는 비슷한 사례에 대한 풍부한 경험을 바탕으로 기억인출을 함으로써 반사적인 문제해결을 한다는 것이다. 전문가는 수많은 경험에서 풍부한 패턴을 가지고 있다는 것이다. 그래서 해결해야 할 문제의 패턴인식을 함으로써 장기기억에서 쉽게 비슷한 패턴을 인출하여 문제를 해결한다는 것이다.

여섯째, 전문가는 패턴인식을 바탕으로 문제해결을 하는 과정에서 끊임없이 메타인지를 활용하여 스키마를 변형하고 확장시킨다. 메타인지란 인지 과정에 대한 성찰과 교정을 말한다. 인간은 인지활동을 하면서 자신의 인지활동이 옳은 것인지 틀린 것인지, 아니면 자신의 문제해결 과정에 오류는 없는 것인지를 살핀다. 이것을 메타인지라고 한다. 전문가는 메타인지를 작동시켜서 자신의 스키마를 계속해서 검증하고 수정보완하며 발전시킨다. 그리고 메타인지에 의해서 수정보완, 검증된 스키마에 의해 문제해결을 시도한다. 전문가적으로 글쓰기 한다는 것은 <그림 3-8>에서와 같이 문제해결을 위한 스키마를 구축하여 스키마에 근거한 논리전개를 하는 글쓰기를 말한다. 스키마를 적용함으로써 문제해결에 도달하는 과정은 글쓰기에서 가설과 증명의 논증단계에 해당한다. 전문가적인 글쓰기는 가설수립에 있어서 초보자와 차별성을 보인다. 전문가의 가설수립은 융합적이고, 절차적이며, 현장중심적이다. 전문가의 가설은 다층적이며 풍부한 전문지식을 배경으로 하고 있다. 또한 가설수립은 정교한 논증 과정으로 증명되어야 한다.

제6장 독자를 위한 글쓰기

1. 독자중심의 글쓰기란?

글쓰기란 독자를 위한 작업이라 할 수 있다. 독자가 없다면 글쓰기는 한낱 독백으로 그치고 말 것이다. 자신만을 위한 글쓰기, 자기만족을 위한 글쓰기는 사회를 발전시키고 문명을 발달시키는데 아무런 의미가 없다. 아무리 심오한 진리와 지식이라 할지라도 전문가들과 소수의 몇 사람에게만 허락된 것이라면 무슨 소용이 있겠는가! 그래서 모든 글쓰기는 독자를 위한 글쓰기여야 한다. 독자를 위한 글쓰기란 독자가 글의 내용을 이해하고 공감할 수 있는 글쓰기이다. 글쓰기의 궁극적인 목적이 독자에게 있다.

지식은 서로 공유할 때 그 지식이 국가와 사회에 힘을 발휘하게 된다. 지식기반사회에서 지식은 많은 사람들에게 알려져야 하고 통용되어야 한다. 미국이 오늘날 지식강국으로서 세계를 지배하는 힘을 갖기까지는 독자를 위한 글쓰기 교육에서 비롯되었다고 보는 학자들도 있다. 독자를 위한 글쓰기로 지식이 통용됨으로써 사회가 발전하고, 과학과 기술이 꽃을 피우며, 세계의 지식시장을 좌지우지하게 되었다는 것이다. 미국의 대학들은 그동안 글쓰기, 특히 독자를 위한 글쓰기에 많은 심혈을 기울여왔다. 이러한 미국 대학들의 글쓰기에 대한 노력이 미국을 오늘날 세계를 지배하는 강대국으로 키웠다고 할 수 있다.

이처럼 문화의 발달은 독자를 위한 글쓰기를 통해서 이루어져 간다. 독자를 위한 글쓰기야말로 지식기반사회의 가장 중요한 지적활동이 아닐 수 없다. 우리의 대학교육이 더욱 힘써야 할 과업이 바로 독자를 위한 글쓰기이다. 지식생산을 위한 글쓰기의 핵심전략은 독자를 위한 글쓰기이다. 우리의 글쓰기가 필자중심의 글쓰기에서 독자중심의 글쓰기로 전환이 필요하다.

2. 독자중심 글쓰기의 이론

독자중심의 글쓰기란 독자의 인지심리학적 특성에 기초하여, 독자의 필요를 파악하고, 독자의 입장에 서서 글쓰기 하는 것을 말한다.

(1) 인지심리학 기반의 글쓰기

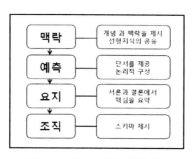

<그림 3-9> 인지심리학 기반의 글쓰기

독자를 위한 글쓰기의 이론은 인지주의적 수사학의 개척자라고 할 수 있는 린다 플라워의 이론에서 출발하였다. 즉, 읽기 과정에서 나타나는 독자의 인지심리학적 현상들을 적절히 만족시키는 글쓰기이다. 이 책의 전반부에서 읽기의 인지 과학적 배경을 통해 독자는 단순히 저자가 말하고 있는 바를 수동적으로 받아들이는 것이 아니라, 끊임없이 추론하고 재해석하며 창조적으로 자신의 생각을 확장해 간다는 사실을 살펴보았다. 독자를 위한 글쓰기란 독자의 인지심리학적 특성을 이해하고, 독자로 하여금 저자와 보다 긴밀한 공감과 의견교환을 하면서 궁극적인 문제해결 과정에 도달하고자 하려는 시도이다.

책을 읽을 때 독자는 새로운 아이디어를 처리하기 위해서 맥락이나 구조적인 틀을 사용한다. 독자를 위한 글쓰기는 독자의 지식수준에 맞는 맥락과 구조를 제시하는 글쓰기다. 또한 독자는 예상을 발전시키고 그러한 예상이 맞기를 기대한다. 따라서 독자가 전개될 내용을 예상할 수 있는 단서를 제공해야 한다. 독자는 읽은 내용을 덩어리로 만드는 통합작업을 한다. 즉, 요지를 만든다. 그리고 독자는 핵심적인 개념이나 요점들을 조직적인 계층구조로 만드는 인지적 특성을 지닌다.

이러한 인지적 특성을 고려할 때 독자를 위한 글쓰기에서는 첫째, 맥락을 파악할 수 있도록 해야 한다. 맥락을 파악하려면 독자의 선행지식을 활용한다든가, 개념이나 맥락을 제시해야 한다. 독자가 글의 맥락을 파악하지 못하면 저자의 의도를 이해하는 데 어려움을 겪게 된다. 저자는 독자에게 말하고자 하는 내용의 맥락을 이해하도록 책의 제목, 목차, 서론 등을 활용할 수 있다. 독자가 이미 알고 있는 선행지식을 공유함으로써 맥락이해를 도울 수도 있다. 저자가 말하고자 하는 책의 내용에 대한 흐름, 배경, 취지 등을 이해함으로써 맥락을 파악하게 되면 마치 모터엔진을 작동시킨 보트와 같이 독자는 스스로 능동적인 인지활동을 통해서 저자의 의도에 도달하고자 한다.

둘째는 독자로 하여금 저자가 전개하고자 하는 글의 내용을 예측할 수 있도록 단서를 제공하거나, 글을 논리적인 구도로 체계화해야 한다. 단서를 제공하는 방법으로는 글의 서론에서 핵심주제를 언급한다거나, 문제요인을 제시할 때 앞으로 전개될 내용을 예측할 수 있는 사례를 드는 방법이 있다. 글의 논리구조는 앞으로 어떤 내용이 전개될 것인지를 예측하게 해준다. 잘 정돈되고 배열된 서점에 가면 책의 진열에 일정한 규칙이 있음을 알 수 있다. 백화점이나 재래시장에도 이런 암묵적인 규칙이 있다. 글의 구도가 논리적 규칙을 가지고 전개되면 독자는 저자가 다음에 무슨 말을 할 것인지를 미리 짐작할 수 있다.

셋째, 독자로 하여금 글의 요지를 쉽게 파악하도록 서론이나 결론에서 핵심을 요약해야 한다. 서론에서 앞으로 저자가 다루고자 하는 주제에 대한 개요를 설명하고 무엇을 말하고자 하는 가를 미리 알려주는 것은 독자로 하여금 전체 요지를 파악하는데 용이하게 해 준다.

넷째, 저자의 스키마를 제시함으로써 독자가 자신의 스키마를 만들도록 해야 한다(<그림 3-9>).

(2) 대화와 토론식의 글쓰기

독자중심의 글쓰기에서 저자는 독자와의 끊임없는 대화와 토론을 하면서 글을 전개해 나간다. 설교학에서는 청중과의 대화를 중요하게 다룬다. 청중에게 질문을 던지고 그 질문에 대한 답을 제시하고, 제시된 답이 왜 그러한지 증거를 제시하는 식으로 청중과의 대화가 이어진다. 독자중심의 글쓰기에서는 이처럼 독자와 공감하는 문제를 제시하고, 그 문제의 답을 대화와 토론식으로 풀어간다.

대화와 토론식의 글쓰기란 문장표현을 대화식 혹은 토론식으로 하는 것을 의미하지 않는다. 다루고 있는 주제와 문제요인에 대해서 저자는 혼자만의 독백이 아니라 독자와 함께 대화하고 토론하며 글쓰기 한다. 대화와 토론의 글쓰기를 위해서는 독자가 누구인지, 독자의 관심이 무엇인지, 독자가 지금 당장 알고 싶어 하는 내용은 무엇인지, 독자가 생각하는 주장은 무엇인지에 대해서 알아야 한다. 즉, 독자에 대한 이해와 분석이 필요하다.

대화와 토론에서는 서로 공감하는 공통의 주제가 있어야 한다. 대화나 토론에서 간과하기 쉬운 점은 상대방의 입장에서 생각해 보는 것이다. 대화와 토론에서 자기주장과 자기생각만을 고집하는 경우가 많다. 상대편의 말은 듣지 않고 자신의 말만 반복한다. 상대편의 입장에 서서 생각해 보지 않는다. 역지사지란 대화와 토론의 중요한 원리다. 토론에서 이기는 비결은 역지사지의 원칙이다. 상대편의 주장과 의견에 귀를 기울이며, 상대편의 주장에 일단 수긍하면서 토론을 전개할 때 경계심과 반발심이 사라지고 긍정적인 입장에서 나의 의견을 들어준다.

따라서 독자중심의 글쓰기란 역지사지의 글쓰기다. 독자의 입장에서, 독자의 형편에서 생각할 때 독자는 저자와 교감하게 된다. 저자가 배타적이며 독선적으로 자기주장을 강요하면 독자는 마음을 닫고 반발심과 경계심을 갖게 된다. 일방적이고 배타적인 표현보다는 독자의 의견을 존중하면서 저자의 생각을 전개할 때 독자는 열린 마음으로 다가선다.

(3) 독자의 관점(觀點, view point)에서 글을 재조직하기

독자중심의 글쓰기에서는 필자인 '나'를 중심으로 한 표현이라든가, 나의 주관적인 느낌이나 행동, 의지 등을 나타내는 표현들은 지양하는 것이 좋다. 예를 들면, '~발견했다', '~느꼈다', '~하고자 한다', '~만났다' 등의 표현이다. 필자중심의 표현을 독자중심의 표현으로 바꾼다면 '~느낄 것이다', '~만나게 된다'가 된다. 관점을 어디에 두느냐에 따라서 필자중심의 글이냐, 독자중심의 글이냐가 된다. 사람은 본성적으로 자기중심성을 가지고 있기 때문에 글쓰기가 다분히 필자중심이 되는 것은 당연하다. 그러나 독자중심으로 관점을 바꿀 때 독자는 보다 열린 마음과 자세로 저자의 얘기에 귀를 기울이게 된다.

관점에 따라서 서술방식에도 차이가 난다. 사람들은 자기중심적으로 사건을 이야기하기(narrative) 좋아한다. 자신이 경험한 시간과 순서, 과정, 느낌 등을 중심으로 이야기한다. 제약회사의 신약제조 공정시설을 견학하고 글쓰기 한 경우 제약회사에 도착하여, 제약회사의 세미나실에서 전제적인 소개를 듣고, 회사 관계자의 안내를 받아 이곳저곳 공장시설과 연구실을 둘러보며, 마지막으로 공정 과정을 둘러보았다는 식으로 서술한다. 즉, 필자가 제약회사를 견학한 시간순으로, 보고 느낀 기분과 소감을 중심으로 글쓰기 하는 것이다. 그러나 독자중심의 글쓰기에서는 독자의 관심과 질문을 중심으로 글의 구성과 전개를 재조직해야 한다. 신약개발의 전 과정은 어떻게 이루어지는가? 신약개발을 위한 기본적인 공정시설의 기준은 무엇인가? 시설과 인력의 기준은 무엇인가? 생산된 신약의 품질관리는 어떻게 하는가? 독자의 궁금증과 관심사가 이런 것들이라면 필자는 독자의 질문과 관심을 기초로 글의 구성과 전개를 재조직해야 한다. 필자가 견학한 시간순으로 글을 전개하는 것이 아니라, 신약개발의 과정, 신약개발을 위한 GMP 시설기준, 신약 제조 과정의 품질관리 순서로 글을 재구성해야 한다. 즉, 관점은 글의 구조에도 영향을 미친다는 것이다. 필자중심의 글은 필자의 개인적인 경험과 느낌, 일의 진행순서에 맞춰진다. 글의 구조가 시간과 사건발생 순서로 이루어진다. 반면에, 독자중심의 글은 공통의 관심사와 글의 목적을 최상위에 두고, 계층적으로 아이디어가 조직화된다.

(4) 반복하여 퇴고하기

글쓰기에 상당한 경력을 지닌 사람들조차도 글을 잘 쓴다고 하는 말의 의미를 일필휘지(一筆揮之)의 현란한 글솜씨로 잘못 알고 있는 경우가 많다. 작가들이란 번득이는 영감과 천부적인 은사를 활용하여 단번에 완성된 글쓰기를 하는 사람들이라고 생각한다. 그도 그럴 것이 대개 사람들은 자신들은 천부적으로 글쓰기 재능을 가지고 있다는 것을 과시하고 싶어 한다. 그러나 미국 대학의 글쓰기수업은 한마디로 '반복된 글 고쳐쓰기' 방법이다. 특히 인문사회학 분야의 경우 글 고쳐쓰기 훈련과 전통은 대단하다. 미국 대학의 글쓰기 교육을 살펴볼 때 이러한 글쓰기 전략은 오래된 미국 대학의 전통이 되었다. 학위논문이든 연구논문이든 초고에 대한 퇴고에 퇴고를 거듭한다. 『뇌』의 작가 베르나르 베르베르는 한 편의 소설을 쓸 때 여섯 달 동안 쓰고 여섯 달 동안은 퇴고하는데 보낸다고 한다. 그의 소설 『개미』는 12년에 걸쳐 쓴 작품인데 모두 120번을 퇴고하였다고 한다. 헤밍웨이도 『무기여 잘 있거라』를 쓸 때 무려 44번이나 고쳐 썼다고 한다. 하워드 베커는 그의 저서 『사회과학자의 글쓰기』를 출판하기까지 원고를 8번 내지는 10번까지 퇴고하는 원칙을 지킨다고 하였다. 소설가 한승원 씨도 수많은 소설을 써오면서 작품 하나를 출판하기까지 다섯 번씩 고쳐쓰기 한다고 고백하였다. 독자중심의 글쓰기란 반복된 고쳐쓰기를 통해서 글의 방향과 수준을 독자들이 공감하고, 이해하며, 반응하는 단계로 끌어 올리는 글쓰기이다.

3. 독자를 위한 글쓰기의 실제

(1) 간결한 문장을 써라

간결체는 모든 문장이 지향하는 문체다. 신문기사는 대표적인 간결체다. 짧고 간결한 문장은 힘이 있다. 짧은 문장, 군더더기가 없는 문장은 글쓰기의 지혜이다. 글쓰기에 서툰 학생들일수록 만연체의 복문을 사용한다. 간결체의 문장을 위해서는 복문이나 이중문장, 만연체의 문장을 피하고 단어나 의미의 중복을 피해야 한다. 군더더기 말을 삭제한다. 삭제해도 문맥의 의미가 손상되지 않는 단어는 과감히 삭제해야 한다. 대표적인 군더더기는 '나는~생각한다', '내 의견으로는~같아 보인다'와 같이 '나'를 나타내는 표현이다. 핵심 메시지에 '나'의 생각이니 주장이니 하는 나를 표현하는 단어를 삽입할 때 문장은 복잡해진다. '내가 보니 글쓰기란 초고를 반복해서 고치고 또 고치는 퇴고의 연속이라는 사실을 깨달았다.' 이 문장에서 나를 드러내지 않고 '글쓰기란 초고를 반복해서 고치고 또 고치는 퇴고의 연속이다.'라고 쓰면 보다 간결해진다. 또한 자신의 감정이나 기분을 표현하는 깃도 지양해야 한다. 사실을 객관적으로 표현함으로써 독자로 하여금 글쓴이의 감정과 기분을 헤아리도록 한다. 긴 설명형식의 글은 의미를 전달할 수 있는 명칭을 사용하면 간결해진다. '1948년은 우리나라가 미군정을 마치고 대한민국이라는 이름으로 처음 나라를 세운 해이다.' 이 문장은 '1948년은 대한민국 건국의 해다.'라고 쓸 수 있다. '우리는 남의 처지를 살펴서 입장을 바꿔놓고 생각하면 사람을 보다 이해할 수 있다.'는 '우리는 역지사지로 사람을 이해할 수 있다'로, '마을에는 온통 붉은색, 푸른색, 노란색 등 총천연색의 옷을 입은 사람들로 물결을 이루고 있었다.'는 '마을에는 형형색색의 옷을 입은 사람들로 물결을 이루었다.'로 고치면 보다 간결해진다.

간혹 의학논문을 읽다 보면 2~3개의 문장을 연결하여 쓴 긴 문장의 글을 볼 수 있는데, 과학 글쓰기는 짧고, 단순한 것이 좋다. 예를 들면 다음과 같다. "조기진통은 임신 37주 이전에 발생한 자궁수축으로 감염이나 쌍태임신, 양수과다증이 원인이 될 수 있으며, 자궁경부무력증이나 5cm 이상의 큰 자궁근종도 원인이 될 수 있는데, 감염을 제외한 조기진통의 치료로써는 리토드린이나 칼슘통로 차단제, 혹은 옥시토신수용체 억제제와 같은 진통억제제를 사용하는 방법이 있다." 이런 경우 문장을 두 문장 혹은 세 문장으로 나누어서 짧고 간결한 표현으로 하는 것이 좋다.

(2) 불필요한 단어를 쓰지 마라

문장을 써넣고 다시 읽어보면 반드시 쓰지 않아도 될 표현들이나 단어들이 있다. 문장론의 기본은 불필요한 단어를 사용하지 않는 것이다. 문장을 최대한 간략하고 중복되지 않도록 고치는 것이 퇴고의 첫걸음이다. "임신성 고혈압의 정의는 수축기 혈압으로서 140mmHg 이상이고, 이완기 혈압으로서 90mmHg 이상인 경우를 임신성고혈압으로 정의하는 것이다." 이 문장을 다시 고쳐 쓴다면 "임신성 고혈압은 수축기 혈압이 140mmHg, 이완기 혈압이 90mmHg 이상을 말한다." 또 다른 예로 "임신성 고혈압에서의 단백뇨 발생은 혈관 내

피세포의 파괴로 말미암은 것으로서 부종을 발생시키는데 관련되어
진다.”의 문장을 고쳐 쓰면 다음과 같다. “임신성 고혈압의 단백뇨
발생은 혈관내피세포의 파괴 때문이며, 부종과 관련 있다.” 또 “복강
경 수술에 의해 제거되어진 난소의 양성낭종은 재발의 위험에 있어
서 가능성이 보이지 않기 때문에…”는 “복강경 수술로 제거한 난소
의 양성낭종은 재발위험이 없기 때문에…”로 고친다.

　반복된 단어, 쓰지 않아도 될 단어를 삭제하라. ‘그러나’, ‘그래서’,
‘그러므로’, ‘곧’, ‘즉’, ‘이를테면’, ‘예를 들어’, ‘왜냐하면’과 같은 접속
사는 가급적 생략하는 것이 좋다. 접속사를 넣지 않아도 의미가 훼
손되지 않는다면 쓰지 않아야 한다. 접속어가 많으면 글이 딱딱해지
고 설명적이 된다. 접속사는 최대한 줄이도록 하자. 또 같은 단어를
반복해서 사용하는 것도 글을 지루하게 만든다. ‘목자는 양들에게
선한 목자가 되어야 한다.’는 ‘선한 목자가 되어야 한다.’로 고칠 수
있다. 목자란 양들에 대한 개념이기 때문이다. ‘나의 견해는 그가 협
조적으로 일해야 한다는 주장이다.’는 ‘그는 협조적으로 일해야 한
다.’로 고칠 수 있다. 의미가 중복되는 표현도 주의해야 한다. ‘이른
아침마다 새벽기도회에 나가서’는 그냥 ‘새벽기도회에 나가서‘로 하
면 된다. 새벽기도라는 말 속에 이른 아침이 내포되어 있다. ‘여러
사람이 모인 대중(大衆) 앞에서’도 그냥 ‘대중 앞에서’라고 해야 한다.
‘가장 최상의 미덕은’은 ‘최상의 미덕은’이라고 써야 한다. 조사가 겹
치는 것도 바람직하지 않다. ‘앞으로 학교는 좋은 방향으로 향해서
나갈 것이다.’는 ‘앞으로 학교는 좋은 방향을 향해 갈 것이다.’와 같
이 조사를 겹쳐서 사용하지 않도록 해야 한다. 조사가 중복되면 글
이 어색해진다.

(3) 추상적인 표현보다 구체적으로 써라[39)]

추상적인 표현을 쓰는 이유는 구체적인 예가 생각나지 않거나, 자신의 주장을 일반화시키고자 하는 성향 때문이다. 일반화시키는 것이 나쁜 것은 아니지만, 추상적인 글보다는 구체적으로 썼을 때 독자에게 다가간다. 구체적으로 쓴다는 말은 실제적인 현장의 말로 쓴다는 뜻이다. 육하원칙에 맞춰서 사례 중심으로 쓸 때 보다 구체적인 글이 된다.

'신앙생활이란 날마다 영적 투쟁을 하는 생활이다.'라고 하면 추상적인 표현이지만, '신앙생활이란 날마다 기도하고 성경을 읽고, 회개하는 생활을 하는 것이다.'라고 하면 보다 구체적인 글이 된다. 영적 투쟁이라는 추상적인 용어가 '기도하고, 성경 읽고, 회개하는 생활'로 구체화되었기 때문이다. 이것을 좀 더 구체적인 글로 쓴다면, '신앙생활이란 아침에 일어나 일용할 양식을 읽고 배운 바를 실천하고자 노력하는 생활이다.'가 된다.

(4) 은유는 가능한 피하라

학술논문에서도 간혹 은유적인 표현이 많이 나온다. 모든 은유가 나쁜 것은 아니다. 오히려 문학적 글쓰기에서는 은유가 중요한 표현 양식이다. 하지만 학술논문에서는 은유를 잘못 사용하면 질이 떨어지고 독자들이 신선한 느낌을 받을 수 없다. 학술논문에서 우리가

---

39) 장하늘 지음, 『글 고치기 전략』, 다산초당.

무의식적으로 사용하는 은유들에는 '～ 목말라한다', '～칼날처럼 예리하게 파고들었다', '～마주하게 되었다', '～주저앉아 있었다', '～선택의 기로에 서서 방황하였다' 등의 표현이다.

(5) 글을 조직하라

한편의 글이 '두서없이' 전개되면 독자는 혼란스러워한다. 잘 조직된 글은 읽기에 쉽고 독자가 다음 내용을 예측하면서 글을 읽을 수 있다. 생각을 단위화하고 질서화해야 한다. 단위화란 한 덩이로 묶는 것을 말한다. 단위화한 다음에는 이것들을 관계짓기, 즉 질서화한다. 질서화의 원리는 유사성(類似性), 계층성(階層性), 논리성(論理性), 인과성(因果性), 상관성(相關性), 시간성(時間性)이 있다. 글의 개념구조도는 글을 어떻게 조직할 것인가에 대한 설계도이다. 글쓰기에 앞서 개념구조도를 만들고, 글의 설계도에 따라 글쓰기하면 잘 조직된 글이 되지만, 생각나는 대로 쓴 글은 퇴고과정에서 글을 조직하고 편집해야 한다.

(6) 과학적인 구문론(構文論)의 원칙을 지켜라

문장공학(文章工學, sentence engineering)이란 문장의 공학적 원리를 연구하는 분야이다. 문장을 쓰는 법칙, 즉 구문론에는 과학적인 규칙이 있다. 문장에도 약속이 있다는 말이다. 이것을 어기면 혼란이 생긴다.

수식어와 피수식어 사이에 군더더기 단어가 많이 들어가서 간격이 멀어지면 의미 파악이 어려워진다. 문장의 배열에는 논리적 순서가 있다. 결론과 주제를 먼저 제시하면 독자들이 글의 목적지를 알수 있어 읽기에 편하다. 무의미한 접속어는 독자를 싫증나게 한다. 병치문장(竝置文章)은 균형을 유지해야 한다. 긴 단락의 문장에서는 긍정과 부정을 미리 예고해주어야 한다. 수식어와 피수식어가 분명해야 한다. 어떤 말을 수식하는지 애매하면 독자는 불쾌감을 느낀다.

하나의 문장에는 하나의 생각을 담는 것이 좋다. 주어+서술어가하나인 문장은 주어+서술어가 하나의 생각을 표현한다. 그러나 주어+서술어가 두 개 이상의 문장에서는 맨 뒤에 오는 주어+서술어가 중심생각이 된다. 이때 주어와 서술어는 반드시 일치해야 한다. 주어와 서술어가 각각 따로 국밥 식으로 사용되면 잘못된 문장이다.

문장의 연결어미를 사용할 때는 연결하는 문장들끼리 논리적 구조가 맞아야 한다. '오늘부터 봄비가 내리고, 나는 우산을 들고 출근하였다.'고 하면, 전후 주어+서술어 문장이 논리적으로 어색하다. 이 경우 '오늘부터 봄비가 내리기 때문에, 나는 우산을 들고 출근하였다.'로 고치면 논리적인 문장이 된다.

⑺ 능동태 문장을 써라

거의 모든 글쓰기에 관한 책들은 수동태의 동사를 능동태로 바꿔쓰라고 권한다. '그의 주장은 받아들여지지 않았다.'라고 하면 누군가 의사결정권을 지닌 세력으로부터 그의 주장이 거부되었다고 하는 의미가 된다. 사건의 책임을 알 수 없는 결정권자에게 숨기고 있다. 이 문장을 능동태로 쓰면, '~는 그의 주장을 받아들이지 않았다.'가 된다. 사건의 행위자를 드러내지 않을 수 없다. 이는 신뢰성의 문제와 직결된다. 능동태의 동사는 무엇인가 행위를 한다. 독자들은 능동태의 동사를 더 좋아하고 생동감을 느낀다. 능동태는 표현하고자 하는 생각을 더 직접적으로 건드린다. 능동태의 문장은 더 짧다.

그러나 항상 능동태의 문장을 써야만 하는 것은 아니다. 수동태의 문장을 써야 하는 경우도 있다. '저축하는 습관이 사람을 부하게 만든다.'는 능동태의 문장이지만, 저축하는 습관이 능동적으로 일하는 것은 아니다. 이 경우 '저축하는 습관으로 사람은 부하게 된다.'가 옳다.

⑻ 부정적 표현을 긍정으로 바꿔라

'～하지 않을 수 없었다', '～알 수 없었다', '～을 찾지 못했다', '거의 ～않다' 등과 같이 부정적인 표현은 긍정의 표현보다 이해가 어렵다. '경제를 살리기 위해서는 긴축재정을 펴지 않을 수 없었다. 제조업은 더 이상 경제의 축을 이루지 못하고 있다. 전자산업 역시 세계경제 위기를 피해갈 수 없었으며, 이러한 위기국면으로 인해 정부는 국가 무역수지를 개선시키지 못했다.' 이 글은 부정적인 표현으로 가득하다. 이 문장을 긍정문으로 바꿔 쓰면 '경제를 살리기 위해서는 긴축재정을 펴야만 했다. 제조업은 사향산업이 되었다. 전자산업 역시 세계경제의 위기를 맞았으며, 이러한 위기 국면으로 인해 정부의 무역수지 개선정책은 실패하고 말았다.'가 된다.

⑼ 외국어 번역투의 표현을 피하라

　과거 일제하 일본어의 영향이 우리 말 곳곳에 남아 있다. 대표적인 일본식 표현으로는 '～을 요하다', '～에 있어서', '～에의', '～에 의하면', '～다름 아니다', '～을 행하다', '명실공히', '주지하다시피' 등이다. '～적(的)', '～화(化)', '～성(性)'과 같은 표현도 일본식 어법으로 철학적, 입체화, 여성성, 야만성 등과 같은 표현을 많이 쓰는 것도 바람직하지 않다. '～의'는 일본어의 'の'에서 온 표현으로서 은연중에 많이 사용하고 있는데, '～의'는 때로 문장의 의미를 혼란스럽게 하는 경우가 있다. '신앙의 사귐은 교회생활의 활력을 준다.'는 '신앙 안에서 사귐은 교회생활에 활력을 준다.'로 고칠 수 있다. '직장의 스트레스가 건강을 해친다.'는 '직장에서 받는 스트레스가 건강을 해친다.'로 고칠 수 있다. 우리말에서 '～의'를 써야 하는 경우는 소유나 종속의 의미를 나타내는 경우이다.

　영어 번역식 표현으로 지시어 사용에 주의해야 한다. '대학교육은 변화하여야 한다. 그것이 없이는 대학이 생존하기 어렵다.'에서 '그것이 없이는'은 영어식 번역이다. 이 문장을 고쳐 쓰면 '대학교육은 변화하여야 한다. 변화 없이는 대학이 생존하기 어렵다.'가 된다. 사물을 주어로 하는 표현도 영어식 표현이다. '눈 폭풍은 우리를 그곳에 가두어 버렸다.' 이 문장을 고쳐 쓰면 '눈 폭풍 때문에 우리는 그곳에 머물러야 했다.'가 된다.

(10) **이중 꾸밈말을 피하라**

예를 들면, "자궁근종은 세 가지 형태로 분류할 수 있는데, 가장 흔하며, 월경과다와 같은 특별한 증상을 가지지 않는 장간막하 근종이 있으며…" 여기서 "장간막하 근종"을 꾸미는 말은 "가장 흔하며"와 "증상을 가지지 않는"이다. 그런데 "월경과다와 같은"이 "증상"을 또 꾸미고 있다. 또 다른 예로는 "질 출혈을 동반한 자궁내임신낭이 확인되지 않는 자궁외임신은 혈중 임신 융모 호르몬을 검사해야 한다."에서 "질 출혈을 동반한"과 "자궁내임신낭이 확인되지 않는"의 두 개의 꾸밈 절이 "자궁외임신"을 수식하고 있다. 이렇게 이중, 삼중으로 꾸미는 말을 사용하면 독자가 혼란스러워한다. 따라서 꾸밈말에는 반드시 서술어가 따라와야 하며, 서술되지 않은 채로 다른 꾸밈말을 쓰는 것을 피한다.

(11) **집단의 특수한 용어는 피하라**

공인된 전문용어 외에는 일반화된 용어를 사용해야 한다. 어느 집단에서만 사용하는 특수용어를 사용하면 글의 이해도를 떨어뜨린다. "양식을 써먹지 않고 기본생활을 하지 못함으로써 저는 영적으로 갈급하였습니다. 남들에게 부담을 주고 장막에서는 동역자들을 섬기지 못했습니다. 구원의 은혜가 사라지고 교회에서는 동역을 하지 못하고 역사에도 충성하지 못했습니다." 이 문장은 UBF의 소감에서 흔히 나오는 문장인데, 이곳에 소속되지 않은 사람들이 들으면 무슨 얘기인지 잘 알아들을 수 없다. 이 문장을 고쳐 써 보도록 하자. "매일의 성경읽기와 기도생활을 하지 못함으로써 저는 영적으로 갈급하였습니다. 다른 사람들에게 피해를 주었고, 공동생활을 하는 숙소에서는 함께 생활하는 동료들을 잘 보살피지 못했습니다. 신앙생활의 기쁨이 사라지고, 교회의 소그룹 모임에서는 동료들과 화합하지 못하고 적극적으로 참여하지도 못했습니다." 이처럼 과학 글쓰기에서도 일반화된 용어를 사용하도록 노력해야 한다.

제7장 단락(段落, paragraph) 중심의 글쓰기

단락이란 하나의 주제를 중심으로 구성된 문맥의 덩어리를 말한다. 독자는 글을 읽을 때 글자 한 글자 한 글자를 읽는 것이 아니라 문장의 덩어리, 문맥의 덩어리를 읽는다. 단락을 이해하는 것은 독해와 글쓰기의 기본이다. 독서능력은 단락을 이해하는 능력이다.[40]

단락은 4~8개 내외의 문장으로 이루어진다. 단락을 활용하여 글쓰기를 하게 되면 독자가 이해하기가 쉽다. 단락을 짧게 쓰면, 글쓰기가 더 빨라지고, 더 생생해지고, 더 명료해진다. 단락 짓기에 인색하기보다 자주 하는 편이 읽기가 쉽다. 미국에서는 50년 전부터 단락 중심의 글쓰기가 보편화 되어 영어 문장을 읽어 보면 구조적인 짜임새를 보게 된다. 하지만 우리글의 독해와 글쓰기에서는 단락을

---

40) 토마스 D. 코웰스키 · 미샤 슈바르츠만 지음, 김병욱 · 오연희 엮음, 『단락, 어떻게 읽고 쓸 것인가?』, 예림기획.

중심으로 글을 쓰며, 단락중심으로 독해하고 쓰는 일에 소홀하였다. 신문 사설을 읽어보면 단락이 없는 글이 대부분이다. 단락이 읽고 쓰기에 얼마나 핵심적인 역할을 하는가를 고려할 때 단락에 대한 기본지식을 이해하고 단락을 활용해야 할 필요가 있다.

1. 단락을 어떻게 읽을 것인가?

(1) 단락의 중심생각과 중심문장을 찾아라

단락에는 반드시 중심생각을 나타내는 단어나 구(句)가 있으며, 중심생각을 서술하는 중심문장이 있다. 대개 중심문장은 단락의 첫 문장인 경우가 많다. 훌륭한 독자는 단락의 중심문장과 중심생각을 발견해 낸다. 그리고 단락의 문장들이 중심생각과 어떤 관계를 맺고 있는가를 이해하며, 중심생각이 어떻게 단락의 모양을 결정짓는가를 본다.

<그림 3-10>은 단락의 구조와 중심생각의 관계를 도해한 그림이다. 중심생각은 단락의 다른 문장들에 의해서 부연설명 되거나, 근거 혹은 배경 역할을 한다. 독자는 단락의 구조를 파악할 수 있어야 한다.

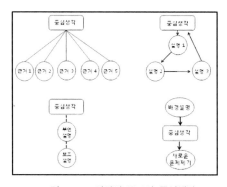

<그림 3-10> 단락의 구조와 중심생각

⑵ 단락의 목적과 기능이 무엇인지 살펴라

각 단락은 다양한 목적과 기능을 가지고 있다. 한 편의 글을 쓸 경우 저자는 때에 따라서는 개념을 정의하기도 하고, 대상을 설명하기도 하며, 서로 비교하기도 한다. 이러한 문장의 기능들은 단락이라는 문장의 덩어리 혹은 생각의 덩어리가 모여서 역할을 수행한다. 한 편의 글에서 단락의 목적과 기능이란 이처럼 최종적인 글의 목표를 달성하기 위해서 어떤 역할을 하고 있는가를 말한다. 단락은 때로 단락과 단락을 연결하는 기능이 있는가 하면, 앞 단락을 요약하는 기능을 하기도 한다. 훌륭한 독자는 단락의 이러한 목적과 기능을 파악함으로써 글의 전체적인 구성과 흐름, 결론을 이해한다. 축구 경기에서 선수의 포지션(position)은 그 선수의 역할과 기능을 말해준다. 스트라이커로 어떤 선수를 투입하는가에 따라 감독의 전술을 읽을 수 있다. 마찬가지로, 한 편의 글에서 단락의 포지션과 단락의 특성을 이해하는 것이 독해의 비결이다.

(3) 전체 글의 중심생각을 파악하라

한 편의 글을 읽을 때 가장 중요한 관건은 글의 중심생각이 무엇인가이다. 저자가 중심생각을 명확히 밝히는 경우도 있지만, 독자 스스로 도출해 내야 하는 경우도 많다. 전체 글의 중심생각이 무엇인지는 각 단락의 중심생각을 연결하면 알 수 있다. 영어에서는 단락의 첫 문장이 주제문인 경우가 흔하기 때문에, 단락의 첫 문장만을 훑어 읽기 하여 중심생각을 파악할 수 있다.

(4) 전체 글의 결론이 무엇인지를 파악하라

독해에서는 최종 결론에 빨리 도달하는 것이 독해의 원리이다. 많은 양의 지식과 정보를 처리해야 하는 지식정보사회에서는 책이든 논문이든 보고서든 결론이 무엇인지 빨리 파악해야 한다. 저자는 글의 결론 부분에서 자신의 입장을 진술하는 경우가 대부분이다. 저자는 또한 자신의 특별한 주장을 강조하거나 밝히는 경향이 있다. 만약 저자가 드러내 놓고 결론을 말하지 않더라도 단락의 중심생각들을 연결하면 결론이 무엇인지 알 수 있다.

(5) 글의 구성과 전개를 이해하라

단어는 문장을 이루고, 문장은 단락을 이루며, 단락은 한 편의 글을 이룬다. 단어의 배열 즉, 구문론은 문장의 완성도와 관련이 있고, 문장과 문장 간의 구성은 단락의 짜임새를 결정한다. 단락과 단락의 연결, 배열순서, 상호관계 곧 글의 구성과 전개는 글의 수준을 좌우한다. 독자는 글의 구성과 전개를 통해서 저자의 주장과 논리를 파악하게 된다.

(6) 글의 내용을 파악하라

글의 내용파악은 독해의 중심이다. 내용을 파악하지 못하였거나 저자의 의도와는 다르게 이해하고 있다면 올바른 독해라고 할 수 없다. 독서의 바람직한 목표가 세부적인 내용에 이르기까지 샅샅이 아는 것에 있는 것은 아닐지라도 최소한 글을 읽고, 읽은 내용을 파악하는 일은 독해의 중요한 부분이다.

(7) 글을 요약하라

한 편의 글을 읽고 내용을 한 줄로 요약할 수 있다는 것은 독해의 최종적인 지향점이다. 전체를 요약하기 전에 단락을 요약할 수 있어야 한다. 각 단락을 요약하면 전체의 요지가 되고 이를 다시 한 줄로 요약하면 전체 글의 요약이 된다. 한 편의 글이나 책을 읽고 내용을 한 줄로 요약하는 훈련을 통해서 독해능력이 향상된다.

(8) 추론하라

독자는 글을 읽고 저자가 말하지 않은 내용에 대해서 추론할 수 있어야 한다. 추론이란 막연한 상상력이 아니라, 근거를 가지고 유추하는 것을 말한다. 성경에는 다윗의 셋째 아들 압살롬이 이복형제이자 맏이인 암논을 죽이고, 자신이 왕이 되고자 하는 장면이 기록되었다. 여기서 압살롬이 왜 암논을 죽이려 했는가? 압살롬은 왜 반란을 일으켰는가? 성경에는 이 질문에 대한 설명이 없다. 그러나 압살롬이 암논에 대한 복수심과 왕이 되고자 하는 권력욕에서 암논을 죽였고, 반란을 일으켰다는 추론이 가능하다. 독해에서 추론이란 제시된 근거에 기초하여 저자가 언급하지 않고 있는 가능성에 대해서 유추하는 것을 말한다. 추론은 독자를 저자의 문자적 표현에만 머물러 있지 않고, 독자가 능동적으로 사유(思惟)하고 있다는 증거이다.

⑼ **창조적으로 읽어라**

글을 읽을 때 독자는 저자가 문자로 표현한 내용에만 충실하지 않는다. 독자 스스로 생각하고 이론을 발전시키며, 생각을 종합한다. 독서란 저자의 사상을 답습하는 과정이 아니라 독자 스스로의 생각을 발전시키고 확장시키는 과정이다. 독자는 읽기를 수행하면서 쓰기를 병행하고 있는 것이다.

2. 중심문장이 갖추어야 할 요건은?

⑴ **중심문장은 완전한 생각을 나타내는 완성된 문장이어야 한다**

중심문장은 단락의 중심사상을 내포하는 문장으로써 일반적으로 단락의 첫 부분에 위치한다. 단락을 잘 쓰기 위해서는 중심문장을 적절히 잘 써야 한다. 중심문장이 갖추어야 할 첫째 조건은 하나의 완전한 생각을 나타내는 문장이어야 한다. 만약 완전한 생각을 나타내지 못하고 부분적인 생각만을 말하고 있다면 완전한 문장이라고 할 수 없다. 중심문장과 제목은 비슷한 역할을 한다고 볼 수 있으나, 중요한 차이점은 중심문장이 완전한 생각을 나타내는 완성된 문장이라는 점에 있다. '나는 오늘 드디어 도착했다.'라고 한다면 도대체 이 글만 가지고는 어디에 도착했는지 알 수 없다. 완전한 의미를 갖춘 문장이 아니다. 이 문장 다음에 보충문장이 있어야 의미가 완성된다. '나는 오늘 드디어 도착했다. 그렇게 바라던 고향에 말이다.' 이 경우에 두 개의 문장이 만나서 비로소 하나의 완성된 의미를 전달하고 있다. 완전한 생각을 나타내는 완성된 문장이란 문법적으로나 의미전달에 있어서 그 자체만으로 완전성을 가지는 문장을 말한다. 중심문장은 완전한 의미전달의 독립된 문장이라야 한다.

⑵ 중심문장은 단락을 제한하여야 한다

중심문장의 가장 중요한 역할은 단락을 제한하는 것이다. 중심문장이 단락을 제한한다는 의미는 단락에서 다루어야 할 내용을 구체적이고 좁은 범위로 규정해 준다는 말이다. '성경에 나타난 이스라엘의 역사'라고 한다면 이스라엘 백성들이 애굽으로 이주한 후 430년 동안 노예 백성으로 살던 시절부터 디아스포라 유대인들의 삶까지 거의 성경 전체의 역사를 다루어야 할 것이다. 이처럼 광범위하고 막연한 제목은 다루어야 할 범위가 넓어서 추상적인 설명밖에 할 수 없게 된다. 그러나 단락에서 다루어야 할 부분을 출애굽 역사에 제한한다면 글쓰기가 쉬워지고 구체적인 글이 될 것이다. 중심문장을 '성경에서 이스라엘 백성들은 출애굽 당시 유월절의 밤을 경험하였다.'라고 한다면 단락에서 다루게 될 내용은 출애굽 당시의 유월절 사건으로 좁아진다. 따라서 중심문장은 추상적이거나 포괄적인 문장이어서는 안 된다. 단락을 제한하는 구체적이고 상세한 내용이어야 한다. 하지만 중심문장이 추상적이어서는 안 되지만, 지나치게 구체적이고 상세하여도 단락을 채울만한 내용이 부실해지기 때문에 주의해야 한다.

(3) 중심문장은 단일한 내용이어야 한다

중심문장이 두 가지 내용을 담고 있다면 단락의 초점이 나누어진다. 두 가지 내용을 같은 비중으로 다루다 보면 단락의 분량이 커지고 내용을 전개하기도 어렵다. 서로 관련성이 깊은 두 가지 내용을 다루어야 할 경우에는 중심문장을 둘로 나누는 것이 좋다. 단락에서 중심문장은 하나뿐이기 때문에, 중심문장을 둘로 나누면 두 개의 단락이 된다.

'독서는 지식생산의 근원이며 사고력의 원천이 된다.'라는 중심문장이 있다고 하면, 단락에서는 독서가 지식생산의 근원이 된다고 하는 사실을 논증하거나 설명해야 하며, 동시에 사고력의 원천이 된다고 하는 사실도 함께 다루어야 한다. 이럴 경우 중심문장을 나누어서, '독서는 지식생산의 근원이다.'라는 것과 '독서는 사고력의 원천이다.'라는 두 개의 중심문장으로 단락을 나누는 것이 효과적이다.

그러나 둘 이상의 내용이라도 서로 분리할 필요가 없으리만큼 밀접한 관계가 있는 경우라든가, 분리하면 안 되는 상관관계가 있는 경우, 혹은 주종관계, 원인과 결과, 둘로 나눌 필요가 없는 유사한 내용 등이면 중심문장을 하나로 하는 것이 좋다. '주의 말씀은 내 발의 등이요 내 길의 빛이니시다.'에는 내 발의 등과 내 길의 빛이라는 두 개의 내용이 들어 있다. 하지만, 이 둘을 분리하여 두 개의 중심 문장으로 할 경우 '내 발의 등'과 '내 길의 빛'을 설명하고 구분하기가 쉽지 않다. 두 개의 내용이 거의 같은 의미여서 분리하는 것보다는 하나로 묶어서 사용하는 것이 좋은 경우이다.

(4) 중심문장은 명료하고 간결해야 한다

중심문장이 길고 명료하지 않으면 독자는 단락의 의미를 파악하는 데 어려움을 느낀다. 중심문장이 명료하고, 간결하며, 전달하는 메시지가 힘이 있으면 단락은 쉽게 이해가 된다. 그러나 중심문장에 '~라고 생각한다', '~하지 않을까?', '~수도 있고, ~일 수도 있다'는 식의 애매모호 좌고우면하는 표현을 쓰면 독자는 혼란스러워한다. 중심문장은 짧고, 간결하며, 강력한 메시지를 전달하는 분명한 표현이어야 한다.

중심문장은 시각적인 메시지도 담고 있다. 중심문장은 단락의 첫 부분에 위치하면서 단락을 대표하는 글이다. 영어논문이나 단편을 읽을 때 단락의 중심문장만을 읽고 스쳐 지나가면서 전체의 의미를 파악하는 경우가 많다.

3. 단락은 어떻게 쓸 것인가?

(1) 단락은 한 가지 중심사상만을 나타내야 한다

단락은 한 가지 중심 사상만을 나타내야 한다. 단락과 무관한 문장이 들어 있지 않도록 한다. 하나의 단락 안에 모든 것을 넣으려고 해서는 안 된다. 설령 하나의 중심사상이라도 하나의 단락으로 다 말할 수는 없다. 하나의 단락에서는 하나의 중심사상, 중심사상의 일부, 그것의 세부적인 부분 하나를 다루어야 한다. 그리고 단락의 중심이 되는 중심문장이 반드시 들어 있어야 한다. 중심문장은 알기 쉬운 곳에 있어야 한다. 중심문장에서 한 가지 중심사상만을 다루려면 중심사상을 명확하고 한정된 개념으로 잡아야 한다. 광범위한 개념을 중심사상으로 잡는다거나 너무 일반적인 개념을 중심사상으로 잡으면 단락의 통일성이 훼손되거나 한 가지 중심사상만을 집중하여 조명하기 어려워진다. 중심사상을 구체적이고 한정된 개념으로 잡는다는 의미는 문맥의 상황변화에 주목하라는 의미이기도 하다. 문맥의 상황변화, 즉 시간, 장소, 장면, 인물, 상태, 동작, 새로운 인물의 등장, 인물의 심리가 변할 때, 사건과 현상이 달라진 경우, 생각이나 논점, 주장이 달라질 때, 긴 인용문을 넣을 때, 어떤 부분을 강조할 때 등인데, 이런 경우 새로운 단락으로 시작하는 것이 좋다.

한 가지 중심사상만을 다루려면 중심문장의 역할이 중요하게 된다. 중심문장은 보통 단락의 첫 부분에 위치하면서 단락의 중심사상을 제한한다. 단락의 모든 문장은 중심문장과 연관성을 가지고 있어야 한다. 모든 문장은 중심문장을 부연 설명하고 보충하며 지지하는 역할을 해야 한다. 중심문장과 관련이 없는 문장은 단락의 통일성을 훼손하기 때문에 써서는 안 된다. 따라서 중심문장은 구체적이고 명확하게 중심사상을 제한하는 문장이 되어야 한다.

⑵ 단락은 그 자체로 완전성(完全性)이 있어야 한다

단락은 그 자체로 완전한 의미단위가 되어야 한다. 단락이 전체와 연결되든 아니면 홀로 떨어져서 존재하든 완전한 생각의 단위라야 한다. 단락은 하나의 불완전한 조각이 아니다. 다른 단락의 도움 없이는 이해할 수 없는 글이라면 완결된 단락이 아니다. 단락은 전체 글의 한 구성요소가 되지만 그렇다고 전체 속의 한 부분만은 아니다. 단락 그 자체로 완전성을 지니고 있다. 단락이 완전성을 가지려면 중심사상이 충분히 해명되어야 한다. 중심문장에서 언급한 내용을 충분히 해명하지 않고 단락을 끝내버리면 완결되지 않은 단락이 되고 말 것이다. 중심사상을 충분히 해명한다는 의미는 좀 더 상세하게 설명하거나 사례를 제시함으로써 중심사상을 구체화시킨다는 말이다.

⑶ 단락 내의 문장배열이 자연스럽고 논리적이어야 한다

단락은 문장의 모임이다. 단락 내의 문장들은 논리적으로 연결되어야 한다. 마치 물 흐르듯이 자연스럽게 하나의 사상을 중심으로 이어져야 한다. 일관성과 연결성이 있어야 한다.

흔히들 문맥이 통한다든가 문맥이 끊어진다는 말을 하는데, 여기서 문맥이란 앞뒤 문장 간의 연결성을 말한다. 앞 문장과 전혀 관계 없는 문장이 튀어나온다면 독자는 혼란스러워한다. 문맥에 연결성이 있게 하려면 앞 문장의 내용을 받아서 다음 문장을 쓰면 된다. 앞 문장에서 다룬 내용의 일부를 받아서 중복하여 쓰고 여기에서 한 걸음 더 나가는 식으로 글쓰기를 하면 된다.

단락의 연결성과 함께 논리적으로 구성된 단락은 이해하기 쉽고, 독자의 공감을 얻는다. 단락 내의 문장들은 중복되지 않고, 서로 모순되지도 않으며, 문장과 문장 간의 상호관계가 분명해야 한다. 문장들은 하나의 중심사상을 논증하는 부분들이 된다. 한 편의 글에는 글의 구조가 있듯이, 단락도 마찬가지다. 단락의 골격을 이루는 개념의 구조가 잘 짜였는지, 그렇지 않은지에 따라서 좋은 글이 되기도 하고 그렇지 않을 수도 있다.

단락의 기본 유형으로는 첫째, 주제-한정-예시(TRI; Topic-Restrict-Illustration) 유형인데, 이는 단락의 첫 문장에서 주제를 제시하고, 다음 문장에서 주제를 한정하고, 이어서 단락의 나머지 문장에서는 주제를 전개하거나 예화를 드는 방식이다. 만약 단락이 너무 길다면 단락의 가장 말미에 다시 주제를 제시하는 주제-한정-예시-주제(TRIT) 유형을 적용한다. 둘째는 문제해결 유형이다. 이 유형의 단락에서는 문제제시와 해결책의 형태로 이루어진다. '의학전문대학원에서 글쓰기 교육은 어떻게 할 것인가?'라는 문제제기에 대해서 '의료인문학 담당 교수와 시간을 확보하는 것이 우선 필요하다.'와 같이 문제-해결의 유형이다. 셋째는 원인과 결과 유형이고, 마지막으로는 시간순으로 전개되는 유형이다.

⑷ 일반화하지 말고 구체화하라

　단락 전개의 가장 좋은 방법은 구체적으로 쓰는 것이다. 일반화된 개념만을 쓰면 막연하게 여겨진다. 비록 단락의 첫 문장이 일반적인 진술일지라도 구체적인 내용으로 전개해 나가는 것이 바람직하다. 일반적인 진술에 이어서 다시 일반적인 진술이 계속되면 막연한 글이 될 뿐 아니라 글의 최종적인 목표에 도달할 수 없다. 구체화와 상세화가 단락을 쓰는 원리다. 구체적이고 상세하게 쓰다 보면 대상의 범위가 좁아진다. 더욱 구체적이고 상세하게 쓰게 되면 대상의 범위는 더욱 좁아져서 단락의 중심생각은 하나로 모아진다.

　의대생들의 글쓰기를 주제로 하였을 때 단락에서 포괄적인 내용을 다룰 수 있다. 의대생들의 글쓰기에 대한 무관심, 인문학 교과과정의 부재, 의사의 사회화과정에 나타난 가치관 등 여러 원인을 열거할 수 있을 것이다. 그러나 주제에 좀 더 가까이 다가가서 문제를 분석하면 우선 의대생들의 글쓰기에 대한 무관심에 초점을 맞추고 단락을 쓰게 된다. 의대생들은 기말시험에 통과하기 위한 전공과목 학습에 몰입하느라 독서라든가 글쓰기와 같은 교양과목에는 신경을 쓸 여유가 없으며, 의사가 되는 일과 글쓰기는 아무런 관련이 없다고 생각한다. 그런데 주제에 더욱 가까이 다가가서 구체적이고 상세하게 글을 쓰게 된다면 이제는 의대생들의 글쓰기에 대한 무관심의 원인이 되는 유급제도와 치열한 시험경쟁을 살펴보게 될 것이다. 의대생들은 당장 진급과 유급의 기로에서 내·외과 전공과목 시험 준비에 사활을 걸고 있다. 하루 4시간씩만 자면서 약 한 달 동안 시험공부에 전념한다. 교양독서를 하고 글쓰기를 한다는 것은 사치 중의 사치가 아닐 수 없다.

단락을 전개하는 가장 바람직한 글쓰기는 주제에 가까이 접근하여 대상의 범위를 좁혀서 구체적이고 상세하게 쓰는 것이다. 문제는 구체화를 어떻게 할 것인가에 있다. 첫째는 상세하게 쓰는 것이다. 중심문장을 좀 더 자세하게 풀어서 설명하면 추상적인 글이 구체적이 된다. 개념을 해석하여 설명하는 것도 구체화의 방법이며, 대상을 자세히 묘사하는 것도 구체화이다. 둘째는 이유와 근거를 제시해 주는 것이다. 일반적인 내용의 중심문장을 이유와 근거를 들어서 논증해 주면 구체적인 글이 된다. 셋째는 예시와 예증을 통해서 구체화할 수 있다. 사례를 들어 설명하면 추상적이고 막연한 개념이 구체적이고 실제적인 개념으로 다가온다.

(5) 단락과 단락은 일관성과 연결성이 있어야 한다

단락중심의 글쓰기에서 마지막으로 도달하고자 하는 목표는 전체 글의 구조와 통일성이다. 단락을 완성하는 것이 글쓰기의 최종 목표가 아니다. 단락은 전체 글의 부분에 불과하다. 아무리 완벽한 단락이 완성되었다 해도 따로 떨어져서 전체 글의 주제와 연관성이 없다면 아무 소용이 없다. 단락의 최종적인 존재의미는 전체 속에서 빛을 발할 때 나타난다. 단락은 전체 글이 추구하는 하나의 목표를 향해 일관성 있게 나아가야 하며, 단락끼리 서로 긴밀한 협조관계, 인과관계, 보충관계, 논증관계로 연결되어야 한다.

제8장 과학 글쓰기

1. 왜 과학 글쓰기인가?

(1) 과학 글쓰기는 기술이다

과학 글쓰기는 기술(technology)이다. 과학 글쓰기는 다른 학문처럼 대학에서 학습해야 하는 기술이다. 또 글쓰기 기술은 여러 과학 학습 가운데 하나로써 필수적인 것이다.[41] 과학 글쓰기는 바로 정해진 원칙과 방법론에 따라 학습과 구현이 가능한 기술이며, 과학자에게는 절대적으로 필요한 기술이다. 과학 글쓰기가 기술이라는 말은 과학 글쓰기 자체가 생명공학이나 나노기술과 같은 산업적 효용성

---

[41] 마릴린 모라이어티 지음, 정희모·김성수·이재성 옮김, 『비판적 사고와 과학 글쓰기』, 연세대학교출판부.

을 지녔다는 의미이기도 하다. 연구실에서 첨단 나노기술을 연구하고 응용하는 것 이상으로 과학 글쓰기는 산업적으로 활용도가 높은 기술이다. 과학 글쓰기가 얼마나 직접적으로 필요한 기술인지는 현장에서 종사하는 과학기술자들이 가장 절실하게 경험하는 문제일 것이다. 우선 과학자는 국제학술지에 논문을 게재하기 위해서 과학논문을 작성해야 한다. 아무리 훌륭한 연구를 수행했어도 그것을 논문으로 발표할 때만이 의미 있는 연구결과가 된다. 과학 글쓰기를 체계적으로 배우는 것이 왜 중요한지 그 이유가 여기 있다. 과학논문뿐 아니라 연구비수주를 위해 연구제안서를 작성하는 일, 연구결과를 보고하는 일, 연구기획안을 작성하는 일이 모두 과학 글쓰기의 기술을 요구한다. 과학자에게 연구비는 곧 연구역량이며 연구비를 수주하기 위한 과학 글쓰기는 곧 돈과 직결된 문제이다.

과학 글쓰기가 기술이라는 말은 과학 글쓰기에 대한 현실적인 문제점을 대변하기도 한다. 첫째, 과학 글쓰기는 체계적이고 전문적으로 배우고 연습할 필요가 있다는 것이다. 현재 우리나라 이공계의 글쓰기 교육은 일회적이고 교양수준의 글쓰기에서 머물고 있다. 과학 글쓰기라는 전문성을 기초로 체계적인 교육이 필요하다. 둘째, 과학 글쓰기는 글의 형식이나 전개방식에 있어서 다른 글쓰기와 다른 점이 많다. 인문학적인 글쓰기 방식이 때로는 과학 글쓰기를 방해할 때도 있다. 그런데 우리나라 대학교육 현실은 글쓰기 교육이 주로 인문학 교수들에 의해서 이루어지고 있다. 셋째, 최근의 과학 대중화라는 분위기 때문에 대중적인 과학 글쓰기가 과학 글쓰기를 대표하는 듯한 인상을 받기까지 하는데, 대중성을 지나치게 강조하다 보면 본연의 과학 글쓰기가 소홀해질 수도 있다는 것이다. 과학 글쓰기를 기술로 인식하고 중요성을 새롭게 자각하는 것이 과학 글쓰기를 잘하는 첫걸음이다.

⑵ 과학 글쓰기는 가장 창조적 활동이다

지식생산의 글쓰기는 창조적 글쓰기라야 한다. 창조적 글쓰기란 이야기를 만들어 내고, 새로운 패턴을 발견하여 이것을 일반화시키며, 새로운 지식을 창출하는 것을 말한다. 글쓰기 자체에는 이렇게 창조성이 내포되어 있다. 문학작품이 되었든, 사상과 철학을 얘기하든, 아니면 사회현상이나 역사, 자연계 비밀이 되었든 새로운 진리를 발견하여 이야기하는 것이 창조적 글쓰기인 것이다. 그런데 사실 따지고 보면 과학적 사실만큼 진실을 말하고, 진리에 가까운 이야기는 없다. 과학연구는 우주와 자연계의 숨겨진 비밀을 밝혀냄으로써 인간에게 새로운 진리의 세계를 열어주는 창조적 활동이다. 과학 글쓰기는 가장 창조적 글쓰기인 것이다. 소설이나 시나리오와 같은 문학작품도 스토리 구성이 비과학적이라고 한다면 작품의 가치는 크게 떨어질 것이다. 소설도 과학적 진리를 바탕으로 전개될 때 공감대가 이루어진다. 소설도 논증적이어야 한다. 영화계의 거장 스티븐 스틸버그의 작품들은 탄탄한 과학적 사실과 논증을 기반으로 제작된 명작들이 많다. 그의 작품 대부분은 뛰어난 과학적 상상력을 바탕으로 만들어진 명작들이다. 이제는 소설과 같은 문학작품에서도 과학적 안목과 식견이 없이는 좋은 작품을 내놓을 수 없게 되었다. 과학이 창조의 중심축이 된 것이다. 따라서 과학 글쓰기는 가장 창조적인 활동이자 창조적 글쓰기이다.

(3) 과학 글쓰기는 과학기술 연구의 꽃이다

과학연구는 결과적으로 논문이라는 글쓰기로 마무리되어야 빛을 본다. 과학연구는 글쓰기로 시작하여 글쓰기로 끝난다고 해도 과언은 아니다. 흔히들 과학과 글쓰기는 직접적인 관계가 없다고 생각한다. 과학연구를 하는 경우에도 글을 잘 쓰는 사람의 연구력이 뛰어나다고 하였다. 과학연구란 인지활동의 과정이기 때문이다. 뛰어난 과학적 성과란 그저 실험연구를 반복함으로 얻는 것이 아니라, 끊임없이 질문하고 질문하는 사유과정을 통해 패러다임의 전환을 가져오는 연구 성과이다. 이러한 연구 성과는 과학적 글쓰기인 논문으로 발표되어야 한다. 노벨상은 이렇게 패러다임의 전환을 가져온 연구자에게 주어지는 상(賞)이다. 이처럼 과학자는 창조적 인지능력을 소유해야만 탁월한 과학연구를 할 수 있다. 글을 잘 쓰는 사람의 연구력이 뛰어나다는 것은 과학이 인지학습체계임을 의미한다. 미셀 모량쥬는 현대과학의 첨단이라고 할 수 있는 분자생물학에 대해서 말하기를 "분자생물학의 역사는 바로 이러한 사유방식의 변천의 역사이며 이러한 사유방식을 연구자들이 실험으로 증명해 나간 역사이다."라 하였다. 과학은 인지능력을 기본으로 하는 학문이며, 노벨상은 이러한 인지과정의 패러다임변화를 이끌어 낸 연구자에게 주는 상이다. 글쓰기를 통해서 함양된 과학적 사유와 논문쓰기 능력은 노벨상과도 직결된다. 과학연구자의 경우 업무의 1/4이 글쓰기와 관련된 것으로 조사되었다. 과학기술자의 경우 업무와 관련하여 많은 글을 쓰게 된다. 그 분야의 리더급으로 올라갈수록 글쓰기의 중요성은 더 해 간다. MIT 공대에서는 글쓰기에 많은 투자를 하고 있는데, 글쓰기가 과학기술자의 업무와 밀접한 관계가 있기 때문이다. 즉, 오늘날의 과학기술자는 과학기술에 대한 전문적인 경험과 지식을 가져야 할 것은 기본이며, 과학기술의 전문지식 이상의 역량이 필요하다. 즉, 과학기술자는 사회변혁의 주체로서 다양한 분야의 전문가들과 교류하며, 의사소통을 해야 하고, 과학기술의 전문지식을 타 분야에 소개할 수 있는 능력이 요구된다. 따라서 오늘날의 과학기술자에게 글쓰기는 필수불가결한 능력이 되고 있다.

⑷ 과학 글쓰기는 21세기가 요구하는 시대적 역량이다

'르네상스 엔지니어'라는 말이 있는데 이는 과학기술자가 자신의 전문분야만 알아서는 안 되고 사회, 경제, 문화 등 전 분야에 걸쳐서 식견과 조예가 있어야 함을 가리킨다. 이는 르네상스 시절 과학기술자가 과학, 기술, 건축, 예술, 사회, 정치 등 전 영역에 걸쳐서 영향력을 끼친 것에서 나온 말이다. '르네상스 엔지니어'는 오늘날 과학기술자에게 요구되는 융합적이고 전인적인 문화역량을 의미한다. 과학기술분야의 지도자가 될수록 다른 분야의 전문가들과 연구협력을 추진하고 조정하는 둥의 일을 해야 한다. 동시에 정부기관의 위원회에 참여한다거나, 행정부서의 전문가로 위촉되어 활동하는 등 활동의 영역이 넓어진다. 즉, 과학기술분야 전문지식뿐 아니라 모든 분야의 총체적인 역량이 요구된다. 따라서 과학 글쓰기는 21세기가 요구하는 시대적 요청인 것이다. 더 나아가 과학자의 글쓰기가 시대와 사회를 변화시키는 사례들이 많이 있다. 역사상 훌륭한 과학자들 중에는 뛰어난 저술가들이 많다. 대표적인 예가 데카르트와 뉴턴, 다원, 왓슨 등인데 이들은 과학적 업적으로도 유명하지만, 이들의 저술은 인류역사에 지대한 영향력을 끼쳤다. 토마스 쿤의 『과학혁명의 구조』는 과학뿐만 아니라 철학과 예술 등 문화 전반에 걸쳐서 엄청난 변화를 가져왔다. 과학자의 글쓰기가 사회와 문화 전반을 변혁시킨 예라고 할 수 있다. 과학자는 자연과 우주의 신비에 대해서 예술가와 방불한 감동과 호기심을 가지고 접근한다. 과학자의 글은 예술가의 작품 이상으로 감동과 영감을 주기도 하는 것이다. 과학 글쓰기의 중요성이 크게 강조되는 이유는 오늘날 과학자와 공학자, 의학자는 단순히 과학이나 공학, 의학의 전문영역에서 기술을 다루는 일뿐만 아니라 그 분야의 지식과 정보를 글쓰기 함으로써 세상과 소통하기 때문이다. 르네상스 엔지니어라는 용어가 등장한 배경에는 엔지니어가 인문, 사회, 정치, 경제, 교육 등의 문화 전반에 걸친 중요한 역할을 담당하게 되었기 때문이다. 과학자는 과학기술을 글쓰기 함으로써 사회발전과 개혁을 견인한다. 과학자들이 사회적 리더십을 가지고 정치 지도자나 국가 경영의 주요 위치에서 활동하는 사례들은 많다. 또한 과학자들 중에 자신이 발견한 과학적 사실을 글쓰기 함으로써 인류역사에 지대한 영향력을 끼친 이들이 많다.

2. 과학 글쓰기의 원칙

(1) 독자를 알아라(독자 이해)

과학 글쓰기에서 가장 먼저 생각해야 할 것은 독자가 누구인가를 확실히 아는 것이다. 과학 글쓰기에서는 독자가 누구인가에 따라 글의 주제와 전문성의 깊이와 폭이 달라지기 때문이다. 일반적으로 과학 글쓰기는 과학자를 대상으로 할 것이라고 막연하게 생각하기 쉬운데, 같은 과학자라 할지라도 독자의 폭이 다양하다. 특히 오늘날은 학문이 세분화되어 같은 분야의 전공자들도 연구주제에 따라서 관심과 지식의 깊이가 천차만별이다. 심혈관계를 전공으로 하는 연구자들끼리도 초음파 분야를 연구하는 그룹과 부정맥을 연구하는 그룹의 관심이 다르고, 심장생리학을 연구하는 사람과 심장수술을 집도하는 심장전문의의 관심이 다르다. 그러므로 독자층이 심혈관계의 전반적인 분야에 관심이 있는 전공의들인가, 아니면 심장수술만을 집중적으로 하는 흉부외과 의사들인가에 따라 관심영역을 달리해야 한다.

독자가 누구인가를 파악한다는 것은 독자의 전공과 관심분야를 아는 것과 함께 독자의 비판과 조언을 귀담아듣는 것을 말한다. 독자의 소리를 듣는 것이다. 독자의 소리란 독자의 비판, 비평, 조언 등을 말한다. 과학 글쓰기란 다른 사람의 비평 가운데 발전하는 기술이다. 과학 자체가 이처럼 열린 구조 안에서 발전하는 학문이기 때문이다. 그러므로 자신이 쓴 글에 대한 다른 사람의 비판과 쓴소리에 귀를 기울이는 자세가 중요하다.

⑵ 독자중심의 글쓰기를 하라

독자 중심의 글쓰기에 대해서는 이미 설명한 바지만, 과학 글쓰기에서도 독자 중심의 글쓰기는 매우 중요하다. 독자가 읽기 쉽고, 이해하기 쉬우며, 정확하고 신속한 의미전달이 되도록 써야 한다. 과학 글쓰기에서 독자중심의 글쓰기란 단순한 구조의 글쓰기이다. 과학 글쓰기에서 복문이나 수식어가 많이 들어가는 문장은 적합하지 않다. 논리의 일관성이 있어야 한다. 글의 앞뒤 논리가 서로 다르거나, 논리의 비약 혹은 서론에 없던 새로운 논리의 출현 등은 독자를 당혹스럽게 한다. 또한 문장과 문장, 문맥과 문맥 간의 논리구조가 조화를 이루어야 한다. 그리고 용어 사용에 있어서 명확성과 통일성이 있어야 한다. 앞에서는 '담화'라고 했다가 뒤에서는 '담론'이라고 하면 혼란스러워진다.

(3) 과학 글쓰기의 기본형식을 준수하라

과학 글쓰기의 요건은 과학적 양식에 맞추어 글을 쓰는 것이다. 대표적인 과학 글쓰기의 기본형식은 IMRAD(Introduction, Materials and Methods, Results, And Discussion)이다. 일부에서는 과학 글쓰기가 논문 형식의 틀에 박힌 글쓰기라는 점에서 비판적인 입장을 보이기도 하지만, IMRAD와 같은 대표적인 과학 글쓰기가 자리 잡기까지는 과학 분야 지식의 발달과 함께 과학학술지의 출현에 힘입은 바가 크다. 과학 분야 지식의 폭발적인 증가는 과학 전문학술지의 필요성을 갖게 하였고, 과학전문 학술지가 출현한 1665년부터 과학 글쓰기는 인문학적 글쓰기와 차별화되기 시작하였다.

일반적으로 인문학적 글쓰기는 기승전결의 구조를 많이 사용하지만 과학 글쓰기에서는 기승전결의 방식을 사용하지 않는다. 기승전결이란 도입, 발전, 전환, 통합의 단계로 전개하는 방식이다. 이러한 기승전결의 구조가 과학 글쓰기에는 적합하지 않다. 우선 과학 글쓰기는 IMRAD라고 하는 과학적 글쓰기 양식이 자리 잡고 있을 뿐 아니라 기승전결에서 전환의 단계는 논리적으로 연결되지 않는 갑작스러운 사건의 전개가 이루어지기 때문이다. 나아가 기승전결의 구조에서는 비유, 암시, 복선 등의 표현방식을 자주 사용한다. 또 결론을 글의 후미에 둠으로써 이야기의 긴장감을 높이고자 한다. 그런데 과학 글쓰기에서는 비유나 암시가 아니라 사실적 표현을 중요시하며 서론이나 앞부분에서 결론을 미리 예측할 수 있도록 하고 있다.[42]

3. 과학 글쓰기의 구체적 전략

(1) 독창성이 있어야 한다

과학논문의 생명은 독창성에 있다. 남들이 연구한 아이디어를 그대로 재생한 연구라든가 모방한 연구결과는 독창성을 인정받기 힘들다. 독창성이 없는 연구는 연구논문으로서의 가치가 없다고 보아야 한다. 우수한 학술지일수록 독창성과 창의성을 높게 평가한다. 독창성이 있는 논문을 쓰기 위해서는 해당 주제를 다양한 각도에서 접근해 보고 아이디어를 발굴하는 노력이 필요하다. 독창성이나 창의성은 번득이는 영감(靈感)의 결과일 수도 있지만, 주제에 대한 치밀하고 지속적인 분석과 전략을 통해서 얻게 되는 노력의 산물인 것이다.

---

42) 강호정 지음, 『기승전결을 버려라』, 이음.

(2) 콘텐츠(content)가 충실해야 한다

콘텐츠란 과학 논문이 담고 있는 내용이며, 독자에게 전달하는 실질적인 메시지다. 일반적으로 과학연구자들은 내용의 충실성을 중요하게 따지는 경향이 있다. 내용이 부실하거나 적으면 관심을 끌지 못한다. 그러나 한 편의 논문이 담고 있는 내용이 다양하면서 풍부하면 과학논문으로서 가치가 높아진다. 그러므로 논문을 쓰기 전에 우선 논문을 읽게 될 독자들에게 무엇을 줄 수 있을 것인지를 따져보고 만약 내용이 빈약하다고 여겨지면 시간을 두고 내용을 보완하도록 해야 한다.

(3) 논리적 구조를 갖추라

과학 논문은 논리가 명확해야 한다. 뿐만 아니라 전체 구조의 논리가 분명해야 한다. 논리적 구조를 갖춘 논문은 독자가 다음 단계를 예측할 수 있다. 잘 쓴 과학논문을 읽어보면 논리적 구조가 마치 벽돌을 쌓듯 단계적으로 연결되어 있어 독자는 논문을 읽으면서 저자와 호흡을 같이하는 느낌을 갖는다.

(4) 오류를 없애라

과학자들은 과학연구와 논문쓰기의 훈련을 받은 과학 글쓰기 전문가들이라 할 수 있다. 따라서 논문을 읽으면서 사소한 오류나 실수, 데이터상의 모순, 잘못 표기된 단위나 통계수치, 기본적인 글쓰기의 규범에 어긋난 점들에 대해서는 민감하게 반응을 보인다. 사소하게 보이는 오류조차도 연구자에 대한 신뢰를 잃어버린다.

(5) 명확성이 있어야 한다

과학 논문에서는 연구대상의 조건을 명확하게 제시해야 한다. 독자가 의미의 혼돈 없이 명확하게 이해할 수 있도록 써야 한다. 과학 글쓰기에서 명확성을 가로막는 글쓰기 습관은 대부분 주관적인 표현을 쓸 때 발생한다. 독자의 입장에 서서 과학적 사실을 표현하는 습관을 기르는 것이 필요하다. '온도가 적당하다.'라고 표현하면 이것은 주관적이고 애매모호한 표현이다. 과학적 사실에 대해서는 보다 사실적이고 구체적인 표현을 써서 '온도가 식물의 생존에 필요한 5∼25℃ 범위에 있다.'라고 해야 한다. '적응하기에 어렵다'라는 표현 대신에 '적응하기에 불가능하다.' 혹은 '적응할 수 없다.'라고 해야 한다. 또한 문장에 주어와 목적어가 분명하게 나타나야 한다. 그리고 수식어는 수식을 받는 말 바로 앞에 써 주어야 한다.

(6) 통일성이 있어야 한다

통일성과 일관성을 유지하려면 주어와 서술어를 일치시켜야 한다. 또한 논리적 관계를 명확히 밝혀야 한다. 문장을 쓸 때 비교하는 두 가지 사실은 같은 형식의 문장으로 표현한다. 즉, A문장과 B문장의 내용을 비교하면서 A와 B의 문장형식이 다르다면 이해하기 어려워진다. 과학 글쓰기에서 핵심 내용은 문장의 후미에 배치하는 것이 좋다.

⑺ 간결한 문장을 써라

과학 논문의 문장은 길게 쓰지 않는 것이 좋다. 간결해야 이해가 쉽기 때문이다. 복문보다는 단문으로 써야 하며, 수식을 받는 말이 서술되지 않은 채 다른 말을 수식하지 않도록 해야 한다. 중복되거나 형식적인 어귀는 제거한다. 인정된 전문용어 외에는 일상어로 써야 한다.

⑻ 객관성 있게 써라

단정적이거나 과장된 표현은 삼가야 한다. 결과를 확대해석하는 것도 주의해야 한다. 목적론적인 표현도 피해야 한다. '~하기 위해'와 같은 표현은 목적론적인 표현방식이다. 또 시제를 정확히 사용해야 한다. 과학 글쓰기에서는 추측이나 추정의 표현도 삼가야 한다. 그리고 의인화된 표현 등도 피해야 한다. 추상적인 글쓰기도 피해야 한다. 과학 글쓰기는 추상적인 표현보다는 구체적이고 객관적인 표현을 사용해야 한다.

제9장 영성(靈性) 글쓰기

1. 성경읽기로 시작하라

책을 읽는다는 것이 인류에게 얼마나 큰 축복이며 문화적 유산임을 다시 언급할 필요는 없을 것이다. 이 중 성경을 읽는다는 것은 특별한 의미가 있다. 성경은 길게는 약 3500년 전 짧게는 2000년 전에 기록된 책이지만, 오늘 우리가 사는 현재 상황을 말하고 있다. 성경은 인간의 존재의미와 목적이 무엇인가를 말하고 있고, 인간이란 어떤 존재인가를 가르쳐 주며, 인류의 어제와 오늘 그리고 내일에 관해 말하고 있다. 또한 성경은 수천 년 동안에 걸쳐 수십 명의 저자들이 기록하였지만, 성경 66권이 마치 하나의 줄로 꿰놓은 보석처럼 연결되어 있다.

성경은 아주 특별한 책이다. 성경이 특별한 이유는 그것이 하나님의 말씀이기 때문이다. 따라서 성경을 읽는다는 것은 하나님의 음성을 듣는 행위이다. 수많은 사람들이 성경을 읽음으로써 그곳에서 희망과 구원을 체험하였다. 성경을 읽을 때 새로운 빛을 보게 되고, 희망을 발견하며, 힘과 용기를 얻는다. 링컨은 대통령이 되어 백악관에 들어간 후에도 매일 정기적으로 성경을 읽었다. 그는 목사님들을 초빙하여 성경을 공부하고 성경말씀으로 토론하였다. 아이젠하워는 어려서부터 성경공부를 하였다. 그의 어머니는 자녀들을 성경으로 양육하였다. 이승만은 20대에 사형선고를 받고 한성감옥에 투옥되었다. 그곳에서 그는 성경을 수십 번, 수백 번 읽었고 예수님이 살아서 성경 밖으로 걸어 나오는 것을 느꼈다.

2. 21세기와 영성 글쓰기

영성 글쓰기는 글쓰기의 최후 보루이자 정상이다. 21세기는 개개인의 내면에 축적된 내적 역량 즉 도덕성, 높은 윤리의식, 책임감, 절제력, 집중력 등과 같은 인간의 내적 부분이 강조되는 시대이다. 아무리 재능이 출중하다 할지라도 도덕적인 품성에서 훈련받지 못하였다면 그 재능은 쓸모없어진다. 앞으로의 시대는 내적 역량, 내면적 힘이 경쟁력이라는 의미다. 따라서 미래의 인재는 내적 성장이 충실한 사람이어야 한다. 내적 성장이 없이는 미래사회가 요구하는 역할을 할 수 없다. 그런데 인간의 가장 깊은 심연의 문제는 영혼의 문제이다. 영혼의 문제는 지성과 윤리로써 해결할 수 없다. 영성 글쓰기란 바로 인간의 내적 세계를 연단하는 글쓰기다. 인간 심연의 죄 문제, 영혼의 문제, 인생의 근원적 문제들을 다룸으로써 내적 역량을 길러 주는 글쓰기이다. 오늘날 대학을 졸업해도 이런 내적 역량을 길러 주는 글쓰기의 기회는 없다.

3. 영성 글쓰기로서 UBF 소감

그런데 영성 글쓰기의 대표적인 것이 UBF의 소감(所感)이다. UBF(University Bible Fellowship, 대학생성경읽기선교회)는 1961년 광주에서 시작된 대학생 선교단체이다. 미국 남장로교회 선교사로 광주에 부임한 배사라 선교사와 당시 전도사였던 이창우 목자가 남장로교 선교회 소속의 학원선교회 형태로 출발, 얼마 후 남장로교회 선교부와 결별하고 독립적인 선교단체로 활동하기 시작하였다. 대표인 고(故) 이 사무엘 박사의 지도 아래 전국적인 규모로 성장하였으며, 1970년대에 이르러서는 독일과 미국, 캐나다에 평신도 선교사를 파송하기 시작하였다. UBF는 성경공부와 대학생 일대일 제자양성이라는 평신도 사역을 통해서 한국과 세계에 괄목할 만한 선교활동을 이룩한 대표적인 선교단체이다.

UBF 선교전략은 캠퍼스 전도와 일대일 성경공부, 제자양성, 세계선교를 주된 사역으로 하고 있는데, 선교회 활동의 중심에는 글쓰기가 자리 잡고 있다. 예를 들면, 주일예배는 설교자의 강해설교를 중심으로 드려지며, 설교자는 강해설교 강의안을 작성하여 강의안을 읽어 전달하는 방식으로 설교한다. 주일예배 강의안은 복사되어 모두에게 나누어 주는데 각자는 이 강의안을 읽으면서 소감을 쓴다. 그리고 이 소감은 별도의 모임에서 서로 발표한다. 모임은 여러 개의 소모임으로 나누어지는데, 각각의 소모임에서 발탁된 잘된 소감은 전체 회원들의 모임에서 발표하도록 한다. 소감은 주일 메시지 강의안을 기초로 성경말씀을 자신의 삶에 적용하는 방식으로 글쓰기 한다. 소감 외에도 일용할 양식을 쓰는데, 일용할 양식이란 매일매일 일정한 성경본문을 읽고 글쓰기 하는 것을 말한다. 일용할 양식 글쓰기는 소감에 비해서 짧은 글이지만, 매일매일 쓰는 글쓰기라는 점에서 상당한 분량의 글쓰기가 된다. UBF의 소감이 50여 년의 역사를 가지고 지속되고 있고, 또 UBF 선교단체의 위상이 커지면서 소감에 대한 신학적 정의(定義)를 내리고자 하는 시도들이 많았다. 정준기는 『자서전의 영성』에서 UBF 소감에 대해 "'소감'은 UBF의 독특한 용어로서 독후감, 반성문, 수필, 일기와는 다르면서도 그 모두를 아우르는 복합적인 개념을 갖고 있는데, '소감'은 일대일 성경공부나 그룹 성경공부, 교회나 팀 등 UBF 내의 다양한 소그룹에서 나눈다는 점에서 특징적이다. 일기나 '소감'은 모두 자서전적 신앙 이야기로서 하나님 앞에서의 인간의 실존을 발견하고 돌이키며 회복하도록 돕는 역할을 한다는 공통점이 있지만, '소감'은 매우 사적인(private) 일기와는 달리 개인적 기록을 몇몇 사람들과 공유(sharing)하는 과정이라는 독특한 특징을 갖고 있다."라고 소개 하였다. 그는 소감이 어거스틴의 『고백록』, 데이비드 브레이너두와 헨리 마틴의 『생애와 일기』와도 역사적 맥락을 같이한다고 하였다.[43] 박상기는 그의 논문에서 UBF의 소감을 치유, 잃음과 찾음의 개념으로 설명하였다.[44] 소감에 대한 신학적 정의들을 보면 공통적으로 소감이란 자서전적 글쓰기, 영성 글쓰기, 치유적 글쓰기로 집약된다. 역사상 어

---

43) 정준기, 『자서전의 영성』, 광신대학교출판부.
44) 박상기, 『신앙 자서전 연구』, 광신대학교 대학원, 2009.

거스틴의 『고백록』이 갖는 자기성찰과 참회의 글쓰기와도 비유하기도 하였다. 적절한 사례는 아니지만, 중국 공산당의 학습모임에서 자기 비판식 글쓰기를 하는데 소감도 일종의 신앙공동체의 공동체적 신앙활동이라는 성격을 배제할 수 없을 것이다. 그러나 UBF 소감을 정확하게 설명할 수 있는 역사상의 사례는 사실상 찾아보기 힘들다고 본다. 그만큼 UBF 소감은 한국적인 토양에서 시작되었을 뿐 아니라, 50년이라는 역사를 두고 지속적으로 확산되고 발전되어 온 글쓰기라는 점에서 매우 독특한 글쓰기 문화임에 틀림없다.

4. 소감 쓰기는 자기 성찰의 글쓰기다

소감은 자기 성찰의 글쓰기이다. 그리고 이 소감은 글쓰기로 끝나는 경우도 있지만, 대부분 소감발표를 통해서 공동체 앞에서 고백된다. 이 고백적 소감발표가 갖는 의미가 실로 크다. 여러 사람 앞에서 자신의 내면에 숨은 은밀한 것들을 드러낸다는 것은 쉽지 않은 일이지만, 일단 소감으로 발표하게 되면 고백은 치유로 전환된다. 자신의 부끄러운 죄를 고백하고 나면 이제는 죄 용서의 기쁨을 맛보게 된다 이는 가톨릭교회의 고백성사에 비유할 수 있을 것이다. 소감발표는 자신의 문제를 하나님 앞에서 고백하고 결단하는 일이기 때문에 진실해야 한다. 무엇보다도 소감은 죄를 자백하고 돌이키는 회개를 요건으로 한다. 사람들을 의식한 자기자랑, 과시, 변명이나 합리화 혹은 자기주장과 같은 글쓰기는 바른 소감이라고 할 수 없다. 죄를 회개하는 글쓰기를 하다 보면 자신의 은밀하고 수치스러운 부분을 적나라하게 글로 표현해야 하는 경우도 많다. 이것을 많은 사람들 앞에서 발표한다는 것은 매우 망설여지는 일이 아닐 수 없다. 그러나 소감에서 죄를 고백하고 이를 사람들 앞에서 발표함으로써 죄 사함을 얻게 된다. 여러 사람 앞에서 자신의 수치스럽고 부끄러운 죄를 고백하면 알 수 없는 기쁨과 감사가 넘치는 것을 체험하게 된다.

5. 소감 쓰기는 성경을 본문(text)으로 한다

소감 쓰기는 반드시 성경말씀을 본문으로 쓰게 된다. 성경을 본문으로 한다는 것은 성경을 글쓰기의 좌표로 삼아 소감을 쓴다는 의미이다. 아무리 잘 쓴 글이라 할지라도 성경말씀과 동떨어진 것이라면 소감의 의미가 퇴색된다. 성경말씀의 의미를 자세히 살피고, 나의 문제와 내면을 성경에다 비추어 성경말씀과 괴리된 삶을 성경으로 돌이키는 것이 소감이다. 즉, 성경의 권위 아래에서 글쓰기를 하는 것이다. 성경의 권위를 인정하지 않거나, 성경이 왜 진리냐고 묻는다면 논점이 달라진다.

소감 쓰기는 성경을 보다 깊이 음미하고 성경의 진리와 사상을 지성적으로 고찰할 수 있도록 해 준다. 성경을 그냥 읽으면 그 의미를 충분히 파악하기 어려울 뿐 아니라 피상적으로 알게 된다. 그러나 소감을 통해서 성경본문을 깊이 있게 글쓰기 하게 되면 성경본문에 대한 이해의 깊이가 달라진다. 성경의 의미가 깊이 있고 논리적이며 사상성을 가지고 다가올 때 인생문제 앞에선 대학생들은 성경을 통해서 놀라운 인생의 길과 방향을 찾게 되는 것이다.

6. 소감 쓰기는 한국인의 자생적 글쓰기다

UBF 소감이란 바로 하나님의 말씀에 대한 내적 증거를 신앙활동으로 접목시킨 UBF만의 고유한 영적 글쓰기이다. UBF에서는 성경공부와 신앙생활의 일환으로서 소감을 쓰게 하고 소감을 발표하며, 소감을 교육과 훈련의 중요한 방법으로 적용하고 있다. 또한 개인적인 신앙성장을 위해서 소감을 쓰게 한다. UBF 소감은 성경본문과 설교문을 읽고 이를 자신의 삶에 영접하고 신앙을 고백하는 신앙적인 글이다. UBF에서는 소감을 일상적인 교회생활의 일부로 생각한다. 모든 구성원이 거의 모두 매주 소감을 쓰고 이를 발표한다. 또한 소감이란 성경말씀에 기초해 자신을 비추어 보고 깊이 생각하는 가운데 성경적인 가치관, 성경적인 관점에서 자아를 형성하도록 돕기 위한 글쓰기이다. 즉, 소감이란 성경의 메시지를 통해 본인이 깨달은 점을 글로 쓰는 것이라고 정의할 수 있다. 동시에, UBF의 소감은 1960년대에 시작하여 약 반세기에 걸쳐 터를 잡아온 고유한 형태를 갖춘 영성 글쓰기이다.

현재 소감은 한국에서 시작된 원래 글쓰기 형태를 유지하면서 각 나라의 언어로 글쓰기가 획신·계승되고 있고, 국제 콘퍼런스 등에서는 영어로 소통되고 있다. 따라서 소감은 한국에서 시작된 영성 글쓰기로서 이제는 세계적으로 널리 확산된 글쓰기의 특수한 유형으로 자리 잡아 가고 있다. 즉, 세계화된 한국산 영성 글쓰기다.

7. 소감 쓰기는 글쓰기 학습이다

인지과학이 발달하면서 학습이론도 변하였다. 이제는 더 이상 교사가 교실에서 지식을 일방적으로 전달함으로써 학습이 이루어진다고 생각하지 않는다. 구성주의 교육이론은 학생 스스로가 배움의 과정을 체험함으로써 학습한다고 주장한다. 글쓰기가 곧 학습이라는 말은 학습 내용이 글쓰기를 통해서 학습자 자신의 것으로 내면화되기 때문이다. 읽기만으로는 얻은 정보가 학습자의 것으로 내면화되지 않는다. 이것은 결코 책읽기에만 적용되는 것은 아니다. 영화감상, 여행, 소설 읽기, 일상의 체험 등 모든 인간의 활동에서도 동일하다. 언어, 곧 말과 글로 구체화하지 않으면 생각은 뇌리를 스쳐 가는 영상(映像)에 불과하다. 그러나 말과 글로 구체화된 생각은 살과 뼈를 가지고 살아 숨 쉬는 메시지가 된다. 따라서 읽기는 쓰기에 비해서 피동적이고 수용적인 학습행위다. 쓰기는 정보의 입력, 판단과 분석이라는 능동적 학습활동을 요구한다. 그래서 교사나 교수가 학생들에게 완성된 정보와 지식의 체계를 주입하는 읽기식 학습보다는 학생 스스로가 정보와 지식을 재조직하는 쓰기식 학습이 바람직하다. 쓰기식 학습은 지식을 능동적으로 내면화하는 학습이다.

오늘날 쓰기와 읽기를 교육하고 훈련하는 곳은 흔하지 않다. 학교에서는 읽기와 쓰기를 제대로 가르치고 훈련하지 않는다. 대학입시 경쟁이 낳은 기형적 교육 때문이다. 대학입시에 논술과목이 있어서 수험생들이 논술학원을 찾는다. 그러나 이것을 바람직한 글쓰기교육이라고 하기 어렵다. 대학에서는 어떠한가? 대학교육에서 글쓰기교육과 훈련은 관심 밖의 영역이다. 최근에 와서야 대학들이 글쓰기

교육에 힘쓰고 있지만, 오늘날 한국 대학들의 교육현실은 여전히 직업교육, 취업을 위한 스펙 위주라 할 수 있다. 대학 졸업 이후의 글쓰기 현실은 어떠한가? 대학을 졸업하고 난 후 글쓰기를 할 기회란 현장에서 부딪히는 업무상의 글쓰기 외에는 전무하다. 직장인들이 글쓰기 수업을 받고자 학원에 다닌다거나, 글쓰기 모임이 활발하게 이루어진다거나 하는 얘기를 듣지 못했다. 그래서 오늘날 대한민국에서는 학교를 졸업하고 나면 글쓰기와는 담을 쌓는다. 페이스북이나 SNS, 휴대폰 문자메세지를 보내는 것 외에는 글쓰기의 중요성을 인식하고 글쓰기에 시간과 노력을 투자하는 경우가 거의 없다. 그런데 UBF에서는 나이가 60을 넘은 가정주부들이 매주 모여서 소감을 발표한다. 정년퇴임을 한 사람들이 매주 꼬박꼬박 소감을 쓴다. 즉, UBF에서는 남녀노소 가리지 않고 소감 쓰기를 당연하게 생각한다. 그리고 모이기만 하면 소감을 쓰고, 발표한다. 언론사나 잡지사 혹은 문학단체를 제외하고 이렇게 방대한 양의 글쓰기를 지속적으로 하는 곳은 어디에서도 찾아볼 수 없을 것이다. 중고등학교나 대학에서도 이렇게 꾸준히 많은 분량의 글쓰기를 하는 곳은 단언컨대 찾아볼 수 없으리라 생각한다. UBF 글쓰기를 학습과 훈련의 측면에서 주목해야 할 필요성이 있다.

8. 소감 쓰기는 코이노니아(κοινωνία)와 대화의 글쓰기다

코이노니아란 교제, 친교, 소통이라는 공동체성의 의미를 지닌 헬라어이다. 교회를 가리켜 코이노니아 공동체라고 한다. 소감은 코이노니아로서의 역할을 가지고 있다. 즉, 영적, 사회적 대화가 소감을 통해서 이루어진다. 신앙공동체 안에서 소감은 하나님과의 사귐, 성도 간의 사귐을 만들어 주는 매개체가 된다. 소감은 신앙공동체 안에서의 소통(communication)의 도구가 된다. 소감을 통해서 선교지의 소식을 전하거나, 서로 간의 기도제목을 교환한다. 선교지에서 보내온 선교편지는 선교지의 상황과 소식은 물론, 양들과 선교사들의 근황에 대해서 소상히 알려 준다. 소감은 단순히 소식을 알리는 소통의 도구에 그치지 않고, 서로 간의 깊은 신앙적 교감을 형성해 준다. 대화나 간증을 통해서 전달하기 어려운 내면세계의 갈등과 체험을 글쓰기로서 나눌 수 있다. 그래서 소감을 통해서 단순한 교제 이상의 내면세계에서의 영적 교감이 이루어진다. 나아가 소감은 메시지를 담고 있다. 성도 간의 친교의 수준이 하나님의 말씀으로 통제되고, 이끌려 올려지며 영적 방향성을 갖게 된다. 한마디로 잡담과 의미 없는 대화가 난무하는 세속적인 모임이 아니라, 영적인 메시지가 이끌고 있는 거룩한 모임이 되는 것이다. 이처럼 글쓰기가 혼자만의 독백이 아니라 코이노니아를 만들어 주는 공동체적 활동이며 사회적 활동이라는 사실은 주목할 만하다.

따라서 소감은 언어공동체 글쓰기다. 소감 글쓰기는 언어를 통해 공동체의 정체성과 정서를 배우는 과정이다. 글쓰기의 언어적 측면에는 실로 지대한 의미가 숨어 있다. 말과 글을 언어라고 하는데, 언어는 일반적으로 의사전달 수단으로서의 역할 외에도 언어가 갖는 정서적·정신적 역할이 크다. 인간은 말을 배우면서 가족을 알아가고, 사회를 이해하며, 국가를 인식하게 된다. 한국 사람은 한국말을 할 때 한국인으로서의 정서를 배우게 된다. 미국 이민 2세들이 외형은 한국인이지만 한국어를 모르고 영어만을 사용할 때 정서적 교감을 느낄 수 없는 이유가 이 때문이다. 미국 이민 2세들은 어려서부터 영어를 모국어로 사용했기 때문에 영어가 주는 미묘한 정서, 표현, 의미들을 체득하였지만, 한국어의 느낌, 의미 등을 배우지 못한 것이다. 언어가 바로 국가의 정체성을 결정하며, 공동체의 유대감과 일치감을 부여한다. 그래서 어려서부터 외국에서 공부한 자녀들은 가능한 조국에 돌아와 군(軍) 생활을 하는 것이 좋다. 왜냐하면 군대라고 하는 공동체 생활을 통해서 언어의 일체감을 배우게 되고, 언어를 통해서 한국 국민으로서의 정체성과 정서를 얻기 때문이다. 윈스턴 처칠은 학생 시절부터 국어인 영어를 사랑하고 영어작문을 좋아하였다. 다른 학생들이 라틴어를 공부하고 라틴어 작문을 할 때 그는 영어작문을 하였다. 처칠은 모국어의 중요성을 늘 강조하였으며, 언어가 그 나라의 국민성과 국가의 정체성을 심어 준다고 말했다. 프랑스인들이 모국어인 불어에 유난히 자긍심을 가지고 불어를 사랑하는 이유도 마찬가지다. 일제강점시기 일본이 우리의 언어를 말살코자 하였던 역사적 사실을 기억하고 있다. 언어를 말살시키는 것이 곧 민족혼과 민족정신을 없애는 길이라는 것을 일본인들은 잘 알고 있었던 것이다.

따라서 소감은 언어 공동체의 글쓰기로서 공동체의 정체성과 유대감, 정신을 배우고 나누는 통로가 된다. 언어 공동체인 국가와 사회, 나의 관계를 배우는 사회성 학습의 기회이며, 동시에 사회적 관계형성의 과정이 된다. 대화와 담론은 인지기능의 원동력이다. 지식은 대화를 통해서 만들어지는 사회적 대화의 산물이다. 소감이 사회적 관계성의 글쓰기, 대화의 글쓰기라고 한다면 소감 쓰기는 최고의 지식생산의 글쓰기라고 할 수 있다.

9. 소감 쓰기는 문제해결의 글쓰기다

소감 쓰기는 성경을 텍스트로 한 성경읽기이면서 동시에 자신의 내면 영적 상태를 피력하는 창조적 글쓰기다. 소감 쓰기의 궁극적인 목적은 성경의 진리에 도달하고 그 진리를 나의 삶 속에 적용하고자 하는 것이다. 그렇지만 이 목적을 위해 소감 쓰기를 할 때 자연스럽게 동반되는 결과가 문제해결이다. 여기서 말하는 문제란 무엇인가? 인생의 여러 가지 고통과 불행, 고난과 난관이다. 성경의 진리를 바탕으로 소감을 쓸 때, 인생의 문제들이 자연스럽게 풀리게 되는 것을 체험한다. 그래서 소감 쓰기는 문제해결의 글쓰기다. 소감 쓰기를 통해 경험하게 되는 문제해결은 일반적인 방식의 문제해결과는 접근방식이 다르다. 소감 쓰기를 통해서 창조주 하나님을 만나게 되고, 죄의 문제를 해결 받는다. 이때 글쓴이의 내면에는 놀라운 구원의 빛이 임하고 문제는 더 이상 문제가 되지 않는다. 문제 자체를 해결함으로써 문제해결을 하는 일반적인 방식과는 다르다는 것이 문제의 근원이 되는 죄의 문제를 해결함으로써 근본적인 문제해결에 이르는 것이 소감 쓰기이다.

비블리오테라피(bibliotherapy)란 독서를 통한 치료를 말한다. 마찬가지로 글쓰기는 때로 상처 난 나의 자아를 치료한다. 과거의 아픈 추억을 글쓰기 함으로써 나의 자아가 상처를 토설하고 용서와 위로를 받기도 한다. 글쓰기를 통한 자아(自我)와의 대화는 몸과 마음을 치유하고, 자기를 발견하는 힘이 있다.[45] 또 극한 상황에서 글쓰기

---

45) 셰퍼드 코미나스 지음, 임옥희 옮김, 『치유의 글쓰기』, 홍익출판사.

를 통해 삶을 이끌어 냈던 이들도 있다. 『안네의 일기』는 나치 치하 암스테르담의 공포와 두려움 속에서 15세의 어린 소녀로 하여금 극한 상황을 이겨 내도록 하는 힘이 되었다. 『종이 위의 기적 쓰면 이루어진다』의 저자는 무엇인가 종이 위에 기록하면 이루어진다고 하였다. 꿈을 기록하고 바라보면 꿈이 이루어진다. 글쓰기가 지닌 놀라운 능력이다.[46]

---

46) 헨리에트 앤 클라우저 지음, 안기순 옮김, 『종이 위의 기적 쓰면 이루어진다』, 한언.

CHAPTER

04

책쓰기

제1장 왜 책을 써야 하는가?

좋은 독자는 좋은 저자이다. 독서는 글쓰기로 열매 맺는다. 책을 쓸 때, 많은 정보를 체계화시켜서 자기의 지식으로 만든다. 책을 쓰기 위해서는 많은 책을 읽지 않으면 안 된다. 글쓰기는 항상 책읽기를 동행한다. 글쓰기가 목적이라면 책읽기는 수단이다. 『생산적 책읽기 50』의 저자는 창의적인 책읽기를 3단계로 설명한다. 첫 번째 단계는 많이 읽고 많이 기억하는 단계이다. 두 번째 단계는 적게 읽고 많이 생각하는 단계이다. 저자는 쇼펜하우어의 말을 인용함으로써 책읽기에 너무 힘을 쏟은 나머지 스스로 생각하지 않는 우(愚)를 지적하였다. 창의적인 책읽기의 마지막 단계는 적게 읽고 많이 쓰는 단계이다. 이는 책읽기가 궁극적으로 글쓰기로 이어져야 함을 의미한다. 시간을 보내기 위한 취미생활로서의 책읽기도 있다. 하지만 생산적 책읽기는 오늘날과 같은 시대에 중요한 책읽기의 원칙이다.

다치바나는 책읽기를 목적으로서의 책읽기와 수단으로서의 책읽기로 나누어 설명한다. 목적으로서의 책읽기란 독서 그 자체가 목적인 독서로서 문학작품을 읽는 것이 여기에 해당한다. 수단으로서의 책읽기란 독서는 수단에 불과하고 더 큰 목적을 가지고 책을 읽는 것이다. 목적으로서의 책읽기, 즐거움을 위한 책읽기는 힘써 권장할 만한 독서는 아니다. 개인의 성향과 취미로 하는 독서에 불과하기 때문이다. 다치바나를 비롯하여 많은 사람들이 수단으로서의 책읽기를 강조한다. 특히 쓰기를 위한 읽기, 책쓰기를 위한 책읽기는 생산적 책읽기로서 우리가 주목해야 할 풋대라 할 수 있다.

쓰기라는 아웃풋(output)이 없이 읽기라는 인풋(input)만 있는 책읽기는 자칫 책만 읽는 바보로 만들기 십상이다. 조선시대 실학자 이덕무는 지나칠 정도로 책읽기에만 몰입하고 현실을 등한시한 사람으로 알려져 있다. 소문에 의하면 이덕무는 어느 추운 겨울 한밤중에 하도 추워서 『한서』 한 질을 이불 위로 덮어 추위를 막았다고 한다. 또 어느 날에는 매서운 바람이 불어와 바람을 막아야 하겠는데, 고심하다가 『논어』 한 권을 세워서 바람을 막았단다. 이덕무는 이를 마치 독서에 매진한 선비의 빈한한 삶의 자세인 양 은근히 자랑스럽게 여기기까지 하였다니 참으로 대단하지 않은가! 정치적으로나 경제적으로 불우한 자신의 처지에 대해서 독서가 하나의 도피처 역할을 한 것이다. 책을 읽는다는 것은 결국 저자의 사상과 논거를 따라가면서 공감하기도 하고 배우기도 한다는 말이다. 자신의 논리와 주장을 펼치는 행위가 아니라, 남의 생각에 동참하는 행위이다. 만약 평생 책만 읽고 아웃풋 없는 인생을 산다면 과연 그의 인생이란 무엇이단 말인가! 그러니 책 읽는 행위 자체가 중요한 일은 아니다. 무작정 다독이 좋은 것만은 아니란 말이다. 다독이 읽는 이의 분명한 목적의식과 주관 아래 이루어지는 작업이라면 매우 유익하지만, 단지 책을 읽기 위한 목적에서 읽는 다독은 도리어 정신의 폐해를 가져올 수 있다.

책을 쓰는 일은 쉬운 일이 아니다. 그렇지만 책을 쓰는 작업은 많은 유익이 따른다. 책쓰기에 도전하는 것은 야심 찬 비전이다. 책쓰기는 분야를 막론하여 창조적이고 생산적이며, 한발 앞서 갈 수 있는 길이다. 직장인이 자신의 분야에서 책을 쓴다는 것은 매우 중요한 의미를 갖는다. 우선 책을 쓰는 과정에서 자신의 전문 분야에 대한 체계적인 정리를 하고, 자기만의 경험과 노하우를 조직화하는 일은 상상할 수 없으리만큼 가치 있는 일이다. 즉, 책을 쓰면서 어떤 학습과정에서도 경험할 수 없는 최상의 학습경험을 하게 된다. 요즘 평생교육이라는 말을 많이 하는데, 진정한 교육과 학습은 책쓰기를 통해서 성취된다. 더 나아가 일단 어떤 분야의 책을 쓰게 되면 그 사람은 그 분야의 전문가로 인정을 받게 된다. 많은 사람들이 책을 많이 읽으라는 말은 하는데, 글을 써라, 책을 쓰라는 얘기는 많이 하지 않는다. 그러나 사실은 글을 쓰고 책을 씀으로써 엄청난 유익을 얻을 수 있다. 책 한 권을 쓰는 가운데 수많은 정보를 자신의 지식으로 체계화할 수 있기 때문에 책을 쓰는 것이 유익하다.

필자 역시 책읽기를 좋아하고, 많은 책을 읽는다. 그런데 최근 책을 쓰는 가운데 새로운 사실을 깨달았다. 한 권의 책을 쓰기 위해서는 최소 100권 정도의 책을 읽게 되고, 여기저기 흩어진 정보들을 새롭게 나의 지식으로 체계화하는 과정이 이루어진다는 것이다. 책을 쓰는 것은 필연적으로 독서를 필요로 하기 때문에 글을 쓰고, 책을 쓰는 과정에서 많은 양의 독서를 하게 된다. 즉, 책을 씀으로써 자신의 전문 분야의 공부를 체계화시키고 심화시키는 공부를 하게 된다.[47) 책을 쓰다 보면 이론적 지식을 함께 습득하게 되므로, 그 분야에서 자연히 전문가로서 평가를 받게 된다. 따라서 글쓰기, 곧 책을 써서 성공한 사람들의 예가 수없이 많다.

책을 써서 일약 세계적인 베스트셀러 작가에 오르고 고민 분야의 전문가로 우뚝 선 사람이 데일 카네기이다. 그는 가난하고 불행한 청년이었다. 그러나 어느 날 사람들이 고민을 안고 있다는 생각을 하고, 고민에 관련한 책을 읽기 시작하였다. 그런데 고민 관련 책들은 많지 않았고, 마음에 드는 책도 없었다. 결국 그는 자신이 직접 고민에 관련한 책을 쓰고자 결심하고 고민에 관한 연구를 시작하였다. 자신이 강의하는 학원에서 학생들에게 고민해결 방법을 발표하게 하고, 많은 사람을 면담하였다. 수백 권의 관련 책을 읽었다. 마침내 그는 『인생의 길은 열리다』를 썼는데, 세계 각국어로 번역되어 모든 나라에서 베스트셀러가 되었다. 윈스턴 처칠을 일약 유명인사로 만들었던 계기가 있었는데, 그것은 종군기자로서 그가 전장의 소식을 사실적으로 묘사하여 전송한 기사였다. 종군기자로서 썼던 한 편의 글들이 처칠을 유명인사로 만들었으며, 나중에 본격적으로 쓴 『말라칸드 야전군 이야기』는 일대 파란을 일으킬 만큼 그를 유명하게 만들었다. 우리가 잘 아는 피터 드러커의 경우도 마찬가지였다. 그가 1939년에 쓴 처녀작 『경제인의 종말』이 드러커를 일약 세인의 관심의 대상으로 만들었다. 이처럼 글쓰기를 통해서 유명해진 인사

---

47) 『글쓰기의 힘』, 한국출판마케팅연구소, p.20.

들이 많이 있다. 글을 잘 쓴다는 것은 엄청난 프리미엄이다. 자신의 전문 분야에서 글을 좀 잘 쓴다는 소문만 나면 대부분 전문가로 대접받는다. 또 대중적인 서적이라도 출간만 하면 자기 분야를 벗어나 사회적 발언권을 얻게 된다.

글쓰기를 하기 위해서는 글 읽기가 수반되어야 한다. 글을 쓰려면 책을 읽기 마련이다. 나는 책을 쓰는 과정에서 많은 책을 읽어야 하는 것을 경험하였다. 글을 쓰게 되면 책을 읽게 되고, 연구하게 된다. 이를 공부로서의 글쓰기라고 한다. 즉, 글을 쓰게 되면 자연히 공부를 하게 되고 연구하게 된다. 『칼의 노래』로 유명해진 김훈은 고백하기를 이성복 시에 대해서 몇 줄 글을 쓰면서 『남해금산』을 백 번이나 읽었다고 하였다. 『태백산맥』에 대한 기사를 쓸 때에는 그 소설을 세 번 정독하면서 대학노트에 소설의 인물, 사건, 구성, 문체 따위를 분석하면서 읽었다고 한다. 다치바나는 책읽기와 책쓰기에서 1:100의 원칙을 제시하였다. 즉, 한 권의 책을 쓰기 위해서는 100권의 책을 읽어야 한다는 말이다. 저술가로서 경제경영 분야의 책을 많이 낸 공병호 씨는 자신의 대표적인 공부법이 바로 책쓰기라고 하였다. 책을 쓰면서 책쓰기가 배우는 방법임을 깨달았다고 한다. 그래서 그가 공부법으로서 첫손에 꼽는 방법이 책쓰기이다. 독서, 관찰, 사색, 글쓰기는 서로 순환적인 관계를 갖고 있다. 책 100권을 읽기보다 책 한 권을 쓰는 가운데 수많은 정보를 자신의 지식으로 체계화할 수 있기 때문에 책을 쓰는 것은 유익하다.[48]

궁극적인 글쓰기의 열매는 저술로 나타난다. 과학 글쓰기가 되었

---

48) 추성엽 지음, 『100권 읽기보다 한 권을 써라』, 더난출판.

든, 실용 글쓰기가 되었든 어떤 목적을 가진 글쓰기는 저술의 형태로 구체화되고, 객관화될 때 파급력과 지속성을 지닌 지식의 산물이 된다. 인류에게 책은 매우 특별하다. 책의 역사는 인류의 역사이자 문화의 역사이다. 인터넷을 비롯한 과학기술의 발달이 종이책의 존립을 위협할 뿐 아니라 종이책의 종말을 가져오리라는 견해도 있으나 여전히 책은 가장 강력한 지식의 보고이다.

책쓰기는 책읽기의 종착역이다. 책을 읽는 목적, 독서의 궁극적 목적은 지식을 생산하는 데 있으며, 지식생산의 열매는 저술로서 나타난다. 오늘날은 각종 장비의 발달로 인하여 저술이 과거처럼 힘든 과정이 아니다. 1인 출판사가 출판계의 한 흐름으로 자리 잡아 가고 있는가 하면, 정보처리 능력이 급속도로 발전하면서 지식의 운용, 처리, 생산의 과정이 놀라울 정도로 빨라졌다. 책쓰기와 저술의 개념도 변화되고 있다.

책쓰기는 지식생산의 도구인 동시에 지식생산의 과정인 학습의 도구가 된다. 책을 쓰면서 이루어지는 학습은 상상을 초월한다. 책쓰기는 학습으로 얻어진 지식의 정리가 아니라 책쓰기가 학습의 결과이며 학습의 출발이기도 하다. 책을 쓰면서 개념의 확장이 일어나고 융합과 재생산이 일어난다. 책쓰기는 학습 자체이다.

제2장 위대한 저술가들

21세기는 한마디로 정보의 홍수시대이다. 정보의 탐색과 이용이 자유로워졌다. 이러한 지식과 정보의 홍수시대에 창조적 활동이란 방대한 호수에 물 한 바가지를 붓는 격이다. 즉, 창조적 활동의 의의가 쇠퇴하였다는 의미이다. 대신에 방대한 정보들을 편집하고 가공하는 활동이 중요해졌다. 글쓰기에 있어서도 새로운 창조적 활동보다는 방대한 정보를 검색하고 이를 편집하는 활동이 중요하게 되었다. 그런데 역사상 위대한 저술가들은 시대를 초월하여 동일한 방식으로 책을 썼다. 즉, 방대한 자료를 모으고, 분류하며, 이를 기초로 새로운 개념을 발전시켰으며 정보들을 편집하고 가공한다.

우리는 인류역사상 위대한 지식생산의 글쓰기를 수행한 저술가들의 글쓰기와 책쓰기를 살펴볼 필요가 있다. 그들의 책쓰기는 우리에게 큰 교훈과 영감을 주기 때문이다. 혜강 최한기, 다산 정약용, 원스턴 처칠, 피터 드러커의 글쓰기를 비롯하여 인류 문화사에 빛나는 저술로 남아 있는 저작들을 살펴보고자 한다.

1. 혜강(惠崗) 최한기(崔漢綺)

혜강 최한기(1803~1877)는 조선 후기의 실학자이자 철학자, 사상가이며 전무한 저술가였다. 그는 어려서부터 독서를 좋아하여 아버지와 외할아버지로부터 성리학을 배웠다. 추사 김정희와 김헌기의 문하에서 수학하면서 성리학을 배웠고 연암 박지원으로부터는 서학(西學)을 접하면서 경험주의적 인식론(認識論)에 싹트게 된다. 그는 어려서부터 경학(經學), 사학(史學), 예학(禮學), 수학(數學), 지리(地理) 등 다방면에 걸친 독서를 통해 자신만의 학문 세계를 구축하였는데, 주로 고서적 수집과 독서, 해석, 연구 등으로 나날을 보냈으며 좋은 책이 있다는 소문을 들으면 돈을 아끼지 않고 구입해 읽었다. 그리고 읽은 책들은 헐값에 팔았다. 중국의 신간들이 우리나라에 들어오면 가장 먼저 그의 손에 들어갔다 한다.

최한기는 책을 읽고, 정리하여 저술하는 일로 평생을 보낸 독서와 저술의 사람이었다. 따라서 저술에서도 방대한 업적을 남겼다. 방대한 양의 독서는 최한기를 20대부터 책을 쓰게 하였다. 그의 책쓰기론은 '저술공덕(著述功德)'이라는 말로 대변할 수 있다. 즉, 책쓰기는 좋은 일, 세상을 밝게 하는 일의 이론적 작업에 해당한다는 것으로 문장력, 필력, 글 쓰는 능력 역시 일종의 타고난 능력으로 해석하였다. 최한기의 저작들을 살펴보면 『농정회요(農政會要)』(1830), 『육해법(陸海法)』(1834), 『청구도제(靑丘圖題)』(1834), 『만국경위지구도(萬

國經緯地球圖)』(1834, 현존 미상), 『추측록(推測錄)』(1836), 『강관론(講官論)』(1836), 『신기통(神氣通)』(1836), 『기측체의(氣測體義)』(1836, 추측록과 신기통을 합본한 것), 『감평(鑑枰)』(1838, 뒤에 人政에 포함됨), 『의상이수(儀象理數)』(1839), 『심기도설(心器圖說)』(1842), 『소차유찬(疏箚類纂)』(1843), 『습산진벌(習算津筏)』(1850), 『우주책(宇宙策)』(연대 미상), 『지구전요(地球典要)』(1857), 『기학(氣學)』(1857), 『운화측험(運化測驗)』(1860), 『인정(人政)』(1860), 『신기천험(身機踐驗)』(1866), 『성기운화(星氣運化)』(1867), 『명남루수록(明南樓隨錄)』(연대 미상) 등이다. 그가 1830년에서 1867년까지 번역하거나 지은 책이 무려 1천여 권이나 된다고 기록되어 전해지고 있으나, 현재 남아 있는 책은 20여 종 120여 권으로서 『명남루전집(明南樓全集)』 3책으로 소개되고 있다.

특히 최한기의 저술활동은 과학사적으로 중요한 역할을 하였는데, 그는 중국으로부터 서양 천문학, 지리학 서적 등을 입수하여 탐독하고 지구가 둥글며 태양의 주위를 돈다는 이론을 주장하였다. 1858년 중국에서 번역된 허셸(W. Herschel)의 천문학 서적을 1860년 초 입수하여 탐독한 뒤 1867년에는 자신의 의견을 간략하게 첨가하여 『성기운화』를 저술하였다. 1836년에는 『추측론』과 『신기통』을 저술하여 서양 물리학을 소개하였으며, 나중에 『기측제의』란 제목으로 재간행하였다. 또한 그는 『해국도지(海國圖志)』와 『영환지략(瀛環志略)』을 입수하여 탐독하였다. 이렇듯 그는 개항 이전까지 서양의 자연과학을 가장 많이 소개한 서양과학의 전도사였다. 그는 코페르니쿠스의 지동설, 뉴턴의 만유인력과 망원경, 온도계, 습도계, 파동(波動)의 원리, 병리학, 해부학에 이르기까지 과학 전반에 대한 저술을 하였는데 34세 때인 1836년, 자신의 대표작『신기통』과『추측록』에서 서양물리학의 '파동' 개념을 처음으로 소개했다. 그리고 렌즈와 망원경의 원리, 온도계, 습도계, 빛의 굴절 현상에 대해서도 자세하게 설명하였다. 최한기가 코페르니쿠스의 지동설을 소개한 것은 1857년『지구전요』라는 책이었고, 1866년에는『신기천험』을 저술함으로써 서양 의학의 내과, 외과, 소아과, 산부인과 등의 분류를 소개하였다.

2. 다산(茶山) 정약용(丁若鏞)

다산 정약용(1762~1836)은 영조 38년 경기도 광주에서 현감 정재원의 넷째 아들로 태어났다. 정약용의 어린 시절 이름은 귀농이었지만, 자라면서 미용, 송보 등의 이름과 함께 삼미, 다산, 여유당, 사암 등의 여러 호를 갖게 된다. 그는 어린 시절부터 책을 좋아하였으며, 시(詩)를 짓는 데 탁월한 재주를 보였다. 이미 열 살 때『삼미집(三眉集)』이라는 시문집을 내기도 하였다. 그의 어린 시절 학구열은 외할아버지 윤두서의 영향을 받는다. 어머니 윤씨 부인은 고산 윤선도의 5대손이자 학식과 예술에 두루 조예가 깊었던 윤두서의 손녀로 그의 학문적 뿌리는 고산 윤선도에서부터 이어진 것이다. 그는 열서너 살 되던 해부터 외할아버지의 서재에서 한 보따리의 책들을 빌려서 나귀에 싣고 와 그 책을 다 읽고는 다시 돌려드리고, 또 다른 책들을 빌려 나귀에 싣고 오기를 반복하였다.

정약용이 열다섯이 되던 무렵, 조정에서는 혼란스러운 사건들이 일어난다. 58년간 왕위에 있던 영조가 세상을 떠나고 정조가 왕위에 오른 것이다. 당시 조정은 당파싸움으로 격변기를 보내고 있었다.

정조는 왕위에 오르자 아버지 사도세자의 한(恨)을 풀고자 하는 동시에 고질적인 조선왕조의 당파싸움을 없애기 위해 탕평책을 시도하였다. 이 시기 정약용의 아버지 정재원이 호조 좌랑의 벼슬에 올라 한양으로 거처를 옮기게 된다. 이후 정약용의 학문세계는 물을 만난 고기와 같이 새로운 세계가 열리기 시작하였다. 남인파의 여러 선비와 교류하였으며, 매형인 이승훈과는 학문적 교류가 깊어졌다. 이승훈을 통해 성호 이익의 4대손이며 이승훈의 외삼촌인 이가환과의 교류하게 된다. 당시 학문적 풍토는 임진왜란과 병자호란을 겪으면서 실생활과 관련 있는 학문을 하자는 실학사상이 싹트던 시대였다. 정약용은 이승훈, 이가환과의 교류를 통해 실학사상의 대표인 성호 이익의 실학사상을 접하게 된 것이다. 또한 정약용은 우리나라 최초의 천주교 신자가 된 매형 이승훈을 통해 『천주실의(天主實義)』 등의 책을 읽고 천주교를 접하게 된다. 이것이 계기가 되어 정약용은 나중에 천주교인이 되는데, 정조가 죽고 난 후 1801년 천주교인들에 대한 대대적인 박해사건(신유박해)이 일어나게 된다. 이때 이승훈, 이가환을 비롯한 약 300여 명의 천주교인들이 순교를 당하게 되고 정약용은 강진으로, 그의 형 정약전은 흑산도로 귀양을 가게 된다. 정약용은 강진에서 18년간 유배생활을 하였다.

정약용은 이미 강진으로 귀양을 내려가기 전부터 많은 저술을 하였으며, 아들들에게는 독서를 가장 많이 강조하였다. 정약용의 저술에는 그의 아버지로부터 받은 영향도 있다. 그의 아버지는 1780년에 예천군수가 되어 한양을 떠나게 되는데, 이때 정약용은 이승훈의 만류에도 불구하고 아버지를 따라 예천으로 내려간다. 정약용은 아버지가 지방의 목민관으로 부임하는 곳에 함께 따라가서 직접 백성들의 삶을 살펴보기를 원했던 것이다. 그 당시 아버지로부터 받은 감화가 그의 저서 『목민심서(牧民心書)』에 나타나 있다. 정약용은 정조의 총애를 받았는데, 정조의 명령을 받들어 저술한 책이 『중용강의(中庸講義)』이다. 정약용의 저술 중에는 건축술에 관한 저술도 있는데, 그가 건축술에 관심을 갖게 된 배경에는 정조의 명령이 있었다. 정조는 아버지 사도세자의 묘를 수원으로 옮기고 수원성을 건축하고자 하였다. 이때 좌의정 채제공이 수원성 건축의 적임자로서 정약용을 천거한 것이다. 수원성 건축에 앞서 정약용은 건축술에 관한 많은 책을 읽기 시작하였는데, 청나라에서 들여온 『기기도설(奇器圖說)』이라는 책에서 많은 도움을 받았다. 또한 중국의 여러 책을 참고해 배다리를 제작하고 화성 설계안을 제출했으며, 서양의 과학서적을 뒤져 기중기도 발명했다. 수원성은 2년에 걸친 공사 끝에 1796년 드디어 완공을 보게 되었다.

정약용은 퇴계 이황이 저술한 『퇴계집(退溪集)』을 통해서 깊은 감명을 받았으며, 『퇴계집』을 읽고 느낀 자신의 생각과 감동을 저술한 책이 『도산사숙록(陶山私淑錄)』이다. 정약용은 정조의 배려로 규장각에서도 일하였다. 이때 유득공, 박제가, 이가환, 이서구 등과 함께 『규장전운(奎章全韻)』이라고 하는 한자자서를 편찬하기도 하였다. 또한 장기에서 귀양살이를 할 때 그는 약을 못 구해 병을 키우는 사람들을 위해, 그들이 쉽게 할 수 있는 처방 중심으로 『촌병혹치(村病或治)』라는 의학서를 편집했다. 곡산부사로 있을 때는 천연두가 창궐하여 네 살 난 아들을 잃었는데, 그는 천연두로 아이들을 모두 셋이나 잃었다. 아들을 잃은 정약용은 의술에 새로운 관심을 갖게 되고, 『동의보감(東醫寶鑑)』을 비롯한 중국의 의서(醫書)들을 섭렵하기 시작한다. 그리고 마침내 소아과학의 한 분야인 수두와 홍역의 예방과 치료에 관한 책 『마과회통(麻科會通)』을 저술한다. 이 책에서 그는 천연두 예방법인 우두방을 소개하였다. 그는 계속하여 예방법인 종두법을 연구하였으며, 박제가와 함께 천연두 예방법인 『종두심법요지(種痘心法要旨)』를 저술한다. 지석영이 종두법을 실시한 것은 이로부터 80년이 지난 후로서 정약용은 오늘날로 말하면 빼어난 소아과학의 창시자였던 것이다. 이뿐만 아니라, 정약용은 천연물 약초 연구에도 심혈을 기울였는데, 자생식물과 약초의 이름, 모양, 특성, 자라는 곳, 효능 등을 연구하여 『물명고(物名攷)』, 『죽란화목기(竹欄花木記)』, 『식물연표』 등을 저술한다. 또 그가 정조의 부름을 받아 형조참의로 있을 때는 법에 관한 연구를 하였는데, 이를 통해 『경세유표(經世遺表)』, 『대전속록(大典續錄)』과 같은 법률책이 나오게 된다. 특히 『대전속록』은 법 개정에 관한 책으로서 법을 시대와 실생활에 맞게 개정하는 문제를 다루었다. 정약용은 교육에 관한 저술도 남겼다. 그가 귀양살이에서 가장 많이 마음을 쓴 부분은 아이들의 교육이었다. 정약용은 아들들에게 쓴 편지를 통해서 끊임없이 자식들을 교육하였다. 그가 자녀교육에서 가장 강조한 것은 독서였다. 이때 쓴 책이 『아학편훈의(兒學編訓義)』이다.

정약용은 강진에서의 유배생활에서 오직 책을 읽는 일과 글을 쓰는 일에 몰두하였다. 18년 동안의 유배생활 중 다산초당에서 11년을 보내면서 역사에 길이 남을 글을 쓰기 시작하였다. 1810년부터 6년 동안 『시경(詩經)』, 『춘추(春秋)』, 『논어(論語)』, 『맹자(孟子)』, 『대학(大學)』, 『중용(中庸)』 등 여섯 가지 경전에 대한 해설을 썼다. 그리고 『경세유표』와 『목민심서』를 저술함으로써 그의 대표작으로 꼽히는 6경 4서와 1표 2서를 완성한 것이다. 48권으로 된 『경세유표』는 미완성 저술로서 국가를 이끌어 가기 위한 제도에 관해 설명하고 자신의 의견을 적은 책이다. 『목민심서』 역시 48권으로 구성되었으며 정약용의 대표작으로 꼽힌다. 그가 『목민심서』를 완성하던 1818년 여름, 고향인 마재 마을로 돌아오게 된다. 고향에 돌아온 후에도 여전히 저술 작업에 몰두하였는데, 고향에 돌아온 이듬해 여름 30권에 이르는 『흠흠신서(欽欽新書)』를 완성한다. 이 책은 죄인을 다루는 일을 공평히 행하여야 한다는 내용이다. 또 그해 겨울에는 일반 백성들이 쓰는 말의 어원에 대한 저술로서 『아언각비(雅言覺非)』 3권을 완성한다. 그의 저술 작업은 일흔이 넘어서도 계속되었는데, 『상서고훈(尙書古訓)』, 『상서지원록(尙書知遠錄)』을 고쳐 써서 21권으로 모아 펴냈고, 『매씨서평(梅氏書平)』을 보충하고 다듬었다.

정약용은 살아 있는 동안에 총 509권의 저술과 2,460편의 시를 지었다. 또한 그는 경전과 고전을 섭렵했을 뿐 아니라 역사, 문학, 법학, 음악, 교육, 농업, 의학, 물리학, 토목과 기계공학에 이르기까지 학문의 경계를 넘나드는 왕성한 저술활동을 보였다. 그는 어떻게 이렇게 방대한 분야에 걸쳐 지식의 기초를 닦고 정보를 조직했을까? 정약용의 지식경영 방식은 이러하였다. 먼저 필요에 기초하여 목표를 세운다. 관련 있는 자료를 모은다. 그리고 이를 자신의 체계에 따라 분류한다. 분류된 자료를 역시 자신이 세운 개념 체계 속에 재배열한다. 이러한 작업은 여럿이 역할을 분담하여 진행하였다. 이를 볼 때 정약용은 우리 역사에서 전무후무한 탁월한 지식편집가요, 지식경영가였다. 정약용의 지식경영 방식은 어쩌면 그만의 고유한 방식이면서도 동시에 당대의 지식경영 방식의 물줄기를 가늠할 수 있는 방식이었다. 즉, 18세기 당시 중국의 문화문물의 유입과 함께 당시로서는 지식의 홍수가 범람하기 시작한 시대라고 할 수 있었다. 방대한 양의 지식과 정보가 넘치는 시기에 정약용이 있었다. 당시 학자들은 이러한 새로운 지식과 정보를 활용하기 시작한 것이다. 오늘날의 컴퓨터와 인터넷 지식정보의 홍수와는 비교할 수 없었겠지만, 18세기 역시 지식의 대량유통이 가능하였던 것이다. 이러한 지식정보에 대한 지식인들의 관심과 흥미는 지대하였다. 그들은 넘치는 지식정보를 수집하고 정리하였다. 자료를 수집하고 이를 다시 정리하여 자신의 지식체계로 생산해낸 것이다. 그들은 지식을 접하고 이에 대해 토론하면서 새로운 해석을 더해 갔다. 이러한 지식정보의 수집, 정리, 재배열이 당시 학문과 저술의 원리였던 것이다. 정약용의 저술 작업 역시 이러한 18세기적 지식경영의 산물이었다. 『목민심서』는 역대 역사기록 속에서 추려낸 수만 장의 카드를 바탕으로 정리한 목민관의 사례 모음집이다. 『목민심서』를 집필하다 보니, 형법 집행의 중요성을 절감하게 됐다. 그래서 이 부분만 따로 확대해서 『흠흠신서』를 엮었다. 『경세유표』는 이러한 부분작업의 결과들을 국가경영의 큰 틀 위에서 현장 실무경험을 살려 하나의 체계로 재통합한 것이다. 정약용이 『마과회통』이라는 천연두 관련 의서를 저술한 원리 역시 수십 종의 의학서에서 천연두 관련 항목만 추려내 목차에 따라 재가공하는 방식이었다. 의학에 관한 그의 조예는 이러한 편집과정에서 더 깊어졌다.

정약용의 문집에 실린 여러 글은 발전과 변화의 궤적을 한눈에 보여 준다. 물고기를 잡으려고 그물을 쳤는데 기러기가 걸리면 이를 버리겠느냐며 이 작업을 하다가 저 작업에 착수하고 저 작업을 하면서 또 다른 작업을 벌였다. 연보를 통해 저술연대를 추정해 보면, 그는 언제나 동시에 7~8가지 이상의 작업을 병행하고 있었다. 대부분의 작업은 혼자 한 것이 아니라 제자들과의 공동작업으로 이루어졌다. 정약용은 공동작업에서 전체적인 윤곽과 개념만 제시하였다. 그리고 구체적인 작업은 아들과 제자들이 공동작업으로 진행하였다. 작업이 완성되면 그 내용을 검토하고 감수하여 책으로 묶었다. 중요한 것은 지식을 편집하고 경영하는 그의 학문적 통찰력과 안목에 있었다. 그는 이러한 과정을 거듭하면서 지식경영의 실제를 가르쳤고, 제자들은 공부의 방법을 배운 것이다.[49]

3. 윈스턴 처칠(Winston Churchill)

윈스턴 처칠(1874~1965)은 어린 시절부터 언어, 특히 국어를 사랑하였고, 영국식 문장 구조의 영어작문에 뛰어난 재능을 보였다. 처칠만큼 자신의 국어가 지닌 가치를 이해하고 활용한 사람은 없을 것이다. 그는 국어가 그저 하나의 언어가 아니라 바로 자신의 언어이자, 영국 사람의 언어라는 점에서 고귀한 것으로 받아들였다. 개인의 정체성을 국가의 정체성과 분리할 수 없다는 민주주의 개념이 민족의 언어에 뿌리를 두고 있다는 주장이 있다. 또한 강대국이 무력으로 다른 나라를 침공할 때 그 국가의 언어를 완전히 소멸시킨 뒤라야 정복이 완료된다고 한다. 어린 시절 처칠은 자신이 읽고, 쓰고, 말하는 바로 그 언어를 통해 영국인으로서의 정체성을 확립했다.

---

49) 정민 지음, 『지식경영법』, 김영사.

처칠은 영국의 웨스트포인트라 할 수 있는 직업군인 양성기관인 샌드허스트육군사관학교를 졸업하였다. 그는 사관학교 시절 장차 군인으로서의 자신의 직업, 특히 전술과 요새방어에 관해 큰 관심을 가졌다. 그의 아버지는 서적상을 통해서 학업에 관련한 서적들을 보내 주었고 이때 읽었던 책들이 햄리의『전쟁의 운용』, 크라프트 왕자의『보병, 기병, 포병에 대한 편지』, 메인의『보병화력전술』, 그리고 미국 남북전쟁, 보불전쟁 및 러시아-터키전쟁 등을 다룬 역사서적들이었다. 사관학교를 졸업한 후에도 역사에 대한 관심은 계속되었고, 역사와 철학, 경제 관련 책을 많이 읽었다. 이런 주제의 책들을 얘기하면 그의 어머니는 매달 소포로 책들을 보내 주었다고 한다.

처칠은 역사의 경우 기번의 책들부터 읽기 시작하였다. 딘 밀먼이 여덟 권으로 편집한 기번의『로마제국 쇠망사』는 그의 영혼을 사로잡았다. 햇살이 뜨거운 인도에서 나날을 보낼 당시, 마구간에 나와 있는 시간부터 오후 늦게 저녁 그림자가 드리울 때까지 미친 듯이 기번의 책을 읽었다. 책을 끝에서 끝까지 질주하듯이 의기양양하게 읽었고, 정말 즐거워하였다. 그는 책을 읽으면서 귀퉁이에 자신의 생각을 적어 넣기도 하였다.『로마제국 쇠망사』에 흠뻑 빠진 처칠은 이어서 기번의 자서전을 읽었다. 초급장교 시절 처칠은 인도 벵갈루루에 주둔하면서 독서에 대한 열정을 키워 나갔는데, 몇 달 동안 매일 네다섯 시간씩 역사나 철학 서적을 읽었다. 플라톤의『국가론』, 웰든이 편역한『아리스토텔레스의 정치학』, 쇼펜하우어의『염세주의에 관하여』, 맬서스의『인구론』, 다윈의『종의 기원』등을 읽었다.

독서와 글쓰기는 상호 보완적이다. 책을 읽으면 글을 쓰게 된다.

글쓰기를 하려면 책을 읽어야 한다. 처칠은 독서가이면서 동시에 글을 쓰는 작가였다. 군인이면서 작가였던 셈이다. 성경인물인 다윗이 시인이요, 역사가요, 군인이요, 왕이었던 것처럼 처칠이 그러했다. 그가 사관학교를 졸업하고 초임장교로 배치받았을 때, 당시 영국 군인들의 일반적인 관례에 따라 인도에서 9년을 근무해야 했다. 그리고 근무지로 떠나기 전에 긴 휴가기간이 주어졌다. 이 무렵 스페인에 저항하여 일어난 쿠바혁명이 한창이었는데, 처칠은 쿠바에서 휴가를 보내기로 결심한다. 혁명활동과 위험에 최대한 가까이 접근해 신문기사를 쓰겠다는 계획이었다. 쿠바 반란군과의 전투를 통해서 그는 종군기자로서의 명성을 얻게 된다.

본래 부대로 복귀한 처칠은 1897년 인도 북부의 말라칸드에서 반란이 일어났다는 소식을 접하고 말라칸드로 가기를 결심, 지휘관에게 편지를 보낸다. 그리고 답장도 받지 않은 상태에서 봄베이로 출발한다. 결국 처칠은 말라칸드 야전군에 합류하게 되는데 이때 행군 중 소식을 날마다 인도 알라하바드의 <파이오니아>에 300자 기사를 보냈다. 또 런던의 <데일리 텔레그래프>에도 높은 보수를 받고 칼럼을 연재했다. 그는 종군기자로서의 일을 즐긴 것이다.

1897년 6월, 그의 여단이 행군을 하다가 파슈툰족의 공격을 받아 수많은 사상자를 내게 되었다. 당시 전투에 대한 기록인 『말라칸드 야전군 이야기』는 일대 파란을 일으켰다. 이 책으로 인해 처칠은 유명인사가 되었다. 이때 솔즈베리 총리가 처칠을 불러서 자신이 도와줄 일이 없겠느냐고 물었다. 처칠은 기뻐하면서 자신을 이집트로 보내 달라고 부탁하였고 나일 강변 키치너 부대생활 중 그는 옴두르만 전투를 경험하게 된다. 1899년 초, 키치너의 나일 강 작전이 공식적으로 마무리되자 그는 복무를 중단하고 영국으로 돌아와 이번 원정을 담은 두 번째 책 『강의 전쟁』을 쓴다.

유명인사가 된 그는 잠시 하원에 출마했다가 낙방하자 2차 보어전쟁에 대한 기사를 쓰고자 북아프리카로 떠난다. 영국의 레이디스미스 요새가 보어군에 포위되는 일이 발생하였는데, 병사 150명은 무장열차를 타고 이동하게 되었고 처칠도 함께 올랐다. 그런데 무장열차가 중간에서 적들의 공격을 받아 탈선하는 사건이 발생한다. 처칠은 포로가 되고, 다시 탈출하여 돌아오는 극적인 상황을 겪었다. 이로 인해 처칠은 국가적인 영웅이 되었고, 영국으로 돌아온 처칠의 펜 끝에서 금세 책이 완성되었다. 『런던에서 프레토리아를 지나 레이디스미스까지』라는 제목으로, 이 책으로 처칠은 많은 돈을 벌게 된다.

처칠은 정치적으로 어려움을 겪는 과정에서 한가해지면 책을 썼는데, 제1차 세계대전을 개인적인 시각에서 다룬 『세계의 위기』가 그것이다. 역사의 격변기 중심에 서서 영국인의 위대한 지도자이면서 세계가 우러러보는 역사적 인물인 처칠은 사실 저술가로서 인생을 살았던 것이다. 처칠은 좋아하는 그림을 그리고, 자신의 마지막 저서들이 출판되는 것을 지켜보면서 생애 마지막 10년을 보냈다. 네 권으로 이루어진 『영어권 국민의 역사』가 1956년부터 1958년 사이에 출판되었고, 뒤를 이어 그에게 노벨문학상을 안겨준 여섯 권짜리 대작 『제2차 세계대전』이 빛을 보게 되었다. 경이로운 업적을 이루어낸 윈스턴 처칠은 훌륭한 전쟁지도자이자 자유세계의 리더가 아니었더라도 위대한 기자요, 역사학자로 기억되었을 것이다.

4. 피터 드러커(Peter Drucker)

피터 드러커(1909~2005)는 어린 시절부터 책읽기를 좋아하는 책벌레였다. 이러한 그의 습관은 95세의 일기로 세상을 떠나기까지 계속되었다. 그가 글쓰기에서 처음으로 탁월한 재능을 보인 것은 17세 때 쓴 대학입학을 위한 논문 「세계무역에 있어 파나마 운하의 역할」이 독일의 경제 계간지에 실리게 된 일이었다. 그는 이 논문으로 경제 주간지 <오스트리아 이코노미스트>의 신년 특집호 편집회의에 초대되었으며, 그곳에서 경제인류학자 칼 폴라니를 만나게 된다. 그때까지의 드러커의 학업과 일에서 특기할 만한 사건이란 함부르크에 머물 당시 도서관에서 많은 책을 읽었던 것 외에는 별로 없었다. 드러커는 후에 그가 도서관에서 대학교육을 받았다고 고백하였다. 함부르크 도서관에서 그는 독일어, 영어, 프랑스어, 스페인어 책을 닥치는 대로 읽었으며, 19세기 사상가 쇠렌 키르케고르의 영향을 많이 받았다.

드러커는 19세가 되던 해인 1929년 함부르크에서의 생활을 끝내고 최초의 정규직장인 미국계 투자은행 프랑크푸르트 지점의 증권 분석가로서 일을 시작한다. 그러나 미국계 투자은행이 파산하자 석간신문 <프랑크푸르트 게네럴 안차이거>의 기자로 취직한다. 그는 직장생활 중에도 프랑크푸르트 법학부에 편입하여 독일 철학자 프리드리히 슈탈을 집중 연구였으며, 나중에는 조교를 겸하면서 국제법 박사 학위를 취득하기도 한다. 동시에 <프랑크푸르트 게네럴 안차이거>의 세 명의 부편집장 중 한 사람으로 발탁된다. 그러나 드러커는 나치 독일의 실상을 점차 알아 가면서 독일 탈출을 계획하고, 영국으로 이주한다. 영국으로 이주 후에는 보험회사를 거쳐 투자은행에 일하게 된다. 영국에서 그는 케임브리지 대학에서 케인즈 경제학의 아버지 존 메이나드 케인즈의 강의를 청강하는 동시에 경제인류학자인 칼 폴라니와의 돈독한 교제를 통해 경제학에 대한 식견을 넓혀 간다.

이때부터 드러커는 미국의 신문이나 잡지에 자신의 글들을 기고하기 시작하고, 빈의 출판사를 통해 『독일의 유대인 문제』라는 책을 출판한다. 드러커는 1937년 결혼한 후 미국으로 이주하여 <파이낸셜 뉴스>의 미국 특파원으로서 출발한다. 이때 유력 신문인 <워싱턴 포스트>에 유럽 정세에 관한 글을 처음으로 기고하게 된다. 이러한 그의 기자로서, 시사가로서의 글이 알려지자 드러커가 미국 중서부 출장을 할 때 당시 최고영예인 퓰리처상 수상자였던 기자가 드러커를 소개하는 기사를 쓰기도 하였다. 그러나 드러커가 알려지게 된 결정적인 계기는 그의 처녀작 『경제인의 종말』(1939)이 출간되면서부터이다. 『경제인의 종말』에서 드러커는 나치스가 결국 유대인을 말살할 것이며 소련과 손을 잡게 될 것이라는 예측을 제시하였다. 당시 사람들은 누구나 파시즘과 공산주의는 물과 기름이기 때문에 양자가 보조를 맞춘다는 것은 있을 수 없는 일이라고 믿고 있었다. 『경제인의 종말』이 유명하게 된 배경에는 윈스턴 처칠이 있었다. 처칠이 그 책의 서평을 썼기 때문이다. 처칠은 서평에서 드러커를 극찬하였던 것이다. 『경제인의 종말』은 영미권에서 베스트셀러가 되었으며, 책이 출간된 후 반년 후에 독일과 소련이 독소불가침 조약을 체결하여 세계를 놀라게 했던 것이다. 이어서 독일이 폴란드를 침공함으로써 제2차 세계대전이 발발한다. 제2차 세계대전이 발발하자 처칠은 영국의 수상이 되고, 처칠은 사관후보생들에게 지급하는 물품목록에『경제인의 종말』을 포함시켰다.『경제인의 종말』을 주목한 거물이 또 한 사람이 있었는데, 그가 바로 <타임>, <포춘>, <라이프>를 창간한 잡지왕 헨리루스였다. 헨리루스는 드러커를 <타임>의 해외담당 편집자로 영입하고 싶어 했다. 드러커 역시 당대 최고의 인기를 누리던 <타임>에서 일하고 싶었다. 하지만 그 일은 실현되지 못했다. 다만, 헨리루스와는 그다음 해 약 2개월간 일할 수 있는 기회가 있었는데, 이때 드러커는 IBM을 접함으로써 IBM에서 많은 것을 배울 수 있었다. IBM을 통해서 기업의 광고와 선전이 갖는 중요성을 배웠고, 기업의 가장 중요한 자원은 지식노동자라는 개념이 확립되었다. 또한 노동력은 비용이 아니라 자원이라는 개념도 수립하였다.

드러커는 1942년, 그의 나이 32살에 나치 독일의 패배를 전제로 제2차 세계대전 후의 산업사회를 그린 두 번째 저작『산업인의 미래』를 출간한다. 이 책이 출간되고 얼마 후 그는 한 통의 전화를 받게 되는데, GM으로부터 회사의 경영방침이나 구조에 대한 컨설팅을 의뢰하는 전화였다. GM의 부회장이었던 도덜드슨 브라운이『산업인의 미래』를 읽은 것이다. 그는 이 일로 18개월에 걸쳐 GM을 철저히 조사하는 프로젝트를 진행하는데, 이 경험은 그를 기업경영의 권위자로 발돋움하게 하는 계기가 되었다. 당시만 해도 기업경영이라는 용어조차도 생소한 때였다. 매니지먼트를 주제로 한 서적이나 논문도 거의 없었다. 드러커는 GM의 컨설턴트로서 기업경영에 관한 전반적인 것들을 접할 수 있었다. 이때 그에게 충격적으로 다가온 것은 투자수익률에 관한 개념이었다. 드러커는 GM의 전설적인 경영자 앨프레즈 슬론과도 많은 시간을 대면하면서 그의 경영자로서의 면모를 배울 수 있었는데, 슬론은 회사에서 개인적인 친분 혹은 친구 만들기를 허용하지 않았다고 한다. 왜냐하면 회사에서 개인적인 감정이 개입되면 특정 사람을 편들어줄 수 있기 때문이라는 것이다. 1945년 드러커는 GM의 조사를 마친 후『기업의 경영』이라는 책을 출간한다. 이 책은 GM 경영진이나 출판사의 예상을 깨고 베스트셀러가 되었다. 이 책으로 인해 드러커는 기존 학회로부터 이방인 취급을 받아야 했는데, 그 이유는 매니지먼트라는 단어가 아직은 낯설고 학문으로서 확립되지 않았기 때문이었다. 매니지먼트가 정치학의 영역이 아니라는 이유로 미국 정치학회의 연구회원 자격도 박탈당했다. 그런데 그보다 호된 비판은 GM 경영진으로부터의 비판이었다. GM 경영진은 그의 책을 좌익으로부터의 적대적 공격이라고 간주하였다. GM으로서는 GM의 경영이 항구적인 원리에 기초한 것이며, 중력의 법칙처럼 변할 수 없는 것이라는 믿음이 있었다. 이들에게 드러커는 사람이 만든 것 중에 4반세기 이상이나 유효한 것은 없으며 GM도 예외는 아니라고 지적하였던 것이다. 1950년대에 들어 GM 이외의 기업들로부터도 컨설턴트 업무 의뢰가 꼬리에 꼬리를 물고 들어왔다. 대기업인 제너럴 일렉트릭, 시어즈로벅, IBM 등이 고객사였다. 이렇게 업무가 들어온 것은『기업의 경영』에서 소개한 기업경영의 새로운 개념인 분권제에 대한 관심 때문이었다. 드러커는 GM, GE 등의 대기업을 상대로 십 년 이상 계속해온 컨설턴트로서의 경험을 살려서『경영의 실제』를 집필한다.『경영의 실제』역시 베스트셀러가 되었으며, 이 책에서 다룬 매니지먼트의 개념이 체계화되면서 널리 알려지기 시작하였다. 계속하여 드러커는『새로운 사회』(1950), 『미국의 다음 20년』(1955), 『내일의 이정표』(1959), 『결과를 위한 경영』(1964), 『목표를 달성하는 경영자』(1966), 『단절의 시대』(1969), 『매니지먼트』(1973), 『보이지 않는 혁명』(1976), 『방관자의 시대』(1979), 『격변기의 경영』(1980), 『새로운 경제학을 위하여』(1981), 『변모하는 경영자의 세계』(1982), 『혁신과 기업가정신』(1985), 『경영의 최전선』(1986), 『새로운 현실』(1989), 『미래기업』(1992), 『21세기 지식경영』(1999), 『프로페셔널의 조건』(2001), 『변화리더의 조건』(2001), 『이노베이터의 조건』(2001) 등을 출간하였다.

드러커는 21세기 초 가장 영향력 있는 저술가로 알려진 인물이다. 그는 지식사회라는 개념을 제시하였으며, 30여 권이 넘는 경영 관련 저서를 집필하였다. 그의 저술활동에 대한 과거를 더듬어 보면, 그는 끊임없이 시대와 역사, 기업을 대상으로 미래를 전망하고 분석하는 학구적인 자세를 견지하였음을 알 수 있다. 그는 젊은 시절 직장생활을 하면서도 대학에서 자신의 지적 성장과 안목을 넓히고자 끊임없이 배우고 연구하였다. 그는 자신의 견해와 안목을 바탕으로 미래를 전망하는 저술을 하였으며, 그것이 계기가 되어 더욱 성장할 수 있는 기회를 얻을 수 있었다. 그는 저술로서 자신의 이름을 알렸으며, 자신이 일할 수 있고 자신의 안목과 경륜을 넓힐 수 있는 기회가 주어질 때마다 이를 놓치지 않고 도약의 발판으로 삼았다. 드러커가 기업경영에 눈을 뜨게 된 것은 GM을 만나면서부터였다. 물론, 그는 증권회사에 근무하면서 경제에 대한 안목을 키워 왔다. 그러나 그가 기업경영을 주제로 글쓰기 하는 평생의 주제를 만나게 된 것은 GM과의 교류를 시작하면서부터다. 그는 기업경영의 현장을 조사 분석하고 그 결과를 저술로 남겼다. 따라서 그의 저술은 탁상공론식의 이론적 지식이 아니라 현장에서 발견하고 분석한 현장연구의 산물이었다. 그는 책과 논문에서 요약한 지식이 아니라, 경영현장을 분석함으로써 새로운 지식을 생산하였다.

드러커는 컴퓨터를 사용하지 않고도 아주 빠른 속도로 원고를 완성하였다. 초기에 그가 신문사 기자로 활동하였던 경력이 그의 글쓰기 속도에 영향을 주었지 않았을까 추정된다. 그의 집필방식은 세 단계로 구분되는데 먼저 손으로 써가며 전체의 윤곽을 그린다. 그런 후에 그것을 바탕으로 생각을 녹음한다. 녹음된 내용을 비서가 타자기로 초고를 완성하면, 직접 제2고를 완성한다. 그런 다음 마지막으로 제3고를 완성한다. 즉, 초고와 제2고는 버리고 제3고를 최종원고로 완성하는 방식을 취하고 있다. 그의 저술원칙은 빠르게 원고를 완성하는 방식으로 세 번 반복하는데, 마지막 세 번째 원고를 저술원고로 사용한다. 드러커는 자신을 경영학자가 아닌 문필가라고 말한다. 그는 문필가로서 경영, 지식, 미래사회를 주제로 지식경영을 한 것이다. 그는 매년 새로운 주제를 발굴하여 3개월간 집중적으로 공부하였다. 그 외에는 3년마다 계획을 세워서 한 가지 주제를 깊이 있게 공부하였다. 그리고 한편으로 그는 '지식노동자'를 평생의 주제로 삼아 연구하였다.[50]

---

50) 피터 드러커 지음, 남상진 옮김, 『나의 이력서』, 청림출판.

❏ 글을 마치며

　새뮤얼 헌팅턴은 그의 저서 『문화가 중요하다』에서 한국인들의 발전 동력은 바로 우리가 가진 문화에 있다고 언급하였다. 곧, 우리가 가진 문화적 역량을 꽃피우는 것이 세계무대에서 우리의 가치를 높이는 길이자 경쟁에서 이기는 길이며 우리에게 주어진 사명을 다하는 길이다. 그렇다면 과연 우리의 문화적 역량은 어디로부터 오는 것일까? 물론 경제성장과 발전, 복지사회의 구현, 한류의 물결로 이어지는 대중문화의 성장, 과학기술 분야의 경쟁력 등등 어느 분야도 소홀히 여길 수 없는 부분이다. 그렇지만 이 모든 분야를 통틀어 한 단어로 집약한다면 내적 창조를 통한 지적 생산성이라고 할 수 있다. 글쓰기가 바로 지식생산의 본질이며 중심축이기 때문이다. 글쓰기는 문화창조의 근원이고 길이고 목적지인 것이다.

　글쓰기는 글읽기를 근간으로 한다. 읽기와 쓰기는 일련의 상호작용이다. 쓰기 위해서는 읽어야 한다. 읽기만을 위한 읽기란 진정한 읽기의 자세가 아니다. 쓰기 위한 읽기여야 한다. 글을 쓴다는 것은 창조적 활동이며 생산활동이다. 이를 위해서 읽기라는 입력과 쓰기라는 출력과정은 서로 균형을 이루어야 한다. 글쓰기를 위한 책읽기가 강조되어야 한다. 왜 쓰기인가? 글쓰기는 지식과 사고의 편집활동이다. 글쓰기는 정보를 처리하고 문서를 작성하는 문서작성 능력이다. 글쓰기는 텍스트를 재해석하는 과정이다. 또한 글쓰기는 이야기 생산능력이다. 즉, 글쓰기는 최상의 학습법이자 지식생산 활동이다.

글쓰기의 능력이 곧 경쟁력인 시대가 되었다. 선진국들이 앞다퉈 읽기와 쓰기를 강조하는 이유는 읽기와 쓰기 능력이 국가의 경쟁력이 되기 때문이다. 세계의 대학들은 글쓰기에 많은 노력과 시간을 투자한다. 글쓰기 역량을 길러 주는 것이 대학교육의 목표인 동시에 목적이 되기도 한다. 좋은 글을 쓴다는 것은 좋은 삶을 산다는 의미이다. 그래서 대학교육에서 글쓰기가 무엇보다 강조되어야 한다. 미래 교육혁명의 소용돌이 속에서도 변하지 않는 교육의 중심축은 글쓰기인 것이다.

우리 민족은 놀라운 문화창조의 저력을 지녔다. 우리는 일찍부터 과학적이고 고유한 우리의 문자인 한글을 만들어 문화적 토양을 견고하게 하였다. 괄목할 만한 과학적인 발명들과 발견들이 있다. 우리는 우리의 글자로 쌓아 올린 놀라운 문화를 지닌 민족이다. 우리의 문화를 계승 발전시키는 것이 교육의 목적이고 궁극적인 목표이다. 그리고 그 근저에는 글쓰기가 자리 잡고 있다. 우리 민족은 다산 정약용이나 혜강 최한기와 같은 뛰어난 문필가이자 저술가들을 배출하였다. 조상들의 지혜와 슬기를 계승하여 세계를 감동시키는 문필가와 저술가들이 계속 나와야 한다. 이를 위해서는 글쓰기 교육이 중요하다. 대학입시에서 논술이 도입되고 초·중·고등학생들에게 글쓰기 교육이 강조되는 현상은 바람직하다고 본다. 최근 세계 대학들의 추세에 힘입어 글쓰기에 관심과 노력이 집중되고 있는 현상들 역시 매우 고무적인 일이라고 생각된다. 그럼에도 불구하고 오늘날 대학교육에서 글쓰기가 차지하는 비중은 아직 미흡하다. 대학에서 글쓰기는 교육에 할애하는 노력과 시간도 중요하지만, 글쓰기 철학의 문제가 더 중요하다고 본다. 글쓰기가 경시되고, 글쓰기를 교육의 중심축으로 다루지 않는 교육은 기술과 실용이라는 외형만을 다루는 교육이다. 그런데 우리는 지금까지 겉으로 보이는 현상과 외형적 발전에만 너무 급급하지 않았는가 자성해 볼 필요가 있다.

필자가 의과대학 강단에서 가장 좌절을 느끼는 순간은 순수한 의과대학생들의 사고방식을 접할 때이다. 의과대학은 의료 전문가들을 양성하는 교육기관이다. 문제는 의사가 되고자 하는 학생들이 의학, 의료와 같이 자신들이 앞으로 수행하게 될 영역과는 무관하게 여겨지는 문제에 대해서는 그야말로 무관심하다는 사실이다. 그런데 의사가 되고자 하는 길은 의학 교과서에 실린 의학적 지식만으로 충족될 수 없는 것이다. 더 나아가 의학적 지식이라는 정의 자체에 대해서 고민할 수 있어야 한다. 의사는 자신의 의료행위가 환자에게 어떤 의미가 있는 것인지를 포괄적으로 사색할 수 있어야 한다. 눈앞의 시험성적에만 연연한 나머지 전공시험에 직접 관련 없는 주제들에 대해서는 아예 눈을 감아 버리는 의과대학 교육현장은 의료의 미래를 더욱 암울하게 한다.

대학교육에서 글쓰기는 학생들이 창조적이고 능동적인 사고를 하도록 도울 뿐 아니라 교육의 전체 패러다임 변화를 유도할 수 있다. 글쓰기는 사실 대학교육의 근원적인 문제에 관여해야 한다. 여기서 말하는 근원적인 문제란 교육의 목적, 교육의 목표, 가치의 문제를 말한다. 그래서 글쓰기에 대한 새로운 이해의 지평이 열려야 한다. 지금까지 글쓰기에 대한 일반적인 생각은 매끄러운 문장, 문법에 맞는 철자법 등의 지엽적이고 피상적인 수준이었다고 해도 틀린 말은 아닐 것이다. 글쓰기를 강조하면 그것은 본질보다는 부수적인 문제라고 생각했다. 글쓰기 교육의 가장 큰 장애물은 글쓰기에 대한 이해부족이라 할 수 있을 것이다.

이 책에서 필자는 글쓰기를 인지과학적인 측면에서 이해하고자 노력하였다. 글읽기와 글쓰기는 인간 인지작용의 중추적인 활동이다. 최근 인지과학의 발달은 글쓰기 분야에서도 새로운 이해의 폭을 넓혔다. 글읽기와 글쓰기는 인지활동의 핵심으로서 배움, 이해, 학습, 지식의 영역이다. 따라서 글읽기와 글쓰기는 인지학습의 꽃이다. 필자는 이 책을 저술하면서 글쓰기에 대한 이해의 폭이 넓어졌다. 처음에는 학생들에게 글쓰기의 중요성을 강조할 요량으로 시작하였는데, 책을 쓰면서 글쓰기 관련 책을 읽다 보니 새로운 사실들을 접하게 되었다. 글쓰기에 대한 일천한 경륜을 내세워 글쓰기에 대한 책을 쓴다는 것이 주제넘은 시도일지 모르지만, 적어도 책쓰기를 통해 나 스스로 배움의 과정을 깨닫게 되었다. 이 책이 미력하나마 독자들에게 유익이 되기를 소망한다.

지식생산의
글쓰기

초판인쇄 2014년 7월 11일
초판발행 2014년 7월 11일

지은이 송창훈
펴낸이 채종준
펴낸곳 한국학술정보㈜
주소 경기도 파주시 회동길 230(문발동)
전화 031) 908-3181(대표)
팩스 031) 908-3189
홈페이지 http://ebook.kstudy.com
전자우편 출판사업부 publish@kstudy.com
등록 제일산-115호(2000. 6. 19)

ISBN 978-89-268-6455-5 03710

이담 books 는 한국학술정보(주)의 지식실용서 브랜드입니다.